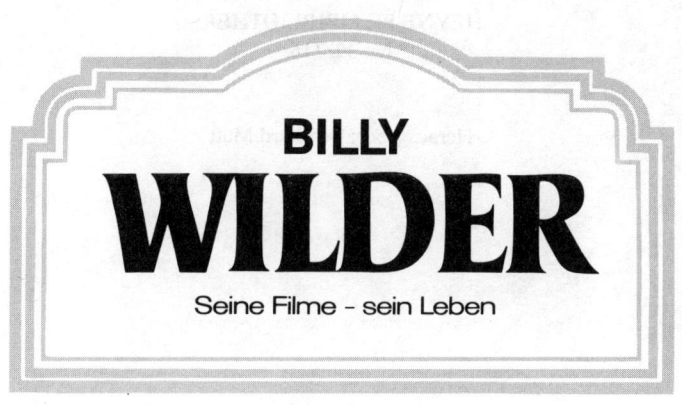

BILLY WILDER

Seine Filme - sein Leben

von CLAUDIUS SEIDL

Originalausgabe

WILHELM HEYNE VERLAG
MÜNCHEN

HEYNE FILMBIBLIOTHEK
Nr. 32/116

Herausgeber: Bernhard Matt

2. Auflage
Redaktion: Cornelia Zumkeller

Copyright © 1988 by Wilhelm Heyne Verlag GmbH & Co. KG, München,
und Autor
Umschlagfoto: Süddeutscher Verlag, Bilderdienst, München
Rückseitenfoto: Bildarchiv Lothar Just, München
Innenfotos: Archiv Dr. Karkosch, Gilching; Stiftung Deutsche Kinemathek, Berlin; Bildarchiv
Engelmeier, München; Bildarchiv Lothar Just, München; Süddeutscher Verlag, Bilderdienst, München;
Deutsche Presseagentur, München; Stadtmuseum, München
Umschlaggestaltung: Atelier Ingrid Schütz, München
Printed in Germany 1991
Satz: Fotosatz Völkl, Germering
Druck und Verarbeitung: Ebner Ulm

ISBN 3-453-00657-7

Inhalt

Mr. Wilder, wie haben Sie das gemacht?

Der Mann hat Glück gehabt. Er wollte für die Zeitung schreiben und wurde ein großer Reporter. Er wollte fürs Kino schreiben und wurde Drehbuchautor. Er wollte Filme inszenieren und wurde Regisseur. Er wollte den Erfolg und gewann so viele Oscars wie kein anderer seiner Kollegen. Er wurde reich. Er wurde berühmt. Er hatte eine Schwäche für Frauen, und sie wiesen ihn nur selten ab. Er hat alles erreicht, was er sich vorgenommen hat. Nur in einem Punkt nicht ganz: Als großer Filmkünstler – als Regisseur vom Rang eines Renoir, Lang, Lubitsch, Ford oder Godard – gilt er nur einigen wenigen. Das liegt daran: Seine Filme bereiten so viel Vergnügen, daß es beinahe ungezogen wirkt, sie auch noch als Filmkunst zu feiern. Nun, da Billy Wilder alt geworden ist, da Patina auf dem alten Hollywood liegt und Nostalgie nach verlorenen Kinoträumen um sich greift, nun wird auch Billy Wilder als Filmkünstler gewürdigt – sogar von jenen, die noch vor zehn Jahren seine Filme vernichtet, den Mann als albern, zynisch und im Grunde belanglos abgetan haben. Nun also jubeln sie – und Billy Wilder kümmert sich nicht darum. Er hat sie nie gebraucht, die Kritiker, die Interpreten und die feinsinnigen Exegeten.

Wir aber brauchen ihn. Wir brauchen vor allem seine Filme.

»Guten Abend, meine Damen und Herren. Wir beginnen unser heutiges Abendprogramm mit einem ganz besonders vergnüglichen Film. Sehen sie nun Marilyn Monroe, Jack Lemmon und Tony Curtis in Billy Wilders spritziger Filmkomödie *Manche mögen's heiß*.« Die alten Filme aus Hollywoods großer Zeit verstecken die Fernsehredakteure gern im Spätabendprogramm – Billy Wilders Filme laufen stets zur besten Fernsehzeit. Und die Einschaltquoten sind enorm. Vermutlich ist der Name Billy Wilder auch solchen Leuten bekannt, die von Anthony Mann, Samuel Fuller oder Otto Preminger noch nie etwas gehört haben. Das ist das Problem:

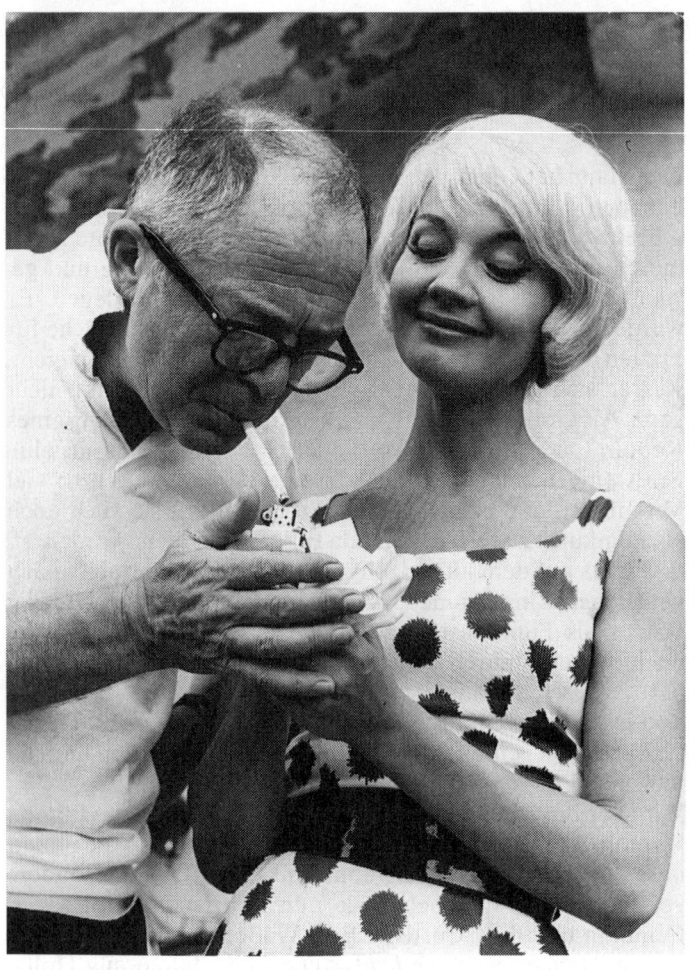

Der Mann, der die Frauen liebte: Billy Wilder mit Lieselotte Pulver.

Jeder kennt ihn, jeder hat seine Filme gesehen – wozu also soll man sich noch ausführlich mit ihm beschäftigen?
So ähnlich lag der Fall einst auch bei Alfred Hitchcock: ein Starregisseur, kommerziell erfolgreich – aber doch kein

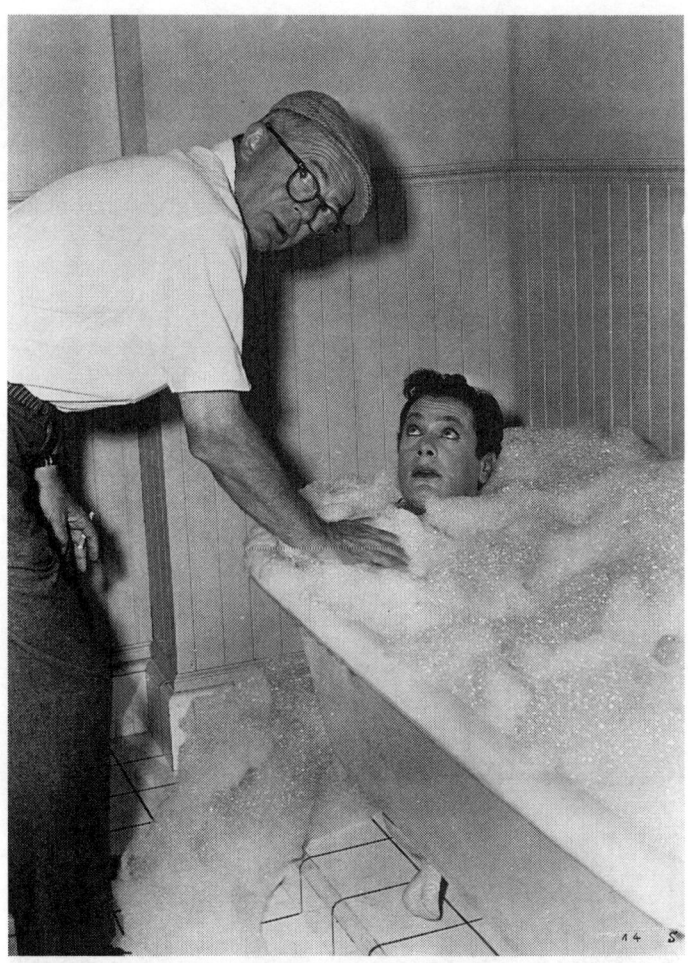

Billy Wilder und Tony Curtis während der Dreharbeiten zu ›Some Like It Hot‹.

Künstler! Dann wurde er entdeckt von den jungen Franzosen, sein Werk wurde analysiert, interpretiert, extemporiert. Und immer wieder wurde er befragt: Mr. Hitchcock, wie haben Sie das gemacht? Hitchcocks Antworten waren spannend und lehrreich, und sie sicherten dem Regisseur einen Ehrenplatz im Herzen jedes Kinofans.

Billy Wilder ist da nicht so ergiebig. Auf die Frage »Wie haben Sie das gemacht?«, würde er vermutlich antworten: ganz einfach. Oder: wie immer. Vielleicht auch: wie jeder es machen würde.

Auf jeden Fall ist Billy Wilder nicht gerade eifrig darum be-

Billy Wilder und Jack Lemmon auf dem Set von ›Irma La Douce‹:
»Mr. Wilder, wie haben Sie das gemacht?«

›Just the usual monkey funeral shot.‹ Erich von Stroheim, Gloria Swanson und ein Affensarg in ›Sunset Boulevard‹.

müht, sich in die Herzen, die Seelen oder auch nur in die Köpfe von Filmtheoretikern, Filmhistorikern, Kritikern und anderen Intellektuellen einzuschleichen. Von Billy Wilder könnte man genausoviel, vielleicht sogar mehr als von Hitchcock, erfahren über die Technik des Drehbuchschreibens, des Szenenaufbaus, wie man Spannung erzeugt und wie man das Publikum zu schallendem Gelächter verführt. Aber Billy Wilder hat von seinem Wissen, seiner Technik, seinem Genie nie viel Aufhebens gemacht.

In *Sunset Boulevard* gibt es eine Szene, in der Gloria Swanson mit großem Pomp und lautem Pathos ihren Affen beerdigt. Als der Kameramann John Seitz seinen Regisseur fragte, wie er so etwas filmen sollte, antwortete Wilder nur trocken: »Just the usual monkey funeral shot«: einfach die gewöhnliche Affen-Beerdigungs-Einstellung.

Ob diese Anekdote wahr ist oder ob Wilder sie lanciert hat, um sich hinter solchen Witzen zu verstecken – darauf kommt es eigentlich gar nicht an. Es verdeutlicht nur, wie schwer Billy Wilder zu durchschauen ist. Billy Wilder gibt nicht viel von sich preis. Im Grunde ist der Mensch Billy Wilder völlig unbekannt. Höchstwahrscheinlich kennt nicht einmal Billy Wilder diesen Billy Wilder ganz genau.

Er sei ein Zyniker, könne albern und bösartig werden, schreibt sein Biograph Maurice Zolotow. Er sei ein Ekel, meinte Humphrey Bogart. Marlene Dietrich dagegen weiß nur Gutes über ihn zu berichten. Raymond Chandler beklagte sich über seine schlechten Manieren. Deutsche Interviewer beschreiben ihn als liebenswürdigen, umgänglichen Herrn. Wer, zum Teufel, ist dieser Billy Wilder? Im Frühjahr 1987 war er zu Besuch in Berlin und unterhielt sich bei dieser Gelegenheit mit Hellmuth Karasek, dem Feuilletonchef des *Spiegel*. Die Fernsehkameras waren dabei, und ein großes Publikum durfte den Regisseur live erleben: Billy Wilder hat sie alle bezaubert. Er redete nicht nur Karasek in Grund und Boden, er gab sich auch so aggressiv charmant, daß er den gewieften Filmkritiker zum Statisten degradierte. Vielleicht war auch das eine besonders perfide Gemeinheit.

Der Mann hat mindestens 50 verschiedene Gesichter. Vielleicht wohnen sogar 50 verschiedene Seelen in seiner Brust – mit zweien jedenfalls würde er sich nie zufriedengeben. Und irgendwo hinter den 50 Masken, ganz tief unten in den Tiefen seiner Seele oder gar unter der Oberfläche seiner Filme nach dem wahren, echten, authentischen Billy Wilder zu suchen – das wäre ein sinnloses Unterfangen. Billy Wilder hat so viele höchst unterschiedliche Figuren erfunden, sich so völlig verschiedene Geschichten ausgedacht, und alle haben funktioniert, das schafft kein normaler Mensch. Wahrscheinlich ist schon die Berufsbezeichnung »Hollywoodregisseur« nur ein anderes Wort für Verrücktheit. Ein so erfolgreicher, vielseitiger Regisseur, der auch noch oft sein eigener Drehbuchautor war – der muß einfach Stufen der Verrücktheit erklimmen, die wir Normalsterblichen niemals ermessen werden. Wir haben also nicht vor, Vermutungen über den Menschen Billy Wilder aus seinen Filmen herauszudestillieren. Wir beabsichtigen schon gar nicht, seine Filme nach der gutbürgerlichen Kategorie »Der Künstler und sein Werk« zu begutachten.

Marlene Dietrich in ›A Foreign Affair‹.

Denn mit dem europäischen, gutbürgerlichen Kunstbegriff hatte Billy Wilder nie etwas im Sinn. Wir wollen auch nicht fragen: Mr. Wilder, wie haben Sie das gemacht? Wer die Filme gesehen hat, kennt ohnehin die Antwort: einfach genial. Wichtiger ist die Frage: Mr. Wilder, was haben Sie gemacht? Und weiter: Was machen Ihre Filme mit uns? Denn Wilders Filme sind ja präsent. Sie sind immer wieder im Fernsehen und in den Filmkunstkinos zu sehen. Sie sind nicht vergessen, und mancher von ihnen entfaltet heute eine stärkere Wirkung als bei seinem Kinodebüt: Noch immer verlieben sich die Männer in Marylin Monroe, wenn *Some Like It Hot* gezeigt wird. Noch immer erschaudern die Frauen beim Anblick Marlene Dietrichs in *Witness for the Prosecution*. Noch immer wird der Kinofan wehmütig, wenn Gloria Swan-

Billy Wilders bester Hitchcock: ›Witness for the Prosecution.‹ Tyrone Power auf der Anklagebank, Marlene Dietrich im Zeugenstand.

Shirley MacLaine in ›Irma La Douce‹.

son in *Sunset Boulevard* konstatiert: »We didn't need dialogues. We had faces.«

Noch immer lacht das ganze Kino bis an die Schmerzgrenze, wenn in der Nachtvorstellung mal wieder *One, Two, Three* läuft. Noch immer macht uns *Irma La Douce* zu glücklicheren Menschen.

Dieses Buch will keinem den Spaß nehmen. Es will die Begeisterung nicht unter Bergen von klugen Analysen und feinsinnigen Spekulationen begraben. Es will aber auch kein trunkenes Fan-Geschwätz verbreiten. Andererseits muß nicht jede Analyse unbedingt das Vergnügen an den Filmen zerstören. Im Gegenteil: Je länger und genauer man über Wilders Filme nachdenkt, desto mehr ergreifen sie einen. Vielleicht sind sie sogar deshalb so spannend, vergnüglich oder ergreifend, weil sie den Zuschauer zum Nachdenken zwingen.

15

Nobody Is Perfect

Überlegungen zum Kino des Billy Wilder

»Ich bin ein Berliner.« Kennedys Ausspruch, so wird berichtet, hätte Billy Wilder mit Freuden unterschrieben. »Ich fühle mich als Amerikaner«, gestand er einem deutschen Interviewer. Und in Amerika ist immer von dem Wiener Wilder die Rede. Woher kommt der Mann? Und wohin geht er?

Noch immer ist er seinen deutschen Akzent nicht losgeworden, aber als Deutschen, womöglich gar als deutschen Filmregisseur dürfen wir Wilder nicht vereinnahmen. Auch die Österreicher können ihn nicht als einen der ihren betrachten, denn das Wien, in dem Wilder aufwuchs, das königlich-kaiserliche, der Schmelztiegel, die Stadt von Karl Kraus und Arthur Schnitzler, existiert nur noch in Büchern. Und ob sich einer tatsächlich als richtiger Amerikaner fühlen durfte, obwohl er doch von so streitbaren amerikanischen Patrioten wie Humphrey Bogart wegen seines deutschen Akzents gehänselt und bespöttelt wurde, ist eher ungewiß.

Wahrscheinlicher ist: Billy Wilders Heimat liegt nicht auf unserem Planeten. Sein Zuhause, das war der *Sunset Boulevard, The Apartment,* das Paris aus *Irma La Douce* oder das Berlin aus *A Foreign Affair.* Billy Wilder hat sich eine Welt erfunden: »Ich hätte gerne ein paar Menschen aus meinen Filmen im wirklichen Leben getroffen, hätte gerne in ihren Situationen gesteckt.« Er hat mit so viel Phantasie, mit so viel Leidenschaft und so großer Genauigkeit an seiner eigenen Welt gebaut wie kaum ein anderer Drehbuchschreiber oder Regisseur in Hollywood. So schuf er ein Universum aus Filmen, das der wirklichen Welt zwar ziemlich ähnlich ist, doch Billy Wilder fühlt sich nur in seinem Film-Universum zu Hause, hier ist er allein der Herr und Meister. Als Wilder noch nicht als Regisseur, nur als Drehbuchschreiber arbeitete, da war er bereit, sich mit den Regisseuren und Schauspielern zu überwerfen, wenn sie auch nur eine Zeile seines Skripts veränderten. So handeln nicht kühle Profis, so handeln Triebtä-

Billy Wilder bei der Arbeit.

ter, Schöpfer aus Leidenschaft. Man hat Wilder oft vorgeworfen, seine Filme seien kühl kalkuliert und zynisch obendrein. Ein Mißverständnis: Wilders Kalkül ähnelt dem eines besessenen Liebhabers, sein Zynismus ist nur fester Behälter, der die Leidenschaft vor allzu heftigen Ausbrüchen schützt. Sein Respekt vor der Intelligenz, dem Geschmack und der Menschlichkeit des Publikums ist so groß, daß er sich damit allerhand Probleme eingehandelt hat. Die Zuschauer, daran gewöhnt, vom Kino bedient, umschmeichelt, verwöhnt zu werden, fühlten sich in Wilders Filmen oft überfordert und verhöhnt. Dabei hat Wilder sein Publikum stets geliebt, wollte es amüsieren, unterhalten, oft auch trösten: Nobody is perfect.

17

Die Sinfonie der Großstadt

Berlin in den Zwanzigern – da hat alles begonnen. Das meiste war Schein, Rausch, Sinnestäuschung, sogar die Realität beruhte auf falschen Annahmen und verkehrten Schlußfolgerungen. Die ganze Stadt war eine große Inszenierung, und hier lernte auch der junge Billy Wilder das Inszenieren: Zunächst einmal inszenierte er sich selbst.

Die Filme Ernst Lubitschs, die ja auch Produkte dieser Zeit sind, werden oft zurückgeführt auf Lubitschs Anfänge als Ladenschwengel, als Verkäufer von Konfektionsware. Billy Wilder jobbte als Eintänzer – und machte dabei wichtige Erfahrungen in der Kunst des Verführens. Géza von Cziffra, der wahrscheinlich nicht der weltbeste Regisseur, dafür aber eine unerschöpfliche Quelle von schlüpfrigen Anekdoten ist, berichtet folgende Episode: Billie Wilder (wie er sich damals noch schrieb, weil er nicht wußte, daß im Amerikanischen der Vorname »Billie« dem weiblichen Geschlecht vorbehalten ist) arbeitete als Eintänzer im Hotel Eden. Eines Tages bekam er prominente Kundschaft: die Schauspielerin Carola Neher. Wilder erklärte der Dame, daß er eigentlich Journalist sei und über seine Erfahrungen eine Artikelserie schreiben wolle. Carola Neher war begeistert, nutzte ihre Beziehungen und schaffte es schließlich, die Reportagen bei der »BZ am Mittag« unterzubringen. Ob's stimmt ist nicht so wichtig, stimmig ist es auf jeden Fall: Auch Geschichten sind eine Ware, die man möglichst gut verkaufen muß. Das konnte man damals in Berlin besonders gut studieren.

Wie es überhaupt vor allem um Geld und um Illusionen ging im Berlin jener Zeit, und in Billie Wilders Leben und Schaffen. Berlin lag damals ziemlich nahe an Amerika: der Rhythmus, das Tempo und die Härte des Alltags brauchten den Vergleich mit New York oder Chicago nicht zu scheuen. Ruttmanns neusachlicher Querschnittfilm *Berlin – Die Sinfonie der Großstadt* feierte die deutsche Hauptstadt als amerikanisierte City, als ein Metropolis auf märkischem Sand, als Zwillingsschwester Manhattans. Das war 1927. Zwei Jahre später kam ein Film heraus, der damals als das sozialkritische Dementi auf Ruttmanns Hymne verstanden wurde. Sein Name: *Menschen am Sonntag.* Seine Autoren, Mitarbeiter und Realisatoren: Robert Siodmak, Edgar Ulmer, Fred Zinnemann, Billie Wilder. Sie alle gingen später nach Amerika, sie alle feierten Erfolge in Hollywood.

Menschen am Sonntag, das war ein deutscher Vorläufer der *Nouvelle Vague:* Ein Haufen Kinofans dreht zusammen einen Film, auf den Straßen statt im Studio, mit Laien statt mit Stars, mit viel Liebe und wenig Professionalismus. Heute wirkt der Film nicht wie ein Dementi, eher wie die Fortsetzung zu Ruttmanns Berlin-Film: noch eine Hymne auf Metropolis, auf seine Bewohner, seinen Rhythmus, sein Tempo – nur aus einer anderen Perspektive betrachtet.

Beide Filme haben gemeinsam: sie lancieren einen neuen Star, die Filmkamera. Ruttmann verzichtete ganz auf eine Erzählung; er zeigte einfach einen Tag in Berlin, vom Sonnenaufgang bis Mitternacht. Siodmak, Ulmer, Zinnemann und

Die Neue Welle am Wannsee: Brigitte Borchert und Christel Ehlers in ›Menschen am Sonntag‹.

19

Wilder zeigten die Sonntagsvergnügungen einer Gruppe von jungen Leuten, wie sie ins Grüne fahren, Baden gehen, flirten, sich amüsieren. Zwar hatte Billy Wilder ein Drehbuch geschrieben – erfunden aber hatte er nichts; er brauchte nur hinzusehen. Trotzdem ist *Menschen am Sonntag* ein Spielfilm, denn die Kamera machte außer den Fakten auch die Fiktion sichtbar, erzählte von Träumen und Sehnsüchten und davon, wie die Menschen sich ein Leben erfinden.

An den Schreibmaschinen Berlins, auf seinen Probebühnen und in seinen Malerateliers wurde damals heftig um eine neue Kunst gerungen. Alfred Döblin zeichnete den inneren Monolog eines Automobils auf. Brecht bastelte am Verfremdungseffekt. Piscator erschloß Filmvorführungen, Statistiken, nackte Nachrichten als Mittel der Theater-Inszenierung. Alle hatten ein gemeinsames Ziel: Das selbständig handelnde, autonome Subjekt war in die Krise geraten, anonyme Mächte und abstrakte Strukturen hatten den Menschen aus dem Zentrum gestoßen, und die Künstler mühten sich ab, darauf angemessen zu reagieren.

Meisterdetektiv Emil Tischbein: Rolf Wenkhaus in ›Emil und die Detektive‹.

Ein Geländespiel: ›Emil und die Detektive‹ hetzen Fritz Rasp.

Das Kino hatte keine Mühe. Das Werkzeug Kamera reichte
schon, um die alten Hierarchien der Kunst umzustürzen und
die neue Dynamik sichtbar zu machen. Billy Wilder hat von
Anfang an begriffen, was neu war an der neuen Kunst: Er verstand sich niemals als gutbürgerliches Genie, als autonomen
Künstler, der im stillen Kämmerlein auf den Kuß der Muse
wartet. Billy Wilder war noch Journalist, da hatte er schon
einen Nebenjob als Ghostwriter für die beiden Drehbuchfa-
brikanten Franz Schulz und Curt J. Braun. Das Drehbuch zu
Menschen am Sonntag basierte auf einer Idee Kurt Siodmaks.
Und später, als Wilder sich ganz aufs Drehbuchschreiben spe-
zialisierte, arbeitete er fast ausschließlich im Team: mit Max
Kolpe oder Walter Reisch als Co-Autoren. Geschichten zu
schreiben – das hat Billie Wilder schon in Berlin gelernt – ist
ein Industriezweig, der mit der Herstellung von Automobilen
viel mehr gemeinsam hat als etwa mit dem Verfassen eines
Gedichts.

Wilders erfolgreichstes Drehbuch der Berliner Zeit war *Emil und die Detektive:* Kästners Roman – vom Kopf auf die Räder gestellt. Im Film ist nicht der Knabe Emil die Hauptperson, im Film spielt die Stadt Berlin die wichtigste Rolle. Und Emils Freunde, die Detektive eben, sehen weniger wie kleine Persönlichkeiten aus, eher wie Teile einer gut geölten Maschine. Der Film verbreitet Freude am reibungslosen Funktionieren, an reiner Bewegung; er präsentiert die detektivische Arbeit nicht als intellektuelles Meisterstück, sondern als rein mechanisches Problem – und nimmt so schon den Stil und die Funktionsweise amerikanischer Detektiv-Filme vorweg.

Was er sonst noch so schrieb in Berlin – *Es war einmal ein Walzer, Ein blonder Traum, Seitensprünge* – das hat Wilder später als wertlosen Mist abgetan. Viel wichtiger als die Qualität seiner Arbeiten war jedoch zunächst, daß er am laufenden Band produzieren konnte. Er lernte es, seinen Beruf mehr als Handwerk denn als Kunst zu begreifen – und er hatte ein gesichertes Einkommen. Letzteres war ihm vermutlich das Wichtigere.

Denn es war nicht leicht, damals in Berlin. Von den Erfahrungen, die Billy Wilder gemacht hat, als er noch kein berühmter Drehbuchautor war, sondern bloß ein kleiner, freischaffender Reporter, als er noch allerhand Nebenjobs erledigen mußte, weil er vom Schreiben allein nicht leben konnte – von diesen Erfahrungen ist einiges eingeflossen in seine Drehbücher und Filme. So haben zum Beispiel in seinen Filmen auffallend viele Figuren kein anderes Kapital als ihr Mundwerk; Wilder macht auf diese Weise deutlich, welchen enormen Stellenwert Sprache als Produktionsmittel für ihn hat. Kirk Douglas in *Ace in the Hole,* Ray Walston und Cliff Osmond in *Kiss Me, Stupid,* Walter Matthau in The Fortune Cookie: lauter Quassler, Brabbler, Schwätzer, nahe Verwandte jener Berliner Schnauzen, die in den zwanziger Jahren nichts als Wörter besaßen und damit irgendwie zu Geld kommen mußten. Billie Wilder, der Hals über Kopf von Wien nach Berlin übergesiedelt war, war einer von ihnen.

Andererseits: das schnelle Geld als Eintänzer oder Drehbuchschreiber; die Unsicherheit, ob die Sache am nächsten Tag noch genausogut gehen wird; die Erfahrung, daß man mit Hochstapelei ganz gut, wenngleich auch nicht besonders sicher fährt – auch das ist eingeflossen in seine Geschichten. Melvyn Douglas in *Ninotchka:* ein Edel-Gigolo, von dieser Rolle konnten die Eintänzer im Hotel Eden nur träumen, aber wovon sollten sie auch sonst träumen? Charles Boyer in *Hold Back the Dawn:* ein gelernter Gigolo, der sich plötzlich seiner professionellen Kenntnisse schämt. Billy Wilder erzählte da von Dingen, die er gut kannte.

Billy Wilder und Berlin – das war eine heftige Affäre, aber es

Among the ruins of Berlin: Friedrich Holländer und Marlene Dietrich in ›A Foreign Affair‹.

war wohl nicht die große, lebenslange Liebe. Der Titel seines Films, der ebenfalls in Berlin spielt, bezeichnet die Sache sehr präzise: *A Foreign Affair.* So richtig zu Hause war er wohl nicht in Berlin. Als der Reichstag brannte, als die ersten Schaufenster von jüdischen Geschäftsleuten zu Bruch gingen, da war die Affäre vorbei: Gerade war der Erfolg gekommen, eben hatte er sich eine teure Wohnung genommen und sich aufwendig eingerichtet – da mußte er fliehen. Mit 1000 Dollar Bargeld in der Tasche nahm Billie Wilder den Zug nach Paris.

Eine auswärtige Affäre – Billy Wilder und Deutschland

Er war nie bitter, er war nie haßerfüllt – aber konsequent war er schon: Als der Paramount-Verleih *Stalag 17* fälschen wollte, als aus Rücksicht auf die Empfindlichkeiten des deutschen Publikums das Nazi-Gefangenenlager der Originalfassung sich via Synchronisation in ein polnisches Lager verwandeln sollte – da platzte Billy Wilder der Kragen. Und mehr als das: 20 Jahre lang hatte er für Paramount gearbeitet, hatte sich zu Hause gefühlt in seinem Büro auf dem Paramount-Gelände, hatte dort den besten Vertrag gehabt, den die Firma je einem Autor und Regisseur gewährt hatte. Jetzt aber reichte es ihm. Er packte seine Sachen und kehrte niemals zurück zu Paramount.

Nach dem Krieg hat Wilder zwei Filme in Deutschland gedreht, beide in Berlin: *A Foreign Affair* und *One, Two, Three.* Es war keine Heimkehr, es waren Besuche in einem fremden Land, das Wilder, eher zufällig, von früher kannte. Er schaute mit dem unbarmherzigen, ungerührten Blick des Insektenforschers auf die Deutschen – er war längst nicht mehr einer von ihnen.

A Foreign Affair wurde am Originalschauplatz gedreht: in den Trümmern von Berlin. Weil es sich außerdem herumgesprochen hatte, daß Wilder die Filme de Sicas und Rossellinis gern mochte, wurde *A Foreign Affair* gleich als Wilders Beitrag zum Neorealismus interpretiert. Aber vom Fetischismus

24

›My name is Gretchen Gesundheit.‹ Marlene Dietrich, John Lund und Jean Arthur in ›A Foreign Affair‹.

der Italiener fürs vermeintlich Echte, für die scheinbar nackte, unverfälschte Wirklichkeit ist nichts zu spüren bei Wilder, und mit Sozialromantik hat er schon gar nichts im Sinn. Im Gegenteil, *A Foreign Affair* handelt von Fälschungen, von Illusionen, und von dem Preis, den man für sie zahlen mußte, damals in Deutschland im Jahre Null. Marlene Dietrich spielt die abgebrühte Deutsche, Jean Arthur ihre bigotte amerikanische Rivalin – wem die Sympathien Wilders gehören, ist zwar nicht bekannt, der Film aber macht eindeutig Stimmung für Marlene: Sie schmückt sich mit einem Adelsprädikat, war im Krieg die Mätresse eines hochrangigen Nazi-Schergen, muß sich jetzt als Nachtclub-Sängerin durchschlagen und wird wohl auch in Zukunft irgendwie weiterwursteln. Eine typische Wilder-Frau: realistischer als alle Männer um sie herum, mit einem klaren Blick für Macht- und materielle Verhältnisse, völlig sicher in der Unterscheidung zwischen dem Tausch- und dem Gebrauchswert weiblicher Reize. Eine Verwandte von Susan Applegate (aus *The Major and the Minor*),

Auf dem Schwarzmarkt der Gefühle: Jean Arthur, John Lund und Marlene Dietrich in ›A Foreign Affair‹.

Irma La Douce, Fran Kubelik *(The Apartment)* oder Polly the pistol *(Kiss Me, Stupid)*. Daß nicht sie, sondern Jean Arthur am Schluß den windigen Helden bekommt, das ist kein Pech für Marlene – eher die letzte Gemeinheit für Jean Arthur.
Marlene arbeitet in einem Nachtlokal, das »Lorelei« heißt und als rechter Sündenpfuhl vorgeführt wird. Marlenes Hit ist ein Song von Friedrich Holländer: »Black Market«. Es gibt für Bücher Leberwurst, singt sie, und für Schokolade kriegt man Liebe, es herrscht Ausverkauf, und jeder nimmt, was er kriegen kann. Ausverkauf – das war Billy Wilders Stichwort: Im zerbombten Berlin ist der Preis für Ideale, für Tugend, Ehre und Biedersinn ins Bodenlose gefallen – und Wilder beobachtet ohne Bedauern, wie nach den Häusern auch die Moral in Trümmer fällt. Auf den Trümmern aber wachsen

26

die Träume, die Illusionen, die Sehnsüchte: Berlin ist gar kein so schlechter Ort zum Leben – jene kleine Stadt in Iowa hingegen, aus der Jean Arthur kommt, das muß die Hölle sein. »Wir hatten die niedrigste Verbrechensrate im ganzen Land«, rühmt Jean Arthur ihre Heimat – eine furchtbare Vorstellung für John Lund, den Mann, auf den sie scharf ist.

Man könnte *A Foreign Affair* als schlagenden Beweis für Wilders angeblichen Zynismus nehmen: wie er die fromme, biedere, durch und durch moralische Kongreßabgeordnete Jean Arthur demontiert; wie er seinen Helden John Lund, der Offizier in einer Division für psychologische Kriegsführung ist, als durch und durch korrupt vorführt; wie er beweist, daß im Deutschland der Nachkriegszeit der schwarze Markt auch

Vor den Deutschen schützt man sich am besten durch gnadenlose Witze: James Cagney und Liselotte Pulver in ›One, Two, Three‹.

zum Maßstab für menschliche Beziehungen wird. Trotzdem ist *A Foreign Affair* bei genauerer Betrachtung eher ein hoffnungsvoller Film. Die Unordnung, das Chaos, der Ausverkauf der alten Werte – das ist eine ungeheure Chance für die Deutschen, vielleicht sogar ihre einzige.

13 Jahre später ist die Zeit der Träume vorbei, der schwarze Markt ist verdrängt worden von ordentlichen Geschäftsverhältnissen, das Chaos hat sich zurückgezogen. Berlin 1961; *Eins, zwei, drei.* Die Deutschen haben die Unordnung wieder beseitigt, aber die neue Ordnung sieht der alten ziemlich ähnlich: Sie schlagen die Hacken, buckeln nach oben, treten nach unten – Billy Wilders Hoffnungen haben sich nicht erfüllt. Ein Musterdemokrat, der eben noch die Frage nach Hitler mit einem blöden »Adolf wer?« beantwortet hat, gesteht plötzlich aus Versehen, daß er bei der SS war. Der Musterkommunist aus Ost-Berlin ist humorlos, dogmatisch und

Wieder einmal brach Billy Wilder alle Geschwindigkeitsrekorde für Filmkomödien – und Liselotte Pulver, James Cagney und Hanns Lothar halfen ihm dabei. Szene aus ›One, Two, Three‹.

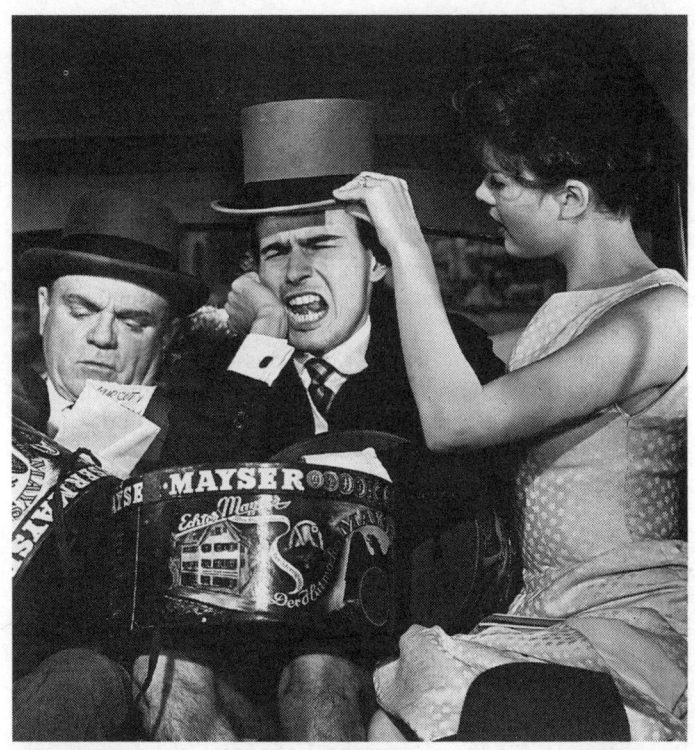

Mann ist Mann: James Cagney, Horst Buchholz und Pamela Tiffin in ›One, Two, Three‹.

ebenso ordnungssüchtig wie seine westlichen Widerparts. Der Jungkommunist ist geradezu ein Paradebeispiel: Erst schmeißt er nur so mit antikapitalistischen Phrasen um sich, will alle Parasiten liquidieren lassen, schwärmt vom kargen Leben in Moskau und läßt sich Eheringe aus dem Stahl der Kanonen von Stalingrad anfertigen. Dann wird er von James Cagney umgekrempelt, spielt plötzlich den Jung-Aristokraten, den hoffnungsvollen Manager, den überzeugten Ausbeuter – ebenso perfekt, wie er zuvor den Kommunisten gemimt hat. Lauter gebrochene Rückgrate. Die Deutschen in *One, Two, Three* sind nur noch als Knallchargen, als komische Figuren zu gebrauchen. *One, Two, Three* ist zwar eine Komödie, aber Billy Wilders Witz ist grausam, unbarmherzig – und man meint fast, hinter dem Lachen die Verzweiflung zu spüren. Das Berlin aus *A Foreign Affair* hatte zumindest noch die Unordnung, die Lebensgier, das Chaotische gemeinsam mit dem Berlin der zwanziger Jahre. Das Berlin von 1961 hat Wilder endgültig zum Fremden gemacht: eine schäbige, ziemlich abgelegene Kolonie der Amerikaner, bewohnt von devoten Untertanen, tauglich nur noch als Schauplatz für die wüsteste aller Wilder-Komödien, für ein paar üble Kalauer und schreckliche Scherze.

Am Schluß von *One, Two, Three* verlassen alle Hauptpersonen die Stadt. Auch für Wilder ist der Film wohl eine Art zweiter Abschied von Berlin, von Deutschland geworden.

America

Es kursieren viele Legenden über Billy Wilder, und einige davon hat er wohl auch selbst lanciert. Eine dieser Legenden berichtet, schon Wilders Mutter habe stets von Amerika geträumt, habe eine romantische Liebe gehegt zu Wolkenkratzern, Riesenstädten und den Weiten des amerikanischen Westens. Was davon wahr ist, läßt sich heute schwer bestimmen – verbürgt ist hingegen: ihr Sohn hieß eigentlich Samuel, aus Begeisterung für amerikanische Lebensart aber nannte sie ihn Billie. Einige Deuter und Interpreten Wilders hat das zu dem Schluß geführt, daß ihm eine amerikanische Karriere gleichsam vorbestimmt, ja in die Wiege gelegt worden sei. Ganz so einfach ist es wohl nicht.

Dem amerikanischen Traum etwa von John Ford, Howard Hawks oder Anthony Mann – den hat Billy Wilder nie geträumt. Die Geschichte vom weiten Land, das es zu erobern gilt, vom Chaos, das geordnet werden muß, die Sage von der Geburt einer Nation aus dem Geist der Pioniere – all diese Geschichten hat Wilder nie erzählt. Als Wilder ankam in Amerika, da hatten andere die *last frontiers* schon erreicht. Als Wilder anfing, Filme zu machen, da war das wüste, weite Land schon vollgestellt mit Zeichen, Symbolen, Ikonen.

»Im Jahre 1926 kauften die Holländer den Indianern Manhattan ab. Im Mai 1941 war kein Indianer mehr da, der das bedauerte.« Mit diesem Satz beginnt der erste Film, den Billy Wilder in Amerika selbst inszenierte. Eine Art von Programm, komödiantisch verbrämt: Billy Wilders Blick auf Amerika ist ein historischer. Nicht das unberührte, unschuldige Amerika interessiert ihn, sondern die Spuren der Geschichte, die Patina auf den Geboten und Idealen Amerikas, die Schatten der Vergangenheit.

Der Lubitsch-Touch: Melvyn Douglas küßt Greta Garbo. ›Ninotchka‹.

Amerika, das ist für Billy Wilder weder das gelobte Land noch gar das Gegenteil. Amerika ist für Billy Wilder eher die Fortsetzung Europas mit anderen Mitteln.

Billy Wilder ist niemals durch übertriebene Bescheidenheit aufgefallen und hat auch nie sein Licht unter den Scheffel gestellt. Dennoch hat er sich auch nie geniert, die Frage nach seinen Vorbildern zu beantworten: »Lubitsch ist unerreicht«, das sagt Wilder oft und gern. Und als zweites Vorbild nennt er stets Erich von Stroheim.

Zwei ganz unterschiedliche Filmer also – und doch zwei Verwandte. Lubitsch und Stroheim waren Europäer, haben auch im sonnigen Kalifornien ihre Herkunft nie verleugnet, haben mit amerikanischen Mitteln europäische Filme gedreht. Stroheim und Lubitsch haben, der eine eher fetischistisch, der andere frivol, Europa noch einmal erfunden. In den Studios Hollywoods bauten sie europäische Städte, Straßen, Inte-

›Avanti!‹: Ein Amerikaner auf Ischia. Er hat die Hosen nicht an, und den Schlüssel zu seinem Glück hält auch ein anderer. Jack Lemmon und Clive Ravill.

Ein Amerikaner am Wiener Hof: Bing Crosby in ›The Emperor Waltz‹.

rieurs so prachtvoll nach, daß die Originale daneben verblaß-
ten. Sie bewiesen, jeder auf seine Art, daß Europa der Ur-
sprung des amerikanischen Traums ist und daß dieser Traum
nicht nur im Wilden Westen oder in Wolkenkratzern, sondern
durchaus auch in Wien, Paris oder Budapest zu sich selbst finden kann.
Vielleicht hat aber auch, als Billy Wilder nach Hollywood
kam, ein europäischer Traum zu sich selbst gefunden. Viel ist
gesagt und geschrieben worden über den Gegensatz Europa
– Amerika in Billy Wilders Filmen. Meist diente *Sabrina* als
Erklärungsmodell: Ein amerikanisches Mädchen fährt nach
Frankreich, um dort europäischen Schliff, die feine Lebensart und aristokratische Manieren zu lernen, verbindet all dies
aber mit amerikanischer Tatkraft, mit amerikanischem Opti-
mismus und Lebensmut. Damit ist aber längst nicht alles gesagt – vielleicht ist sogar der ganze Ansatz ungenau. Schon
wie Wilder auf amerikanische Verhältnisse blickt, auf die
Filmindustrie in *Sunset Boulevard,* auf die Sitten und Gebräuche der Büromenschen in *The Apartment,* auf die rigiden Ge-

Ein Amerikaner in Paris: Gary Cooper in ›Liebe am Nachmittag‹.

setze der Verbrecherwelt in *Some Like It Hot* oder auf das Los
Angeles von *Double Indemnity* – das unterscheidet sich ge-
waltig vom Blick seiner durch und durch amerikanischen Kollegen. Die Welt ist in Billy Wilders Filmen eben nicht so leicht
veränderbar – im Gegenteil: Sowohl seine schwarzen Filme
als auch seine Komödien beziehen ihre Reize daraus, daß die
Helden Opfer erstarrter Strukturen sind, daß sie gegen die
bestehenden Verhältnisse wie gegen Mauern anrennen – und
doch nichts verändern werden.
Jack Lemmon in *Some Like It Hot:* da speist sich die ganze

Komik daraus, daß einer sich übereifrig anpaßt, daß er nicht nur widerstrebend sich als Mädchen verkleidet, sondern völlig aufgeht in der Rolle, sich richtig freut über einen Heiratsantrag. Die Schlußsequenz von *Some Like It Hot* mag als Beleg dienen: Jerry (Jack Lemmon) gesteht dem Verehrer Osgood, daß sie einander nicht heiraten können. Erstens sei er nicht blond, zweitens rauche er die ganze Zeit, und drittens könne er auch keine Kinder kriegen, weil er in Wirklich-

»I wanna be loved by you!« Marylin Monroe in ›Some Like It Hot‹.

keit ein Mann sei. Osgoods Antwort: »Na und, niemand ist perfekt.« Noch so ein Anpasser, noch einer, dem nichts übrig-bleibt, als sich einfach einzurichten in den bestehenden Ver-hältnissen. Hier endet der Film, Billy Wilder und sein Co-Autor I. A. L. Diamond aber schrieben noch ein paar Sätze ins Drehbuch:»Jerry sieht Osgood an, der übers ganze Ge-sicht grinst. Schlägt sich mit der Hand auf die Stirn. Wie wird er sich aus dieser Situation herauswinden? – Aber das ist eine andere Geschichte ... und wir sind uns nicht sicher, ob das Publikum dafür schon reif ist.«

Man muß sich nur einmal John Wayne in dieser Situation vor-stellen: Der hätte sich den Weg schon freigeschossen. Der hätte sich auf die ganze Verkleidungsgeschichte gar nicht erst eingelassen. Der wäre lieber gleich gestorben am St. Valen-tinstag. Allerdings wäre dann keine Komödie dabei herausge-kommen.

Ein anderes Beispiel: William Holden in *Sunset Boulevard*. Ein Drehbuchautor ohne Erfolg, diese Situation kannte Wil-der aus eigener Erfahrung. Ein Mann, der zu zaghaft ist, um für den eigenen Erfolg zu kämpfen, der sich auf die alternde Gloria Swanson einläßt – aus purem Fatalismus. Das Haus Gloria Swansons, die Requisiten, mit denen es vollgestopft ist – das alles wirkt so schwer, so unveränderlich, so alt, als habe es schon seit Jahrhunderten so existiert. Erich von Stro-heim als Gloria Swansons Ex-Regisseur, Ex-Ehemann, jetzi-ger Butler – ein Bote aus grauer Vorzeit. Die Menschen in die-sem Film sind so passiv wie die Dinge, und auf den Dingen scheint der Staub von Jahrhunderten zu lasten. Dabei waren kaum 20 Jahre vergangen seit Gloria Swansons großen Erfol-gen, und Erich von Stroheim hatte zwar seine Zeit als Regis-seur hinter sich, war aber keineswegs vergessen.

Alles bewegt sich schneller in Amerika, so suggeriert der Film, folglich altert man hier auch schneller, und es dauert weniger lang bis die Strukturen erstarren und die Verhältnisse versteinern.

Umgekehrt wirkt Europa in Billy Wilders Filmen gar nicht wie der »alte« Kontinent: Wilder zeigt Deutschland in *A Fo-reign Affair* und *One, Two, Three,* wie wir ja oben schon angedeutet haben, geradezu als Zerrbild von Amerika, und die Deutschen sehen bei ihm wie übereifrige Amerikaner aus. Ganz ähnlich verhält es sich mit Franzosen, Engländern, Italienern.

Zum Beispiel *Ninotschka,* Lubitschs Film, dessen Drehbuch Wilder schrieb: Da kommt aus dem kalten Moskau die überzeugte und überaus strenge Kommunistin Ninotschka ins sündige Paris, ist angewidert vom Luxus, entsetzt über die Libertinage und die lockeren Sitten. Genau das gleiche widerfährt in *A Foreign Affair* der gestrengen Kongreßabgeordneten Phoebe Frost aus Iowa im ebenfalls sündigen Nachkriegs-Berlin, einer Frau also, die Kommunisten nicht einmal mit der Feuerzange berühren würde, die auf die Frage »Wie geht's in Iowa« antwortet: »Nicht schlecht, 62 Prozent Republikaner« – ausgerechnet diese Frau verheddert sich in derselben Geschichte wie die europäische Kommunistin Ninotschka. Eine antiamerikanische Gemeinheit, wie sie nur dem Amerika-Fan Billy Wilder in den Sinn kommen konnte.

Nicht aus der Spannung Amerika-Europa also speist sich der Reiz der Filme Billy Wilders. Im Gegenteil: sowohl das Klischee vom feinsinnigen, gebildeten und geschliffenen Europäer als auch das Bild vom ruppigen, aber herzlichen und überaus tatkräftigen Amerikaner werden in Wilders Filmen lustvoll persifliert.

Billy Wilder entdeckt Europa in Amerika – und umgekehrt. Seine Filme sind typisch amerikanisch – der Regisseur aber ist ein Kosmopolit, und das sieht man den Filmen auch an. Ob Billy Wilder je einen amerikanischen Traum gehabt hat? Vermutlich wäre er schon ziemlich zufrieden, wenn nicht der Revolverheld Ronald Reagan, sondern der schusselige, unsichere und neurotische Jack Lemmon als erster Schauspieler ins Weiße Haus gezogen wäre.

As Time Goes By

Die monströseste Rückblende der Filmgeschichte: ein Toter schwimmt im Pool und erzählt, woran er gestorben ist. Ursprünglich sollte *Sunset Boulevard* noch grotesker beginnen:

*Ein Toter als Erzähler: die monströseste Rückblende der Filmge-
schichte. William Holden als Wasserleiche in ›Sunset Boulevard‹.*

Im Leichenschauhaus erheben sich die Toten von ihren Bah-
ren und erzählen einander, wie es soweit hat kommen können. Wilder hatte die Szene auch gedreht, aber als der Film in
den Snake-previews gezeigt wurde, da erschauerte das Publikum nicht – statt dessen lachte es. Und der Film wurde nicht
mehr ernst genommen.
Der Anfang im Swimmingpool ist auch schauerlich genug:
Der Mann ist tot, da bleibt auch nicht die geringste Hoffnung
auf ein Happy-ending. Die Reise wird abwärts gehen, den
Sunset Boulevard hinunter, und nichts wird sie stoppen können. Ein Toter als Ich-Erzähler, das setzt die Regeln der
Logik außer Kraft, die des Erzählens sowieso. Selten ist das
Handwerk des Geschichtenschreibens, die Illusion, daß alles
erzählbar sei, so nachhaltig in Frage gestellt worden. Die
ganze Wirklichkeit läßt sich mit Hilfe von ordentlichen und
überschaubaren Geschichten leicht kolonisieren, diese An-

sicht bestimmte in Hollywood die Bemühungen der Dreh-buch-Departements. In *Sunset Boulevard* hat Wilder diesem Vorteil nicht einfach widersprochen – das wäre zu einfach und außerdem wohl auch ziemlich wirkungslos gewesen. Wilder hat statt dessen Hollywoods ausbeuterisches Verhältnis zu den Geschichten konsequent zu Ende gedacht. Daß ein Toter erzählt, das widerspricht nur auf den ersten Blick der Logik. Auf den zweiten Blick erscheint es als unausweichliche Kon-sequenz: Die Toten sind überhaupt die einzigen, die eine Ge-schichte zu Ende erzählen können.

Blenden wir zurück: Als Wilder *Sunset Boulevard* drehte, da war die Rückblende ein verbreitetes, kein exotisches Mittel der Film-Dramaturgie. Wilders Rückblenden aber unter-scheiden sich ganz gehörig von den üblichen Rückblenden des *film noir*: Ob in Ulmers *Detour*, in Tourneurs *Out of the Past* oder in Mankiewcz' *House of Strangers* – fast immer dient die Rückblende dazu, die Gegenwart zu determinieren, einen Rahmen abzustecken oder das Netz zu spinnen, in dem der Held jetzt gefangen ist. Kurz: Die Rückblende konstitu-ierte und bestätigte erst die Gegenwart. In Wilders Filmen hingegen sind Gegenwart und Vergangenheit meist parallel montiert; die Rückblende unterminiert die Gegenwart – und vice versa.

Zum Beispiel *Double Indemnity*: In James M. Cains Roman, der die Vorlage abgab für Wilders Film, wird die Geschichte schnurgerade heruntererzählt. Das Drehbuch, von Billy Wil-der zusammen mit Raymond Chandler verfaßt, legt fast das ganze Geschehen als Rückblende an: Walter Neff, Versiche-rungsvertreter, ist zum Mörder geworden. Er hat sich verfüh-ren lassen von der fatalen Phyllis Dietrichson, hat mit ihr zu-sammen ihren Mann ermordet, um die Lebensversicherung einzukassieren. Dann haben Neff und Phyllis sich überwor-fen, und das Mißtrauen hat sich eingeschlichen in ihr Denken und Fühlen. Derweil ist Walter Neffs Kollege Barton Keyes der Wahrheit schon auf der Spur. Schließlich hat Neff auf Phyllis geschossen, Phyllis auf ihn, beide sind tötlich getrof-fen worden.

Wilders Film beginnt, nach einer wilden Fahrt durch die

Wo die Geschichten zu Ende sind, da beginnt das Kino.

nächtlichen Straßen von Los Angeles, in Walter Neffs Büro:
Der Verwundete stellt ein Diktiergerät an und spricht dann
sein Geständnis auf Band. Adressat ist sein Freund und Kollege Barton Keyes. Wilder legt das als Parallel-Aktion an:
immer wieder schneidet er von der eigentlichen Geschichte
auf den geständigen Walter Neff. Dessen Kommentare beglei-
ten die Bilder – und die Bilder vom Verwundeten prägen die
Sicht auf die Vorgeschichte. Nicht eine kausale Ordnung also
wird durch die Rückblende hergestellt, nicht das ordentliche
Verhältnis von Ursache und Wirkung, sondern eher ein inter-
pretierendes, kommentierendes: Der Erzähler hat ein Loch
im Bauch, und Löcher hat auch sein Geständnis. Die Bilder
des Films zeigen nur seine Sicht der Dinge, und vielleicht
lügen diese Bilder ja auch.

Some Like It Black

Kein Privatdetektiv. Keine düsteren Spelunken. Kein Hafen-
kai, keine Polizeiquartiere, keine leeren Fabrikhallen und äu-

40

ßerst selten mal ein paar Bartstoppeln: alles, was nostalgische Kinoschwärmer heute am *film noir* so begeistert, das fehlt in Billy Wilders schwarzen Filmen. Kein Asphaltdschungel, kein Ort für Humphrey Bogart, keine Romantik; dafür ein stockbiederer Versicherungsmensch als Held in *Double Indemnity;* in *Sunset Boulevard* ist es ein zaghafter Drehbuchautor, in *Ace in the Hole* ein großspuriger, geschwätziger und absolut unsympathischer Reporter.

Wilder inszenierte Helden, die keine sind; Geschichten, die aufs blanke Nichts hinauslaufen; Filme, so schwarz, daß akute Verdunkelungsgefahr besteht. *Ace in the Hole:* ein Reporterfilm. Chuck Tatum (Kirk Douglas) war einst ein gefragter Mann in der überregionalen Presse. Wegen allerhand Affären ist er abgestürzt; jetzt sitzt er bei einem miesen kleinen Provinzblatt in Albuquerque und wartet auf die große Chance, auf die Story seines Lebens. Zur Not wird er sie

Fred MacMurray in ›Double Indemnity‹.

selbst inszenieren und sich nicht darum kümmern, ob andere den Preis dafür zahlen müssen: »We are the press. We never pay«, heißt der Schlüsselsatz.

Double Indemnity: Die doppelte Lebensversicherungssumme kassieren Hinterbliebene, wenn der Versicherte einem Eisenbahn-Unglück zum Opfer fällt. Also inszenieren Phyllis Dietrichson (Barbara Stanwyck) und ihr Geliebter Walter Neff (Fred MacMurray) nach vollbrachtem Mord an ihrem Mann einen solchen Unfall. Es ist später die Perfektion der Inszenierung, nicht deren vermeintliche Mängel, die den beiden zum Verhängnis wird.

Sunset Boulevard: Joe Gillis (William Holden) soll für die abgetretene, fast schon vergessene Diva Norma Desmond (Gloria Swanson) ein Drehbuch schreiben – für einen Film, mit dem sie noch einmal die Leinwände erobern will. Gillis schreibt nicht nur das Buch, er wirkt auch mit an der perfekten Inszenierung von Norma Desmonds Lebenslüge.

Der Blick des Film noir: Der Held ist ein Gefangener im Reich der Kinozeichen – und sein dunkler Schatten geht ihm voraus. ›Double Indemnity‹.

*Der expressionistische Aspekt am Film noir: MacMurray geht, aber
Barbara Stanwyck behält seinen Schatten.*

Der Pessimismus, der bei den schwarzen Filmen sonst erst
mit der Handlung kolportiert wird, ist bei Billy Wilder schon
vorhanden, noch ehe er seine Geschichten zu erzählen beginnt. In all seinen *films noirs* geht es im Grunde um die Unmöglichkeit, überhaupt noch ordentliche Stories zu erzählen.
Jede dieser Stories basiert auf einer Lüge – und wenn die
Lüge aufgedeckt wird, dann findet die Story nicht zu einem
Ende, sondern zerfällt in ihre Bestandteile. In den meisten
films noirs geht es um Schuld und Sühne – bei Wilder ist
immer schon fraglich, ob Schuld und Sühne überhaupt Kate-
gorien filmischen Erzählens sein können, denn das würde ja
einen ordentlichen chronologischen Ablauf und eine quasi
objektive Erzählperspektive voraussetzen – und beides stellt
Billy Wilder ja vehement in Frage.
Wie heftig Wilders Filme die übliche Vorstellung von einem

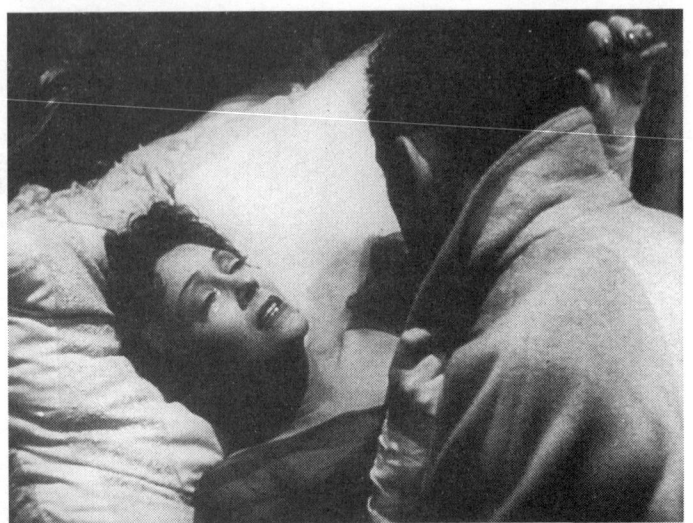

Jeder Kuß ist eine Lüge. Gloria Swanson und William Holden in ›Sunset Boulevard‹.

Jeder Kuß ist Betrug: Nancy Olson und William Holden.

Die Lady ist ein Biest: Wenn sie ihn nicht haben kann, dann soll auch keine andere ihn kriegen. Gloria Swanson und William Holden in ›Sunset Boulevard‹.

geradlinigen Plot dementieren und attackieren, davon war ja schon oben die Rede. Aber auch in einem scheinbar chronologisch ablaufenden Film, wie zum Beispiel in *Ace in the Hole,* ist die narrative Logik nichts als Illusion: Ein Mann ist im Bergwerkstollen verschüttet. Ihn zu befreien wäre zwar gefährlich, aber nicht unmöglich. Und es würde nicht länger als ein paar Stunden dauern.

Dann taucht der Reporter Chuck Tatum auf. Er will eine Story. Dafür braucht er Zeit. Also spielt er sich als Lebensretter auf, reißt das Geschehen an sich und redet jenen Feuerwehrleuten, die gekommen sind, um den Verschütteten zu befreien, einen ganz komplizierten und langwierigen Befreiungsplan ein. Tatum findet einen Verbündeten im örtlichen Sheriff, der vor seiner Wiederwahl steht und ebenfalls eine Story braucht, eine richtige *human-touch-story.* Tatums mächtigste Verbündete aber sind die ganz normalen Schaulustigen. Von überall kommen sie herbeigeströmt, eben weil es hier an

Eine perfekte Konstruktion – und daran wird alles scheitern. ›Double Indemnity‹.

einer Story teilzuhaben gilt, einer bewegenden Geschichte. Hätten die Feuerwehrleute, so wie sie es ursprünglich geplant hatten, den Verschütteten auf dem einfachsten Weg herausgeholt, kein Mensch hätte sich überhaupt für sein Schicksal interessiert. Jetzt aber wird mit großem Aufwand ein Stollen gebohrt, unten harrt der Verschüttete aus, empfängt Grußbotschaften aus ganz Amerika, läßt seinerseits die ganze Öffentlichkeit teilhaben an seinem Leiden. Er wird nicht lebend herauskommen. Aber die Story wird zu einem ordentlichen, wenngleich auch etwas traurigen Ende finden.

Nicht die Geschichten also erzählen vom Sündenfall – die Geschichten sind schon der Sündenfall. Die perfekte Inszenierung in *Double Indemnity,* die perfekt ausgedachte Lüge in *Sunset Boulevard,* die perfekte Story in *Ace in the Hole* – überall steckt das Unheil schon in der Form. Daß ausgerechnet Billy Wilder, der ja lange Zeit Hollywoods höchstbezahlter

46

Drehbuchautor war und als unumstrittener Meister im Handwerk des Erzählens galt, daß ausgerechnet dieser Billy Wilder so schonungslos die Grundlagen seines Jobs, seiner Branche reflektiert hat, das zeugt schon von einiger Klarsicht.
In Europa sah man meist nur den sozialkritischen Aspekt dieser Filme: *Sunset Boulevard* kam gut an, weil man die Attacke auf Hollywoods Starsystem und auf die Schnellebigkeit und Undankbarkeit der Filmbranche leicht entschlüsseln konnte.

Ein echter Starreporter inszeniert seine Stories selber: Kirk Douglas und Richard Benedict in ›Ace in the Hole‹.

Nach Anruf: Mord. Barbara Stanwyck in ›Double Indemnity‹.

Gegen die eigene Gier, Dummheit und Blindheit gibt es keine Versicherung. Fred MacMurray und Edward G. Robinson in ›Double Indemnity‹.

Kirk Douglas und Porter Hall in ›Ace in the Hole‹.

Ace in the Hole wurde gelobt als schonungslose Abrechnung mit den Methoden amerikanischer Medien – und deren Konsumenten.

Natürlich steckt auch das in den Filmen. *Film noirs* aber sind sie aus ganz anderen Gründen: Die Schatten, die Schwärze, das Undurchsichtige zeugen von der Einsicht Billy Wilders in die Unmöglichkeit, klare, durchschaubare, durchsichtige Geschichten zu erzählen. Die dunklen Schattenspiele sind auch – wie meist im *film noir* – Zeichen für die Verlorenheit der Helden, die Undurchdringlichkeit der Verhältnisse, in die sie sich verstrickt haben. Sie sind aber auch – und das ist eine zusätzliche Qualität – Zeichen für die Verlorenheit des Regisseurs, Autors, Geschichtenerzählers.

Ein Sonderfall: *The Lost Weekend*. Thematisch bestimmt kein

Kurz vor dem perfekten Mord: Barbara Stanwyck, Fred MacMurray und Tom Powers in ›Double Indemnity‹.

schwarzer Film, und doch vom Stil her dem *film noir* verwandt: Ein Schriftsteller ist dem Alkohol verfallen und bringt keinen vernünftigen Satz mehr zustande. Ein Wochenende lang quält sich der Dichter mit vergeblichen Versuchen, von seiner Sucht loszukommen, versetzt, da er kein Geld mehr hat, sogar seine Schreibmaschine, betrügt, belügt sich selbst und verachtet sich dafür. Als das Wochenende zu Ende geht, hat sich der Schriftsteller wieder gefangen. Sicher hat ihm auch sein Mädchen dabei geholfen. Die wirksamste Therapie aber, so suggeriert der Schluß, ist seine Schriftstellerei. Der Mann wird sich an die Schreibmaschine setzen und über das verlorene Wochenende eine Story schreiben. Wilder revidiert hier scheinbar seine Ansichten über Geschichten. Aber auch nur scheinbar; denn offenbar liegt die Ursache der Trunksucht eben im Beruf des Helden. Offenbar ist Don Birnams Verzweiflung einzig und allein darauf zurückzuführen, daß er aus dem wirklichen Leben keine ordentlichen Stories herausdestillieren kann. Folglich ist es auch durchaus nicht sicher, daß der Schluß als happy-ending gedacht ist. Insofern ist auch *The Lost Weekend* ein *film noir:* so schwarz wie das Farbband von Don Birnams Schreibmaschine.

So schwarz wie das Farbband einer Schreibmaschine: Ray Milland (rechts) mit Jane Wyman und Philip Terry in ›The Lost Weekend‹.

Die fröhliche Wissenschaft

Das Kino der Zitate, der Querverweise und Anspielungen, jenes Kino also, das zur Kenntnis nimmt, daß das Kino selber schon eine Realität neben, zwischen, in der Wirklichkeit konstituiert hat – dieses Kino sei eine Erfindung der Franzosen, glaubt man heute, eine Spezialität von Truffaut und Godard, von Chabrol, später dann auch von Wenders, Spielberg, Lucas oder Scorsese. Billy Wilder war – natürlich – seiner Zeit auch in dieser Beziehung weit voraus.

In seinem ersten amerikanischen Film, *The Major and the Minor,* ist der Höhepunkt ein festlicher Ball. Alle Mädchen, die zu diesem Ball geladen sind, haben sich als Veronica Lake verkleidet: mit blondgefärbten Haaren, Seitenscheitel und der Tolle, die ins Auge fällt. In *Some Like It Hot* spielt George Raft nicht nur den Gangster, er spielt auch mit einer Silbermünze – und zitiert damit seine eigene Rolle in Howard Hawks' *Scarface*, die er 29 Jahre zuvor verkörpert hatte.

In *Sunset Boulevard* spielt Erich von Stroheim einen Ex-Film-

Erich von Stroheims letzter Auftritt als Filmregisseur: ›David Wark Griffith, Cecil B. DeMille und ich – wir haben das Kino erfunden.‹ Stroheim als Max von Mayerling in ›Sunset Boulevard‹.

Ein Leben aus Licht, eine Frau aus Zelluloid: Gloria Swanson und William Holden in ›Sunset Boulevard‹.

regisseur namens Max von Mayerling: »Griffith, DeMille und ich haben das Kino erfunden«, sagt er; natürlich ist Stroheim selber gemeint. Zumal ja Norma Desmond ihrem Verehrer einen Film Mayerlings vorführt, mit ihr in der Hauptrolle: *Queen Kelly,* Hauptrolle: Gloria Swanson, Regie: Erich von Stroheim.

Ein geplatztes Rendezvous in *The Apartment:* Die blonde Telefonistin kann sich nicht mit Mr. Eichelberger treffen, weil sie sich im Fernsehen *The Untouchables* ansehen muß.

Wie lernt Jack Lemmon in *Irma La Douce,* sich wie ein englischer Gentleman zu benehmen? Er geht ins Kino, schaut sich alle Filme von David Lean an und redet anschließend nur noch vom *River Kwai,* von *Lawrence of Arabia* und allerhand anderen monumentalen Geschichten (leider läßt die deutsche Synchronfassung davon nicht viel übrig).

Kiss Me, Stupid: Da wird behauptet, die Hure Polly sehe so

Der Mann, der niemals lacht. Nicht einmal für Billy Wilder. Buster Keaton in ›Sunset Boulevard‹.

aufregend aus wie Marilyn Monroe. Was natürlich eine Gemeinheit an der Darstellerin Kim Novak ist. Außerdem spielt in diesem Film Dean Martin seine anspruchsvollste Rolle: Er spielt Dean Martin.

Im gleichen Film überlegt Orville Spooner, der traurige Held, wie er wohl am wirkungsvollsten seine Frau beleidigen könnte. Schließlich greift er sich eine halbe Grapefruit, um sie seiner Frau ins Gesicht zu drücken. Womit er an ein großes Vorbild anknüpft: In Wellmans *The Public Enemy* quetschte James Cagney eine Grapefruit ins Gesicht von Jean Harlow. Variationen übers gleiche Thema spielt auch James Cagney selbst in *One, Two, Three*.

Fedora schließlich, ein Film der ohnehin viel vom Kino erzählt, ist naturgemäß voll von solchen Anspielungen: Michael York und Henry Fonda spielen sich selbst, William Holden zitiert gelegentlich seine Rolle aus *Sunset Boulevard*.

Regisseure, die in Billy Wilders Filmen aufgetreten sind: Cecil B. DeMille, Otto Preminger, Erich von Stroheim. Außerdem: der Komponist Friedrich Holländer, der in *A Foreign Affair* und in *One, Two, Three* sich selbst spielt.

Früher als andere machte Billy Wilder, natürlich auf seine verspielte Art, in seinen Filmen klar, daß die Wirklichkeit und die Realität des Kinos nicht unabhängig voneinander existieren, daß die Fiktionen längst ihr Eigenleben entfaltet und sich langsam, aber sicher den Status von unumstößlichen Fakten erobert haben.

In fast allen seinen Filmen wird spürbar, daß sie auch von anderen Filmen beeinflußt sind.

Auf dem Set von ›Stalag 17‹: Billy Wilder mit Otto Preminger.

Im Melodram steckt auch ein Dokumentarfilm: Cecil B. DeMille auf dem Set von ›Samson und Delilah‹. Szene aus ›Sunset Boulevard‹.

Seinen Nachfolgern gegenüber, jenen Leuten also, die in ihren Filmen das Kino genauso intensiv wie den Rest der Wirklichkeit reflektieren, bleibt Billy Wilder trotzdem skeptisch. Über Godard: »Ein Faker, ein Fälscher, das ist alles so kalkuliert. Er spielt den Bürgerschreck um jeden Preis: Epater le bourgeois.«
Den Bürger zu schrecken, das war nie Wilders Anliegen; er hat die Bürger verunsichert, hat sie schaudern gemacht, ihnen Furcht eingejagt oder sie mit den hinterhältigsten aller Witze geschüttelt. Aber er hat es sie nie richtig merken lassen, daß sie seine eigentlichen Opfer waren.

Kultur ist, wenn man trotzdem lacht

Auf dem Weg über den Atlantik ist der europäischen Kultur die Aura abhanden gekommen. Aus Kulturgütern sind Gebrauchsgegenstände geworden. Und Billy Wilder findet das gut so.
Der Held in *Kiss Me, Stupid* heißt Orville J. Spooner, ist ein

rechter Versager und verdient sich sein Geld als Klavierlehrer, als unterbezahlter natürlich. Aber er hat Ideale. Er trägt Pullover, auf die seine Idole aufgedruckt sind: Ludwig van Beethoven, Johann Sebastian Bach. So wie sie möchte Spooner gerne werden: ein Pop-Star.

Zumindest aber will er für Dean Martin Lieder komponieren, der ja womöglich ein noch größerer Pop-Star ist als Bach und Beethoven zusammen.

Der Held in *The Seven Year Itch* heißt Richard Sherman, arbeitet im Kulturbetrieb (wenngleich er eher populäre Literatur verlegt) und gibt sich gern als geschliffener Mann von Welt. Zum Beispiel besitzt er eine umfangreiche Sammlung klassischer Schallplatten, darunter ein Klavierkonzert von Rachmaninow. An diesem Klavierkonzert gefällt ihm weniger der künstlerische als vielmehr der nackte Gebrauchswert: Das Klavierkonzert stimmt Mädchen romantisch und verleiht dem Verführungsversuch auf diese Weise einen bildungsbürgerlichen Touch. Bei Marilyn Monroe ist er an der falschen Adresse: Sie erkennt klassische Musik nur daran, daß nicht gesungen wird. Sie muß es wissen, denn sie ist selbst im Kulturbetrieb tätig: In der Fernsehreklame preist sie Zahnpasta an. Sie kennt ihre Schwächen: »Ich bin vielleicht nicht so gut wie die Duse. Aber ich habe viel mehr Zuschauer.« Ein Mädchen nach dem Geschmack Billy Wilders.

Wenn Don Birnam, der Held des *Lost Weekend*, sich wieder einmal in die Bar um die Ecke schleppt, wird er stets auf kulturelle Fragen angesprochen, schließlich ist er ja Schriftsteller. Gelegentlich kommt auch ein Kollege zur Sprache, ein gewisser W. (sprich: Dabbelju) Shakespeare, der ja wohl auch ganz gut geschrieben habe.

Drei Beispiele für Billy Wilders Hang zur Gleichmacherei: Ob ein Mädchen im Werbefernsehen auftritt oder im Nationaltheater, das macht keinen so großen Unterschied, Schauspielerin ist sie allemal. Ob ein Mann Synfonien komponiert oder Schlager für Dean Martin, ein Komponist ist er unbedingt. Ob schließlich einer große Dramen schreibt, Reportagen oder Drehbücher – Hauptsache er schreibt, und dann ist er auch ein Schriftsteller.

Er habe schon in Wiener Jugendtagen für amerikanischen Jazz geschwärmt, er habe als erster Eintänzer in Berlin den Charleston beherrscht, er habe sich seit seiner Kindheit fürs Kino begeistert, berichten die Biographen.

Was davon Legende ist, läßt sich heute so genau nicht mehr sagen. Sicher aber ist: Wilder hatte stets eine schlitzohrige Affinität zur amerikanischen Kultur, die zwischen Ernst und Unterhaltung nicht unterscheiden mag und die, wenn sie doch dazu gezwungen ist, die Unterhaltung vorzieht, weil damit subversivere Strategien möglich sind. Die Berliner Nachtclubsängerin Marlene in *A Foreign Affair* spricht offenbar Wilder aus der Seele, wenn sie den großen Ausverkauf der kulturellen Werte ankündigt.

Wilder Westen

Er hat sich stets als amerikanischer Filmregisseur, nie als Exilant gefühlt. In zwei typisch amerikanischen Genres aber hat er sich nie versucht: Es gibt kein Musical von Billy Wilder und keinen Western.

Das mit dem Musical erklärt Wilder so: Er könne einfach nicht verstehen, warum geistig ganz gesunde Menschen plötzlich zu sprechen aufhören, um zu singen. Nie hat Wilder eine sorgsam choreographierte, schwebend inszenierte, monumental und ornamental eingerichtete Szene gedreht – nicht ein von ihm belichteter Filmmeter spielt auch nur an auf die Musicals von Minnelli, Donen oder Berkeley. Vermutlich war ihm das zu pompös, zu feierlich. Andererseits finden sich sehr wohl musikalische Rhythmen und Strukturen in seinen Filmen:

»Isn't It Romantic?« spielt eine Kapelle, wenn *Sabrina* beginnt, und Sabrina antwortet traurig: Nein. Immer wieder wird das Thema aufgenommen, immer wieder stellt sich die Frage für Sabrina, bis sie am Schluß glücklich mit einen Ja antworten kann.

»I Wanna Be Loved By You« singt Marilyn in *Some Like It Hot,* während Tony Curtis und Jack Lemmon an nichts anderes denken, als wie sie ihr nacktes Leben retten können.

›Küß mich, Dummkopf!‹ Dean Martin, Ray Walston und Kim Novak.

Selbst in ernsten und düsteren Filmen Wilders, in *Ace in the Hole,* in *Witness for the Prosecution,* lockern Lieder die Erzählung auf. Nie aber inszeniert Wilder einen Song als Höhepunkt oder letzte Konsequenz einer Szene – immer setzt er die Musik kontrastierend, kommentierend ein, manchmal gar als Bruch, als Schluß – oder Kontrapunkt. Am deutlichsten offenbart Wilder seine Methode in *Kiss Me, Stupid:* Da bekommt der Musiker Orville J. Spooner, der zwar Beethoven auf dem Pullover trägt, in seiner Freizeit aber lieber Schlagermelodien komponiert, unerwartet Besuch von Dean Martin, dem Sänger. Um dem Star seine Schlager anzudrehen, schreckt Orville vor nichts zurück: Er engagiert eine Hure, die er als seine Frau ausgibt und dem Sänger unterjubeln will, damit er sich ihm verpflichtet fühle. Er macht den Mann betrunken, damit der auch im Haus bleibe und – im Rausch vielleicht – gleich einen Kaufvertrag für die Songs ab-

Eine Ohrfeige für den guten Geschmack: Cliff Osmond, Ray Walston und Felicia Farr in ›Kiss me, Stupid!‹

schließe. Schließlich spielt er die Lieder – und alles geht schief. Der Star ist viel zu sehr mit der Frau seines Gastgebers und mit seinem eigenen Vollrausch beschäftigt, als daß er sich auf Spooners Songs konzentrieren könnte. Die Hure in der Rolle der Ehefrau hingegen verzweifelt an ihrem Auftrag, mit dem großen Dean Martin ins Bett zu steigen, weil die Lieder Spooners sie so romantisch stimmen und sie sich eigentlich zu dem schüchternen Komponisten viel stärker hingezogen fühlt als zu dem aufgeblasenen Sänger. Kurz: Die Musik versöhnt nicht die Gegensätze, die Lieder stimmen niemanden friedfertig – Spooners Songs heizen das Chaos erst richtig an.

So, als habe er alle Vorurteile dementieren, alles bislang Versäumte nachholen wollen, ist *Kiss Me, Stupid* unter den Filmen Wilders nicht nur derjenige, der dem Musical am nächsten kommt, er ist auch Wilders einziger Western.

Er habe nie einen Western gedreht, weil er mit Pferden wenig anfangen könne, erzählt Wilder jedem Interviewer. Aber einen Western mit Autos, Tankstellen und Highways, einen Western aus dem 20. Jahrhundert, konnte sogar Billy Wilder inszenieren.

Climax, Arizona – der Name sagt alles: ein ödes Wüstenkaff, von ein paar hundert Leuten bevölkert, darunter ein Pfarrer, ein Tankwart, ein Musiklehrer und ein paar Huren. Kein Ort, an den es den Fremden zieht. Einer strandet dennoch hier: Dean Martin, von einer Umleitung hierher geführt, abgerissen, verkatert, ziemlich fertig. Und die Einheimischen sind eher feindselig gesinnt. Der Tankwart manipuliert zum Beispiel gleich den Motor, um Dean Martin über Nacht in Climax festzuhalten. Sein Freund und Nachbar, der Musiklehrer, lockt den Fremden in sein Haus, um mit ihm zwielichtige Geschäfte zu tätigen. Und Dean Martin bleibt nichts anderes übrig, als sich auf all dies einzulassen. Am nächsten Morgen macht der Fremde sich aus dem Wüstenstaub, mit einem Kater und um 500 Dollar ärmer.

Natürlich ist *Kiss Me, Stupid* kein richtiger Western – und schon gar keine Western-Parodie. Eher eine Untersuchung darüber, was vom Wilden Westen blieb: nur ein Name, Climax. Ein Saloon vielleicht noch, und ein Wohnwagen, der vom ungebrochenen Wandertrieb zeugt. Die Helden aber sind müde geworden: ein dicker Tankwart, ein erfolgloser Komponist, ein versoffener Sänger. Lauter Burschen, die nicht nach neuen Horizonten suchen, sondern sich mit einem Dach über dem Kopf und dem Blick aus dem Fenster auf den

Die ehrbare Dirne: Kim Novak in ›Kiss Me, Stupid!‹.

weiten Horizont zufriedengeben. Gerade deshalb sind sie die
richtigen Helden für Wilder. Mit den Eroberern, mit den Rei-
tern und Revolverhelden hätte er nichts anzufangen gewußt.
Wilders Blick auf die Pionierzeit Amerikas, auf die Erobe-
rung des Westens, ist vielfach gebrochen: Jack Lemmon berichtet davon, wenn er in seinem New Yorker Apartment Howard Hawks' *Come and Get,* anguckt – im Fernsehen natürlich. Oder Kim Novaks Papagei in *Kiss Me, Stupid:* der will
auch immer Western sehen und weiß sie auch eloquent zu
kommentieren.
Billy Wilder aber hat nie Lust gehabt, Filme für Papageien zu
drehen.

Billy und Howard

Ein schärferer Gegensatz ist kaum denkbar: Hier Howard Hawks, Amerikaner von Geburt und aus Leidenschaft, Kampfflieger, Großwildjäger, Rennfahrer, ein Mann von coolem Machismo, befreundet mit Faulkner, Hemingway, Cooper und Bogart, Meister des physischen Kinos.

Auf der anderen Seite Billy Wilder, Wiener von Geburt und Kosmopolit aus Überzeugung, Eintänzer, Zeitungsschreiber, Wortakrobat, der Dompteur der Schwätzer, der Brabbler, der Meister des gesprochenen Kinos.

Das Erstaunliche, auf den ersten Blick zumindest: Billy Wilder hat von Hawks das Filmen gelernt. Im Jahr 1941, als Wilder endgültig genug hatte von Regisseuren, die er für Stümper hielt – damals also schrieb er ein Drehbuch für Howard Hawks: *Ball of Fire.* Wilder war damals zwar ein begehrter Drehbuchautor, wurde gut bezahlt und konnte unter angenehmen Bedingungen arbeiten, aber er blieb doch ein Studio-Angestellter, ein Auftragsarbeiter, und seinen Regie-Ambitionen stand das Studio eher skeptisch gegenüber. Hawks hingegen war ein Star, konnte sich die Studios aussuchen und hatte längst das Recht auf den *final cut.* Deshalb war Wilders Idee, dem Meisterregisseur bei der Arbeit über die Schulter zu schauen, gar nicht so abwegig. Wilder hospitierte Hawks bei den Dreharbeiten – und er lernte eine ganze Menge über Stil und Technik des Filmemachens.

Wilder später: »Ich habe das nicht getan, weil der Hawks ein Regisseur war, den ich unbedingt kopieren wollte – obwohl er ein sehr guter Regisseur war: *Scarface* ist ein hervorragender Film, und er hat auch gute Komödien gemacht, aber es ist nicht meine Art von Filmen. Ich wollte nur die Technik von ihm lernen, den Umgang mit der Kamera, mit den Objektiven, wie die Kamera sich bewegt, die einzelnen Positionen bis hin zum Schneiden. Ein sehr praktischer Regisseur, der Hawks, sehr ökonomisch in seiner Arbeitsweise. Man kann sagen, ich war so eine Art Volontär bei diesem Film, drei, vier Monate lang.«

Man muß nur genau hinschauen, um zu sehen, wieviel Billy

Die Welt und die Grammatik sind voller Geheimnisse: Gary Cooper als Professor Potts und Barbara Stanwyck als Tänzerin Sugarpuss in Howard Hawks' ›Ball of Fire‹.

Wilder von Hawks coolem, unangestrengtem, unaufdringlichem Stil gelernt hat. Man kann auch zuhören: »Ich versuche einen Film so einfach und so elegant wie möglich zu drehen, ohne Mätzchen, ohne Eisenstein-Einstellungen. Nicht so wie die jungen Regisseure, die mit der Kamera in der Gegend herumfuchteln oder eine Einstellung durch das Feuer im Kamin photographieren. Für mich muß alles eine Logik haben, muß der Zuschauer immer wissen, von wessen Standpunkt der Film ausgeht. Der Zuschauer muß die Handlung immer mit den Augen eines der Charaktere sehen. Aber nicht plötzlich ein Loch da im Boden machen, die Kamera darin verstecken und dann von schräg unten oder vom Kronleuchter aus photographieren! Das ist doch alles Kunstgewerbe. Nein, so einfach und elegant wie möglich. Denn wenn die Leute einmal interessiert sind, wenn sie gepackt zuschauen, wenn man sie also bei der Kehle erwischt hat – wenn dann plötzlich eine ganz ausgefallene Einstellung kommt, und einer sagt zu seinem Nebenmann: Schau doch mal, diese herrliche Einstellung!, das ist doch Scheiße, das schadet doch dem Film. Da zwingt man den Zuschauer, über die Technik nachzudenken: Da hat er also die Kamera genommen, hat sie auf einen Kran gesetzt und ist dann damit in die Höhe gefahren … Ich will eigentlich, daß die Leute in meinen Filmen vergessen, daß es da eine Kamera und einen Regisseur gegeben hat. Sie sollen vergessen, daß das eine Leinwand ist, worauf sie blicken. Sie sollen meinen, sie seien mit den Personen der Handlung im

Dreißig Jahre nach ›Scarface‹ noch immer in derselben Rolle: George Raft (Mitte) in ›Some Like It Hot‹.

selben Zimmer oder auf derselben Straße.« Ein Statement von Billy Wilder. Howard Hawks hätte sicher jeden Satz unterschrieben.

Und die Gemeinsamkeiten beschränken sich nicht nur auf die Art der Inszenierung. Auch in Motiven und Geschichten gibt es verblüffende Ähnlichkeiten. Genau wie Hawks, so hat auch Wilder eine Vorliebe für ramponierte Helden; nähme man die Verletzten, die Prothesenträger, die Vermummten und Verbundenen aus allen Hawks- und allen Wilder-Filmen zusammen, es reichte sicher für zwei komplette Football-

Ginger Rogers, als elfjähriges Mädchen verkleidet: ›The Major and the Minor‹.

Teams. Wie überhaupt kein Hollywood-Regisseur weiter gegangen ist als Hawks und Wilder, wenn es darum ging, das her-
kömmliche Männerklischee lächerlich zu machen: Jack Lemmon und Tony Curtis in *Some Like It Hot* sind nahe Verwandte von Cary Grant in *I Was a Male War Bride*. Cary
Grant in *Bringing Up Baby* benimmt sich ebenso vertrottelt
wie Tom Ewell in *The Seven Year Itch*.

Ginger Rogers spielt in Hawks' *Monkey Business* noch einmal die gleiche Rolle wie elf Jahre zuvor in Wilders *The Major
and the Minor*. »Im Unterschied zu den Europäern ist Hawks
immer bemüht, das Mechanische, das Unoriginelle, das Se-
rienmäßige seiner Erfindungen hervorzuheben. Er hat eine
Vorliebe für Remakes.« So schreibt Frieda Grafe über Howard Hawks. Eine Fußnote dazu: Billy Wilder hat 1974 das
Remake eines Hawks-Films gedreht, der seinerseits schon
ein Remake war. Wilders Film hieß *The Front Page,* war ein
Remake von Hawks' *His Girl Friday,* der wiederum ein Remake war von Milestones *The Front Page*. Wenn es darum
ging, europäische Vorstellungen von originellem Schöpfer-
tum, von hoher Kunst und niederem Entertainment zu bekämpfen, dann waren Hawks und Wilder Brüder in Waffen.
Fast überflüssig zu betonen, daß *Ball of Fire* ein typischer
Hawks-, aber auch ein typischer Wilder-Film ist.

Die augenfälligste Gemeinsamkeit der beiden: das irrwitzige
Tempo. Er habe stets darauf geachtet, um ein Drittel schnel-
ler als der Standard zu sein, berichtet Howard Hawks. Billy
Wilder stand ihm darin in nichts nach. Als Anwärter auf den
Geschwindigkeitsrekord für Kinokomödien liegen beide
ziemlich gut im Rennen.

Billy, Bogey, Ray

Mit dem einen zusammen hat Wilder eins seiner besten Dreh-
bücher geschrieben, mit dem anderen einen seiner schönsten
Filme gedreht: Raymond Chandler und Humphrey Bogart.
Verstanden hat er sich mit keinem von beiden.

Billy Wilder und Raymond Chandler: das war Haß auf den ersten Blick, wenn man den Biographen glauben darf. Wilder,

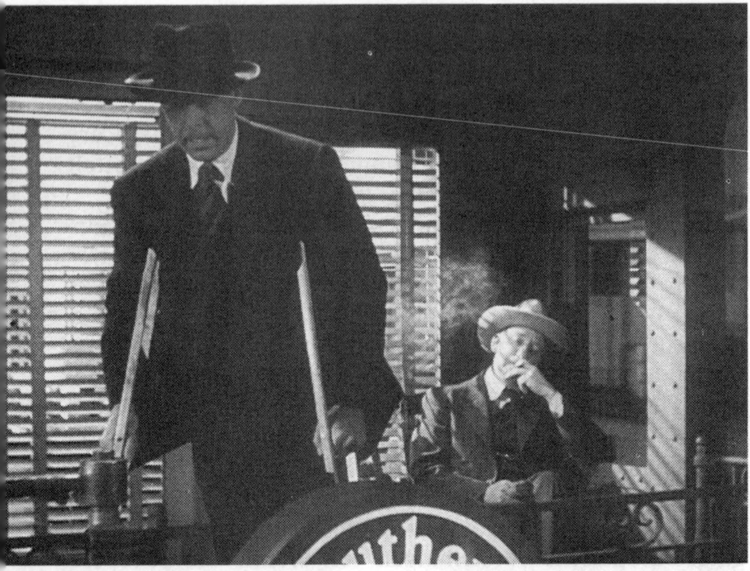

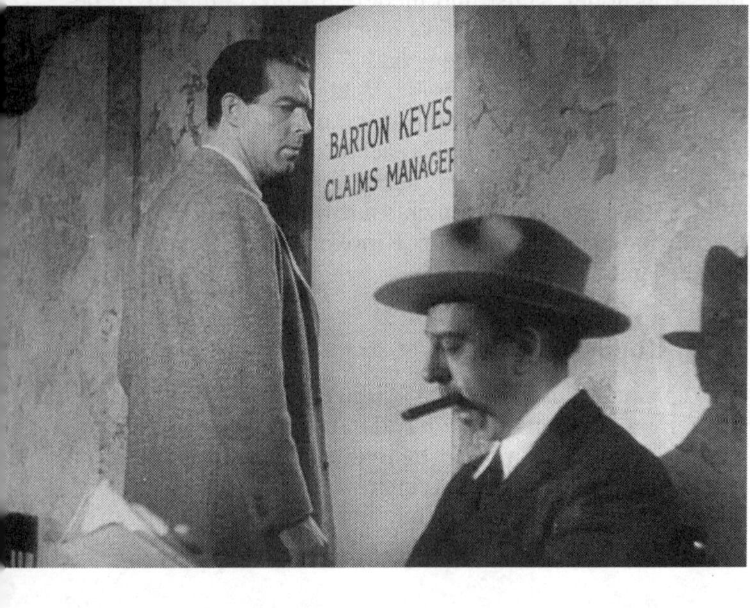
BARTON KEYES
CLAIMS MANAGER

Links: Der Mörder hat sich als Opfer verkleidet. Und der einzige Zeuge erkennt nicht, was doch offensichtlich ist: Fred MacMurray und Porter Hell in ›Double Indemnity‹. Oben: Los Angeles, das Reich der Schatten: So sah Raymond Chandler auf seine Stadt, und Billy Wilder inszenierte diese Sicht kongenial.

der Europäer, hatte sich längst an amerikanischen Arbeitsstil, an Teamwork, serielles Schaffen gewöhnt, und daran, daß Originalität nicht die wichtigste Qualität eines Drehbuchs ist. Chandler hingegen, der Amerikaner, schrieb damals zwar avancierte amerikanische, schnörkellose und unterkühlte Prosa – hing dabei aber einem europäischen Künstler-Ideal nach: »Ich bin Schriftsteller, und da kommt dann die Zeit, wo das, was ich schreibe, mir gehören muß; allein und schweigend geschrieben werden muß; ohne daß mir jemand über die Schulter schaut; ohne daß mir jemand sagt, wie ich es besser schreiben soll. Es muß kein großes Werk sein, es muß nicht einmal furchtbar gut sein. Es muß einfach nur meins sein.«

Kein Wunder, daß die beiden nicht zurechtkamen miteinander. Wilder war, so wird berichtet, so beschreibt er es auch selber, ein unruhiger Geist, ging im Büro auf und ab, äußerte laut ein paar Vorschläge, um sie gleich anschließend wieder laut zu verwerfen. Sein schlimmster Fehler: Er war als Drehbuchautor ein Professional, hatte Erfahrung und kannte alle Tricks. Chandler hingegen war zum ersten Mal beim Film, hatte keine Ahnung vom Handwerk, und keinen blassen Schimmer, worauf es Produzenten und Regisseuren ankam. Nur in einem war er sicher: Er war ein großer Dichter. Wer zum Teufel aber war dieser quirlige, aufgeregte, unhöfliche Bursche, dieser Billy Wilder? Was bildete er sich ein, ihm, dem Dichter, zu sagen, wo's lang geht?

Chandler versuchte damals gerade, sich das Trinken abzugewöhnen. Er besuchte die Treffen der Anonymen Alkoholiker und riß sich überhaupt zusammen. Der Streß, der Ärger, den er mit Billy Wilder hatte, regte seinen Durst an, und als die Arbeit an *Double Indemnity* beendet war, da war auch Chandler

Ein Mann erzählt seine Geschichte. Aber er hat schon ein Loch im Bauch, und Löcher hat auch die Story. Fred MacMurray in ›Double Indemnity‹.

Ein Mann und sein Diktiergerät: die fruchtbarste Art der Kommunikation.
Fred MacMurray in ›Double Indemnity‹.

wieder dem Suff verfallen. Diese Begegnung habe ihn mehrere Jahre seines Lebens gekostet, meinte Chandler später,
und Billy Wilder hat ihm nie widersprochen.
Dem Ergebnis aber merkt man die Querelen während der Arbeit nicht an. Chandler hat, so böse er auch war auf Billy Wilder, stets betont, daß er das Drehbuch zu *Double Indemnity*
für eines der besten überhaupt halte. Und Wilder rechnet
Drehbuch und Film auch nicht gerade zu den mißlungenen
unter seinen Werken.
Double Indemnity war der dritte Film, den Wilder für Paramount inszenierte – und er brachte einen neuen Tonfall, eine
neue Sicht auf Helden und Schauplätze. Der ganze Film wird
bestimmt von der *voice over narration* Walter Neffs – und dessen trockene, pessimistische, oft auch sarkastische Kommentare haben den gleichen Tonfall wie Philip Marlowes Selbstge-
spräche in Chandlers Romanen. Andererseits sind die schnel-

Während diese drei sich amüsierten, fürchtete Humphrey Bogart eine Verschwörung. William Holden, Billy Wilder und Audrey Hepburn.

len Dialoge zwischen Barbara Stanwyck und Fred MacMurray, die Art wie sie die Wörter hin- und herspielen, als wären es Pingpong-Bälle, typisch für Wilders Art, Dialoge zu bauen. Wie gut im Ergebnis die Zusammenarbeit funktioniert hat, macht eine Szene besonders deutlich: Da regt sich der mürrische Barton Keyes wieder einmal über Gott und die Welt auf, besonders aber über die Kunden seiner Versicherungsgesellschaft, nörgelt über sich selber, seinen Job und über Walter

Neff. Der aber antwortet ganz ungerührt: »I love you too.«
Typisch Wilder. Typisch Chandler.

Wie schwer sich Wilder oft tat mit typischen, eingeborenen Amerikanern und wie schwer es diesen Amerikanern fiel, den Wiener als einen der ihren zu betrachten, das belegen auch Wilders Erlebnisse mit Humphrey Bogart.

Humphrey Bogart konnte Deutsche nicht leiden, auch wenn sie jüdische Emigranten waren. Er hielt sie allesamt für Nazis. Bogart konnte seinen Filmpartner William Holden nicht leiden; seine Partnerin Audrey Hepburn genausowenig. Vor allem aber haßte er seine Rolle: Als Manager, im Homburg und mit Nadelstreifen über den Filmset zu hampeln, das war ihm zuwider; er fühlte sich nicht »authentisch«.

Warum dann Bogart überhaupt die Rolle spielte? Irgendwer hatte ihm eingeredet, daß es nicht übel für sein Image wäre, wenn er zur Abwechslung mal in einer Komödie spielte. Das leuchtete Bogart auch ein, gar nicht lustig aber fand er Billy Wilders Art. Und besonders humorlos reagierte er auf Wilders Wiener Akzent. Wer so sprach, so dachte Bogart in seiner schlichten Art, der mußte einfach ein Nazi sein.

Maurice Zolotow, Wilders anekdotenseliger Biograph, überliefert folgenden Dialog zwischen den beiden: Wilder gibt eine Regieanweisung »Giff me here, blease, a little more faster.«

»Hey Vilhelm,« meinte Bogart in dreckigem Tonfall, »vould you mind translating that into English? I don't schpeak so good the Cherman, jawohl.«

Beide Anekdoten, die über Chandler und die über Bogart, erzählen nicht nur von den Neurosen der Stars, sondern stellen auch einiges klar, was Billy Wilders Stand in Hollywood und seine Selbsteinschätzung als amerikanischer Filmregisseur angeht: Es blieb ein Rest Fremdheit. Er konnte sich nicht völlig assimilieren, er wollte es wohl auch nicht. Er konnte nur hoffen, vom amerikanischen Publikum geliebt und verstanden zu werden. Und das sicherste Anzeichen dafür war der Erfolg an der Kinokasse. Es stimmt schon, daß Wilder intensiver als andere Kollegen aufs *box office* schielte. Aber was blieb dem Fremden schon anderes übrig?

Die wahren Bilder sind im Kopf

Daß er als Drehbuchautor begonnen hat, das merkt man noch seinen späten Filmen an. Da er, als er noch nicht inszenieren durfte, den meisten Regisseuren mißtraute, mußte er sich anderweitig absichern, mußte die wirklich wichtigen Ereignisse in den Dialog packen. Ein Rest von dieser Taktik ist geblieben, auch als Wilder zum Herrn der Bilder wurde.

Zum Beispiel *The Major and the Minor:* Da verkleidet sich die erwachsene Susan Applegate, weil sie zuwenig Geld für eine Erwachsenenfahrkarte hat, in ein elfjähriges Mädchen, um mit dem Kindertarif fahren zu können. Anfangs zweifelt sie an der Glaubwürdigkeit ihrer Verkleidung. Aber dann beginnt sie, wie ein Kind zu sprechen, plappert jugendlichen Unsinn daher, steigert sich hinein in die Babysprache und fühlt sich schließlich wirklich als Elfjährige – was ihr alle anderen auch glauben. Mit der Sprache hat sie sich zurückversetzt in die Welt der Kindheit. Mit der Sprache holt sie auch

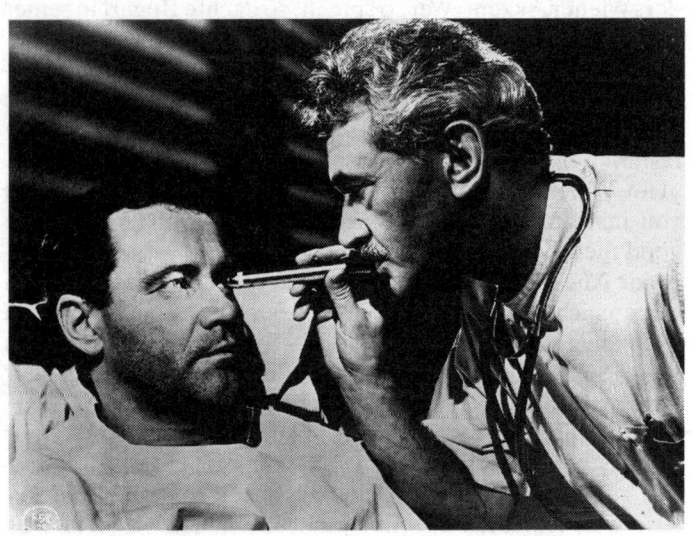

Manchmal ist das Unsichtbare das Offensichtliche: Jack Lemmon und Bill Christopher in ›The Fortune Cookie‹.

Wenn Liebe blind macht: Shirley MacLaine und Jack Lemmon in ›Irma La Douce‹.

uns Zuschauer in diese Welt. Die Bilder nämlich zeigen etwas ganz anderes: Da bleibt Ginger Rogers, auch wenn sie sich Zöpfchen flicht, züchtige Kleider und Schuhe mit flachen Absätzen trägt, doch als erwachsene Frau erkennbar.

Zum Beispiel *Sabrina:* Die Heldin ist die Tochter des Chauffeurs und ist heftig in den Sohn des Chefs verliebt, der sie aber gar nicht beachtet. Die Bilder zeigen nur, welch ungeheure Distanz sich auftut zwischen der Welt des reichen Playboys David Larrabee und der Welt des Mädchens Sabrina. Doch durch Sabrinas Erzählungen, durch ihre Schwärmereien, und Tagträume wird eine Brücke geschlagen. Wenn Sabrina von ihrer Liebe spricht, wenn sie Briefe schreibt – dann erscheint es plötzlich gar nicht mehr als unmöglich, daß sie den Angebeteten eines Tages kriegen wird. Aus Wörtern und Sätzen baut sich Sabrina ihre eigene Welt, und diese Welt ist die eigentliche, die wahre Welt, während das Sichtbare nur vorübergehenden Charakter hat.

Ein besonders krasser Fall: *Irma La Douce.* Im wesentlichen beschränkt sich der Film auf drei Schauplätze: die Bar an der Ecke, ein Zimmer im Stundenhotel und Irmas Wohnung. Der

Mir fehlt keinPfennig zum Glück: Jack Lemmon in ›Irma La Douce‹.

Film sprengt aber diesen engen Rahmen durch die Phantastereien, die Erzählungen und Lügengeschichten seiner Helden: Da betreibt ein gewisser »Moustache« eine Bar, erzählt aber jedem, der es hören will, und allen anderen auch, daß er früher Professor gewesen sei, Chirurg, vielleicht auch Priester und Soldat. Seine Geschichten sind ganz offensichtlich Lügenmärchen – was ihrem Wahrheitsgehalt und ihrer Brauchbarkeit nichts anhaben kann (»… aber das ist eine andere Geschichte.«).

Das Mädchen Irma ist nicht einfach eine schlichte Hure; sie ist die Scheherezade des Rotlicht-Bezirks: Jedem ihrer Kunden erzählt sie eine andere, immer aber rührende, ergreifende und absolut glaubwürdige Geschichte, wie es so weit hat kommen können mit ihr. Da steckt nicht bloß purer Geschäftssinn dahinter. Irma erfindet sich täglich ein neues Leben, und jede ihrer Lügen ist Teil ihrer wirklichen und authentischen Biographie.

Nestor Patou schließlich, ihr Liebhaber und Zuhälter wider Willen, kann zwischen seinem eigenen Gequassel und der Wirklichkeit kaum noch unterscheiden.

Sind also Wilders Filme wortlastig? Wohl kaum. Nie braucht

Die wahren Bilder sind im Bauch. ›Double Indemnity‹: Fred MacMurray und Edward G. Robinson.

Wilder die Sprache, um irgend etwas zu sagen, das ohnehin schon in den Bildern steckt. Äußerst selten, nicht einmal in den Filmen mit *voice over narration,* dient die Sprache, dienen Sätze und ganze Erzählungen als Ersatz für nicht inszenierte Sequenzen; selten setzen Dialoge die Handlung fort. Wilders Wörter eröffnen eher seinem Kino eine neue, unabhängige Dimension. Neben der inszenierten Geschichte entsteht eine neue, nur aus Dialogen, Selbstgesprächen, Gequassel und Geplapper. In diesen Geschichten sind die Helden oft mehr zu Hause als in den inszenierten Szenen – denen stehen sie oft fremd gegenüber, schlafwandeln durch sie hindurch oder stolpern halb blind dem Ende entgegen.

Die Wörter haben für den ehemaligen Journalisten Wilder eine besondere, fast materielle Qualität. Sie sind das einzige Vehikel, mit dem er seine Helden den beengten Verhältnissen und verkrusteten Strukturen entkommen läßt.

Die Wörter sind es, die seinen Filmen jene Leichtigkeit, Eleganz, den typisch Wilderschen Schliff verleihen, denn Wörter

Something Wilder: Paula Prentiss und Klaus Kinski in ›Buddy Buddy‹.

Fred MacMurray, eingekreist. Szene aus ›Double Indemnity‹.

können schneller fliegen, eleganter gleiten und kreisen als
jede Kamera. Wörter als Katalysatoren für Bilder.

Viel ist die Rede vom Lubitsch-Touch – eine ähnliche Be-
zeichnung für das Besondere in Wilders Filmen ist noch niemandem eingefallen. Man könnte es vielleicht Wilder-Wiz
nennen (wiz = Genie), die Wilder Wings oder auch Something Wilder. Denn so wie Lubitsch immer einen kleinen Spalt
der Inszenierung offen läßt, durch den dann die Zuschauer
ihre eigenen Geschichten hineintragen können, so macht
auch Wilder sein Publikum zum Co-Autor jedes Films: Wörter
sind ja flüchtiger als Bilder, und sie sind weitaus intensiver
der Gegenwart verhaftet: Töne hinterlassen keine Spuren.
Wer also teilhaben will an jenen Geschichten in Wilders Filmen, die erst aus Wörtern und Sätzen entstehen, der muß sich
selber beteiligen, muß die Sätze und Geschichten weiterden-
ken, muß das Imaginäre mit eigener Phantasie belegen, muß

79

*La vie en rose: Nella Walker, Audrey Hepburn und William Holden in
›Sabrina‹.*

die Lücken zwischen den Wörtern und den Bildern auf der
Leinwand ausfüllen. Erst dann ist der Film ganz fertig. Billy
Wilders Methode, sein Publikum teilnehmen zu lassen, ist
ebenso subtil wie die Lubitschs, nur eben oft brutaler, manchmal direkter und fast immer anstrengender.

Ich sehe was, was du nicht siehst

Das Sichtbare ist nicht alles im Kino – und manchmal ist es
nur eine Sinnestäuschung, ein Trugbild, eine Lüge. In Billy
Wilders Kino dominieren die Kurzsichtigen, die Ein- oder
Blauäugigen – und der Blinde ist oft König. Der Zuschauer
hockt erstaunt vor der Leinwand und fragt sich, warum Wilders Helden nicht sehen, was doch scheinbar offensichtlich
ist.
La vie en rose: Das Mädchen Sabrina sieht die Welt durch

eine rosarote Brille, sie lebt in einer Traumwelt und weigert sich entschieden, den Zwängen der Wirklichkeit nachzugeben. Wir Zuschauer hingegen meinen klar zu erkennen, daß die rosarote Brille kein Thema für uns ist, schon weil *Sabrina* ein Schwarzweißfilm ist. Aber natürlich bekommt Sabrina recht – gegen alle Wahrscheinlichkeit.

Jedes Wort eine Lüge, jedes Bild eine Fälschung: Jack Lemmon und Walter Matthau in ›The Fortune Cookie‹.

Charles Laughton in *Witness for the Prosecution* ist unfähig, Marlene Dietrich zu erkennen, obwohl sie sich nur halbherzig verkleidet hat. Ähnlich ergeht es Shirley MacLaine in *Irma La Douce,* die Jack Lemmon nicht erkennt, obwohl der sich nur eine Augenklappe aufsetzt. Ray Milland in *The Major and the Minor* braucht den ganzen Film, bis er endlich Ginger Rogers als erwachsene Frau erkennt. Und Jean Arthur in *A Foreign Affair* ist einerseits scharfsichtig genug, um das beschönigende Gerede Millard Mitchells als Lüge zu durchschauen, ist andererseits aber mit Blindheit geschlagen, wenn es darum geht, John Lund als Marlene Dietrichs Beschützer und Geliebten zu entlarven. Flüchtige Betrachter haben das Wilders Filmen als Fehler angerechnet. Jeder Zuschauer erkenne doch Marlene Dietrich in *Witness for the Prosecution;* wenn also Charles Laughton sie nicht erkenne, dann schade das der Glaubwürdigkeit des Films. Man könnte

Der Held sieht nicht, was alle sehen: Charles Laughton und Marlene Dietrich in ›Witness for the Prosecution‹.

Ich werde Sie verteidigen: Charles Laughton entdeckt zu spät die Motive Marlene Dietrichs. ›Witness for the Prosecution‹.

ihnen mit Szenen aus einem anderen Film von Billy Wilder antworten: Unglaubwürdig, monströs und irgendwie geistesgestört erscheint einem doch eher Sherlock Holmes, der keinen visuellen Hinweis übersieht, der jedes optische Zeichen zu lesen versteht. Gerade das ist eine Form von Blindheit. Wilders blauäugige und kurzsichtige Helden schaffen hingegen gerade dadurch, daß sie das Offensichtliche nicht zur Kenntnis nehmen, eine ungeheure Präsenz; denn im Sichtbaren, in den Bildern und Gegenständen stecken ja immer die Spuren der Vergangenheit. Das Imaginäre, das bloß Eingebildete, von dem Wilders Figuren sich so oft täuschen lassen, das ist so flüchtig und instabil, das ist die pure Gegenwart.

Hinzu kommt, daß Wilder so seinen *suspense* schafft. Ich weiß etwas, das der Kinoheld nicht weiß, so heißt Alfred Hitchcocks Rezept für Thriller. Billy Wilders Rezept für komödiantischen *suspense* ist ebenso einfach – und ebenso wirk-

Sherlock Holmes' einzige Liebe: Geneviève Page und Robert Stephens in
›The Private Life of Sherlock Holmes‹.

sam: Ich sehe was, das der Held nicht sieht. Bei Hitchcock
wird nur mit Hilfe einer Gänsehaut kompensiert – bei Wilder
muß man halt das Sichtbare und Offensichtliche auf der Ton-
spur suchen – und das Unerhörte in den Bildern.
So zwingt uns Wilder dazu, nicht nur auf der Leinwand nach
Lösungen und Antworten zu suchen, sondern vor allem in un-
seren eigenen Köpfen. Natürlich ist das Verfahren nicht bloß
Technik, nicht einfach nur eine Methode, den Zuschauer vor
den Karren des Regisseurs und seiner Absichten zu spannen.
Dahinter steckt auch ein tiefes Mißtrauen den Bildern gegenüber: Der Schein trügt, und zwar in allen Filmen Billy Wilders. Am unmißverständlichsten hat er dies in *The Private
Life of Sherlock Holmes* vorgeführt: Der Superdetektiv, der
alle sichtbaren Zeichen zu lesen versteht, für die unsichtba-
ren aber kein Auge hat, ist im Grunde ein armer Trottel.

Ich sehe was, was du nicht siehst: Barbara Stanwyck, Fred MacMurray und Edward G. Robinson in ›Double Indemnity‹.

Einem weitverbreiteten Mißverständnis zufolge besteht das Kino aus Bildern. Nicht nur bei Billy Wilder – bei ihm aber besonders gut – kann man lernen, daß Kino ein komplexerer Apparat ist: 24mal Licht und 24mal Dunkel in einer Sekunde. Wenn es dunkel ist, beginnt erst das wahre Kino des Billy Wilder. 24mal pro Sekunde regt es uns an zum Denken, regt es uns auf, daß die Haare zu Berge stehen und der Schauder um sich greift.

Running Wilder

Was jüdischer Witz eigentlich sei, das wissen schon die Juden nicht so genau zu sagen, und die Nichtjuden tun sich naturgemäß noch schwerer damit. Eine geläufige, wenngleich auch nur ungefähre Definition sagt, daß der jüdische Witz dort beginne, wo die anderen Witze aufhören. Anders formuliert: Jüdischer Witz, das ist, wenn man die Schraube der Komik immer noch ein Stück weiter zudreht. In seiner amerikanischen Form ist der jüdische Witz, von avancierter Technik beschleunigt, zum *running gag* geworden. Das vielleicht beste Beispiel für jüdischen Witz in Billy Wilders Filmen ist die Schlußszene von *Irma La Douce,* in der Nestor Patou, dessen Maskierung als englischer Lord längst aufgedeckt ist, die Geburt seines Kindes feiert und plötzlich auch der englische Lord, den es doch eigentlich nicht mehr gibt, zum frohen Ereignis gratuliert.

Wahrscheinlich ist es ein jüdischer Witz, wenn Sherlock Holmes sich als Homosexueller ausgibt, um das eindeutige Angebot einer zweifelhaften Dame mit der größtmöglichen Höflichkeit ablehnen zu können, wenn Dr. Watson, der sich eigentlich gerade mit lockeren Mädchen amüsieren wollte, darunter leiden muß, und bei seiner verzweifelten Suche nach einem Ausweg aus dieser kompromittierenden Situation von einem Geistesblitz getroffen wird: »Wir sollten heiraten!«

Ähnlich absurd ist das 500-Franc-Arrangement in *Irma La Douce*. Nestor Patou will es nicht länger mitansehen, daß seine süße Irma anschaffen geht. Also leiht er sich 500 Francs

Worüber man nicht reden kann, darüber muß man sich lustig machen:
›Stalag 17‹.

von Moustache, verkleidet sich dann als englischer Lord,
geht zu Irma und bezahlt sie mit 500 Francs, damit sie für den
Rest der Woche nicht mehr anschaffen muß. Irma wiederum
wird das Geld an Nestor weitergeben, der es ja Moustache zu-
rückzahlen kann.
Ein anderes Beispiel für Wilders Absurditäten ist ein Dialog
aus *Some Like It Hot* zwischen Jerry und Joe, den beiden Mu-
sikern, die sich als Mädchen verkleidet haben:
Jerry: »Oh, ich hab' dir vieles zu erzählen.«
Joe: »Was ist geschehen?«
Jerry: »Ich bin verlobt.«
Joe: »Gratuliere. Wer ist das glückliche Mädchen?«
Jerry: »Ich bin's.«

Joe: »Was?«

Jerry: »Osgood hat mir einen Antrag gemacht. Im Juni ist die Hochzeit.«

Joe: »Was redest du für einen Blödsinn? Du kannst Osgood nicht heiraten.«

Jerry: »Du meinst, er ist zu alt für mich?«

Joe: »Jerry, komm zu dir, das ist unmöglich!«

Jerry: »Wieso denn? Er heiratet doch dauernd irgendein Mädchen.«

Joe: »Aber du bist kein Mädchen. Du bist ein Mann. Und warum soll ein Mann einen Mann heiraten?«

Jerry: »Aus Sicherheitsgründen.«

Joe: »Jerry, bitte, leg dich wieder hin. Du bist krank.«

Jerry: »Hör auf, mich wie ein Kind zu behandeln. Ich bin doch nicht blöd. Ich weiß, daß es da ein Problem gibt.«

Joe: »Das kann man wohl sagen.«

Jerry: »Seine Mutter! Wir brauchen ihre Einwilligung. Aber ich habe nichts zu befürchten, weil ich Nichtraucher bin.«

Joe: »Jerry … es gibt noch ein anderes Problem.«

Jerry: »Nämlich?«

Joe: »Was willt du in deinen Flitterwochen machen?«

Jerry: »Darüber haben wir auch schon gesprochen: Er möchte an die Riviera. Aber ich bin ja für die Niagarafälle.«

Joe: »Jerry, du hast den Verstand verloren. Wie stellst du dir das vor? Wie soll das weitergehen?«

Jerry: »Aber es soll gar nicht weitergehen, Joe. Ich werde ihm die Wahrheit sagen, wenn die Zeit dafür gekommen ist.«

Joe: »Wann denn?«

Jerry: »Wann denn. Gleich nach der Hochzeitsfeier. Dann wird die Heirat annulliert, er wird mich entschädigen. Und ich kriege jeden Monat einen freundlichen Scheck für meinen Unterhalt.«

Joe: »Jerry, hör mal zu! Es gibt Gesetze, Bestimmungen … es ist nicht so einfach, wie du denkst.«

Jerry: »Aber Joe! Das ist vielleicht meine letzte Chance, einen Millionär zu heiraten.«

Der Wortwechsel braucht keinen Kommentar: Hier wird die Schraube gleich siebenmal weitergedreht. Wie gesagt, wo andere Witze aufhören würden, da beginnen die Gags von Billy Wilder erst.

Das Erstaunliche: je ausgeloser die Situation, desto besser die Gags. Das ist eine der wichtigsten Regeln im Kino Billy Wilders: Wenn die Lage hoffnungslos ist, dann muß man eben das Tempo und die Schlagkraft der Komik steigern. Dann füllt man jeden Witz mit Sprengstoff und jagt die Mauern der Wahrscheinlichkeit und der Handlungs-Logik einfach in die Luft.

Zugleich speist sich die ungeheure Kraft dieser Gags aus der ungeheuren Verzweiflung von Wilders Figuren.

Double Identity

Kleider machen Leute, auch in Billy Wilders Filmen. Ein Schnurrbart nur, keine Perücke oder ein ausgestopfter Büstenhalter – und fertig ist die neue Persönlichkeit. Jeder Film ein Maskenball. Und jede Verkleidung verwischt die Identität, dadurch unterscheiden sich Wilders Maskeraden von den harmlosen Verkleidungsspielen anderer Regisseure.

Die Sprengkraft von *The Major and the Minor* hängt zum Beispiel nicht nur damit zusammen, daß Ginger Rogers ihren üppigen Busen zusammenschnüren mußte. Die Sprengkraft steckt vor allem in dem, was ihre Verkleidung bewirkt: Da tarnt sich eine erwachsene Frau als kleines Mädchen, nimmt diese Rolle so ernst, daß sie sich selber bald als Teenager fühlt – und ausgerechnet zu diesem kleinen Mädchen fühlt ein erwachsener Mann sich heftig hingezogen. Er habe damit *Lolita* vorweggenommen, meinte Wilder später. Und seine Interpreten vermuteten, daß das junge Mädchen nur deshalb von einer erwachsenen Frau gespielt worden sei, weil die Zensur eine Romanze zwischen einem Mann und einem frühreifen Kind nicht hingenommen hätte. Folglich sei Pädophilie das eigentliche Thema des Films. Mag sein, daß Wilder dies im Sinn hatte, dennoch erscheint der Film so, wie er den Film tatsächlich realisiert hat, wirkungsvoller, weil das Selbstverständnis der beiden Hauptfiguren ramponiert ist. Der Mann erkennt erst am Schluß, daß er sich ja doch in eine Erwachsene verliebt hat, wird aber ganz schön zu kämpfen haben mit der Erkenntnis, daß er sich auch zu Kindern hingezogen fühlt. Und das Mädchen muß feststellen, daß es mit ihrem Selbstbewußtsein als Erwachsene auch nicht allzuweit her ist. Ein Spottlied auf den sogenannten gesunden Menschenverstand ist *Irma La Douce*. Jack Lemmons Verkleidung als englischer Lord in *Irma La Douce:* Augenklappe, Spazierstock, Zylinder und ein schlechtsitzender Anzug – und fertig ist der neue Mensch! Jeder sieht auf den ersten Blick, daß dieser Mann Jack Lemmon ist, nur Irma merkt es nicht, weil die Liebe sie blind gemacht hat. Billy Wilder schlägt keine billigen Pointen aus der Maskerade – er läßt statt dessen seinen Helden in eine tiefe Identitätskrise stürzen: Immerhin betrügt Irma ja Jack Lemmon mit Jack Lemmon. Und der arme Mann weiß nicht recht, ob er sich als Betrüger oder Betrogener fühlen soll, entscheidet sich aber schließlich für den Betrogenen. Den ganzen Film über wird aber Lemmon das merkwürdige Gefühl nicht los, daß er womöglich sich selbst mit sich selbst betrügt. Wer er eigentlich ist, das weiß Lemmon nicht: erst Polizist, dann Zuhälter, schließlich englischer Lord – und am Schluß wieder Polizist. Lauter Maskeraden, lauter Identitäten.

Eine Ohrfeige für Frömmler und Moralapostel ist *Kiss me, Stupid.* Hier beweist Wilder, daß gutbürgerliche Moral nur eine Frage der richtigen Kleidung ist. Man zieht sie sich über wie einen Mantel: um nicht im Regen zu stehen. Da hat der Held eine Hure engagiert, damit sie die Stelle der Hausfrau vertrete. Die Dame schlüpft aus ihren aufreizenden Klamotten und zieht sich etwas Braves an. Die entsprechende Gesinnung kommt von ganz allein. Umgekehrt verirrt sich die Frau in den Wohnwagen der Hure, zieht deren Nachthemd an – und gerät prompt in Stimmung, sich für die Liebe bezahlen zu lassen. Auch in diesem Film sind Verkleidungen nicht als Fälschungen gedacht, sondern eher als Katalysator für die Metamorphosen der Personen.

Am radikalsten spielt *Some Like It Hot* mit geborgten, mit künstlich angeeigneten und aufgezwungenen Identitäten: Jack Lemmon, der sich zunächst dagegen sträubt, sich als

»Hi! I'm Daphne.« Tony Curtis und Jack Lemmon in ›Some Like It Hot‹.

Frau zu verkleiden, nach und nach aber Gefallen an der neuen Rolle findet und am Schluß wirklich nicht mehr so genau weiß, ob er nun Männlein oder Weiblein ist. Tony Curtis sieht zwar auch als Mädel nicht übel aus, hat aber an der Rolle entschieden weniger Spaß als sein Freund Jack Lemmon. Curtis legt sich später noch eine zweite Maske zu: die des schwerreichen und schwer verklemmten Öl-Milliardärs. Am Schluß weiß er überhaupt nicht mehr, wo er nun hingehört: Er ist nicht länger Saxophonist, er ist nicht länger Mädchen, und den reichen Mann kann er auch nicht mehr spielen. Was also bleibt ihm noch?

Wenn in Wilders Filmen die Masken fallen, dann ist das nicht – wie sonst so oft – die Stunde der Wahrheit und die Basis für ein hübsches *happy ending*. Wenn bei Wilder die Masken fallen – dann kommen dahinter weitere Masken zum Vorschein.

Die Figuren verwandeln und verändern sich so schnell, daß man als Zuschauer kaum mitkommt, und genau dadurch erreichen Wilders Komödien ihr rasantes Tempo. Natürlich hat dieser Wahnsinn strikte Methode: Identität ist für Wilder nur eine Hypothese, ein vorläufiger Zustand, der sich immer dann ändert, wenn es den Akteuren opportun erscheint. »Man macht zuviel Aufhebens mit Leuten. Einer ist keiner. Über weniger als zweihundert zusammen kann man gar nichts sagen. Eine andere Meinung kann natürlich jeder haben. Eine Meinung ist ganz gleichgültig. Ein ruhiger Mann kann ruhig noch zwei oder drei andere Meinungen übernehmen.« Das ist zwar nicht von Wilder, sondern von Brecht, paßt aber ganz gut auf Billy Wilders Komödien. »Mann ist Mann«, heißt auch bei Wilder die Parole.

Der amerikanische Traum des Billy Wilder handelt möglicherweise von Menschen, die unbegrenzt wandlungsfähig sind. Die Verhältnisse, so haben wir oben festgestellt, sind festgefahren und erstarrt – die Zeiten des Aufbaus, der Geburt einer Nation, sind längst vorbei, und der einstmals so weite Horizont ist eng geworden. Damit sich trotzdem etwas bewegt, müssen die Menschen beweglich sein. Damit die Erstarrung nicht alles frißt, müssen die Menschen zappeln, brabbeln um ihr Leben – und wenn sie mit diesem Leben nicht weiterkommen, müssen sie sich eben ein anderes erfinden. Billy Wilder betrachtet dieses Karussell der Wandlungen ohne Bedauern. Daß Identität etwas Vorläufiges ist und Persönlichkeit nur ein Phantom – das ist für Wilder keine Katastrophe, sondern eher eine Chance.

Wer so auf die Menschen schaut, der hat selbstverständlich nichts übrig für langwierige Introspektion oder gar für die Psychoanalyse. Als in den fünfziger Jahren die Psychoanalyse auch in Hollywood entdeckt wurde, als alle möglichen Regisseure sich an Psycho-Thrillern versuchten, mit frühkindlichen Traumata als MacGuffins – da drehte Billy Wilder die Dementis, die Kampfansagen, die antipsychoanalytischen Agitprop-Filme *Sabrina* und *The Seven Year Itch:* Die Biographen berichten, Billy Wilder habe seinen Haß auf die Psychoanalyse nur deshalb gepflegt, weil einst, in seiner Wiener Zeit, der berühmte Doktor Freud den kleinen Reporter Billie Wilder nicht ins Haus gelassen habe. Das ist vermutlich nur ein Aspekt. Ein anderer, von Wilder selbst beschrieben: »Ein Junge verliebt sich in seine Mutter und heiratet sie. Sie leben glücklich zusammen, bis er herausfindet, daß sie nicht seine Mutter ist. Deshalb begeht er Selbstmord.« Schade, daß Billy Wilder seine Version der Ödipus-Geschichte nie verfilmt hat.

Der verflixte siebte Drink

Der Stoff, aus dem die Träume sind, das ist in Wilders Filmen der Alkohol. Daß er mit *Lost Weekend* einen Propagandafilm gegen den Alkoholismus gedreht hat, verstellt oft den Blick dafür, daß so mancher seiner Filme eine wahre Hymne auf Cocktails, Champagner und andere alkoholische Getränke ist.

»Ich sage immer: Raus aus den nassen Sachen und rein in einen trockenen Martini!« So beginnen alle Verwicklungen in *The Major and the Minor.* Wie überhaupt immer nach einem ordentlichen Rausch die Welt ganz anders aussieht als zuvor: für Ninotschka zum Beispiel, die schon eine handfeste Menge Champagner braucht, um sich verlieben zu können. Für Jack Lemmon in *Das Apartment,* der erst zehn Martinis trinken muß, bevor er sich das traut, was seine Vorgesetzten ihm ständig vormachen, nämlich sich endlich mal ein Mädchen anzulachen, auch wenn sie nicht die große Liebe ist. Was wäre Sugar Kane in *Some Like It Hot,* wenn sie nicht immer ihren Flachmann dabei hätte als kleinen Tröster? Wie käme

Der verflixte siebte Drink: Ray Milland und Doris Dowling in ›The Lost Weekend‹.

Oliver Larrabee in *Sabrina* über die Runden, wenn er nicht immer sein Glas mit Oliven dabei hätte, um sich überall einen ordentlichen Martini mixen zu können?
Martinis sind, dicht gefolgt vom Champagner, das wichtigste Getränk in Billy Wilders Filmen. Eine Flasche Wodka, eine Flasche Wermut, das hat Jack Lemmon, in *Das Apartment* immer im Haus für seine ehebrecherischen Gäste. Daraus schließen wir, daß Wilder nicht dem allgemein üblichen Gin-Martini, sondern dem nicht ganz so bekannten Wodka-Martini (auch Wodkatini; übrigens auch das Lieblingsgetränk eines gewissen James Bond) den Vorzug gab.
Cocktails jedenfalls, in robusten Mengen genossen, sind das Schmiermittel für Wilders Komik. Sie heizen die Phantasie an, beschleunigen die Sätze und Gedanken – und bohnern den Boden der Geschichten, auf dem die Helden dann ausrutschen werden.

Natürlich belegt auch der offensichtliche Hang zum Alkohol, den fast alle Figuren Wilders gemeinsam haben, die These, wonach erstens das Unsichtbare in diesen Filmen ebenso wichtig ist wie das Sichtbare, denn das Chaos in den Köpfen der betrunkenen Helden, das müssen wir uns schon selber ausmalen; zweitens, daß Identität und Persönlichkeit keine festen, sondern variable Größen sind im Kino Billy Wilders: jeder neue Martini eine neue Metamorphose.

Something Wilder

Jeder Film ist eine Affäre mit einer Fremden, jede seiner Geschichten ist die Verabredung mit einer Unbekannten. Wenn das Licht ausgeht und ein Film von Wilder beginnt, dann muß man sich auf das Schlimmste gefaßt machen: eine Liebe ohne *happy ending* – zwischen Zuschauer und Hauptdarstellerin – oder auf das Schönste: nämlich eine ebenso kurze wie heftige Affäre, lang genug, um den Zuschauer zu verzaubern, aber zu kurz, um ihn völlig aus der Bahn zu werfen. Mit den Gefühlen, Wünschen, Hoffnungen und Trieben seiner männlichen Zuschauer spielt Wilder jedenfalls so ungeniert wie kaum ein anderer.

Die Zensur habe seine Filme oft entschärft, behaupten heute die Exegeten, und Wilder widerspricht ihnen selten. Erstaunlicherweise hat aber Wilder, als in den späten sechziger und frühen siebziger Jahren die Schranken fielen, sehr viel zartere, ja fast keusche Liebesgeschichten erzählt als in seiner frühen Zeit; offenbar war die Zensur ihm ein Ansporn, und ihre bloße Existenz reichte schon aus, um die wildesten Perversionen zu rechtfertigen.

Am Anfang war ein UFF: Das ist ein Fachausdruck aus dem Sprachschatz der Bewohner von Hollywood und bedeutet: unfinished fuck. Der UFF ist Erzählprinzip für Dutzende von Komödien – und außerdem weit mehr als das, nämlich eine Weltanschauung und noch dazu eine besonders gewiefte Taktik, den Zuschauer vor den Karren eines Films zu spannen, ihn selbst zum Hauptdarsteller zu machen, ihn zu quälen, hinzuhalten, immer wieder seine Sinne zu traktieren und ihn

UFF: Marylin Monroe und Tom Ewell in › The Seven Year Itch‹.

doch als glücklicheren Menschen aus dem Kino zu entlassen. Das beste Beispiel, der Prototyp für eine UFF-Konstruktion, ist *The Seven Year Itch.* Die meisten Interpreten halten diesen Film für eines des schwächeren Werke Wilders, und die Besetzung mißfällt nicht nur ihnen, sondern auch dem Regisseur selbst. Zweifellos war Tom Ewell in der Rolle des Strohwitwers nicht so brillant, wie es etwa Walter Matthau gewesen wäre, den Wilder aber nicht bekam. Aber gerade seine Unauffälligkeit, sein Mangel an Brillanz und Profil machen Tom Ewell zur Idealbesetzung. Er ist der Stellvertreter des Zuschauers, er wirkt genauso durchschnittlich, wie der durchschnittliche Zuschauer sich selber empfindet. Das ist die Ausgangsbasis, darauf beruht der ganze Film. Tom Ewell sieht nicht so aus wie der Mann, mit dem Marilyn eine Romanze beginnen würde, ebensowenig wie der Durchschnittszuschauer sich vorstellen kann, eine Frau wie Marilyn habe nur auf ihn gewartet. Und doch lernt Ewell die Monroe kennen – zum Glück für ihn, zum Glück für uns.

»Wenn ein Mädchen auf eine Party geht, dann stehen da immer diese Typen herum, mit dem Ich-seh-so-gut-aus-keine-kann-mir-widerstehen-Grinsen im Gesicht. Auf solche Burschen kann ein Mädchen gut verzichten. Jene anderen hingegen, die schüchternen Eckensteher mit den dicken Brillen im Gesicht, die wirken auf ein Mädchen ganz unwiderstehlich.« So spricht Marilyn zu Tom Ewell, und selbstverständlich rich-

Lieben Sie Rachmaninow? Tom Ewell und Marylin Monroe in ›The Seven Year Itch‹.

tet sich dieses Geständnis auch an uns trostbedürftige Zuschauer. Sollte es sein, daß wir uns bislang in den Frauen getäuscht haben?

Wir haben uns getäuscht – und der Film beweist es: Tom Ewell spielt den Mann im verflixten siebten Ehejahr, in einer kritischen Zeit also. Er hat seine Familie in den Urlaub geschickt, er selber aber muß in New York bleiben, der Geschäfte wegen. Gleich am ersten einsamen Abend entdeckt er, der sich eigentlich vorgenommen hat, alle Strohwitwer-Allüren sausenzulassen, daß in die Wohnung über ihm eine atemberaubende Blondine eingezogen ist. Ewell nimmt sich

Manche mögen's kühl: Tom Ewell und Marylin Monroe in › The Seven Year Itch‹.

Die Göttin wird gleich heruntersteigen zu den ganz gewöhnlichen Männern. Marylin Monroe und Tom Ewell in ›The Seven Year Itch‹.

zusammen, will erst gar nicht in Versuchung geraten – was im übrigen auch ganz überflüssig ist; denn die Blondine sucht schon aus eigenem Antrieb Kontakt zu Ewell. Es ist heiß in New York, eine Hitzewelle hat die Stadt erfaßt, und in Marilyns Wohnung streikt die Klimaanlage. Ihr bleibt nicht viel anderes übrig, als zu Tom Ewell ins Erdgeschoß hinunterzugehen und ihm ein wenig Hitze ins gutgekühlte Heim zu bringen.

Was Männer träumen: Victor Moore und Marylin Monroe in ›The Seven Year Itch‹.

Ewell bändigt die Triebe, schon weil er von seiner Chancenlosigkeit überzeugt ist, und Marilyn ist ohnehin die Unschuld in Person. Die beiden wollen nichts voneinander, so kommen sie sich näher. Die Distanz schrumpft zusehends, und Ewell kann es selber gar nicht fassen. Er macht ihr keine Avancen, aber sie sagt ihm ins Gesicht, wie süß sie ihn finde. Er versucht kaum, sie zu küssen oder zu berühren – aber sie sorgt dafür, daß dies alles nicht zu vermeiden ist. Er schläft allein – und hat doch das Gefühl, sie würde ihn nicht von der Bettkante stoßen. Am Schluß reist Ewell seiner Frau und seinem Sohn in den Urlaub nach; er ist nicht untreu geworden, und doch hat Marilyn ihn zu einem glücklicheren Menschen gemacht.

Sex im Konjunktiv: Jeder Satz des Trostes und der Ermunterung, jeder Augenaufschlag, jede aufreizende Geste von Marilyn sind auch an uns Zuschauer gerichtet. Insofern ist *The*

Seven Year Itch sehr viel erotischer als etwa harte Sex-Filme oder gar Pornos. Denn so ungeniert werden die Lüste des Zuschauers sonst selten angesprochen. Daß Tom Ewell und Marilyn Monroe in diesem Film nicht miteinander schlafen, das hat Wilder später bedauert; er wollte zumindest eine Haarnadel Marilyns in Tom Ewells Bett zeigen. Aber erst dadurch, daß die beiden nichts miteinander haben, wird die UFF-Konstruktion perfekt. Wir Zuschauer verlassen mit derselben Sicherheit das Kino wie Tom Ewell New York: Wir haben nicht mit Marilyn Monroe geschlafen, wir haben sie nicht einmal berührt. Und doch entläßt sie auch uns als glücklichere Menschen. Billy Wilder ist nicht gerade ein Frauen-Regisseur, kein einfühlsamer und verständnisvoller Porträtist, wie es etwa George Cukor, Josef von Sternberg oder Clarence Brown waren. Die Welt, die Liebe und den Eros aus der Sicht einer Frau zu zeigen, das wäre ihm nie eingefallen. Im Grunde hat er wohl, diesen Verdacht legen jedenfalls seine Filme nahe, die Frauen nie ganz verstanden. Das muß nicht unbedingt ein Nachteil sein: Wilder domestiziert sie nicht, er unterwirft nicht weibliches Denken und Handeln einer männlichen Logik – er läßt seine Frauen eben auch Unverständliches, Unlogisches, Unerklärliches tun, was ja auch bedeutet, daß er ihnen keine Gewalt antut.

Jene Filme Wilders, in denen Frauen die aktiven Hauptrollen spielen, handeln folglich eher von Projektionen, von Träumen oder schlichten Mißverständnissen. Sie suggerieren nicht, daß sie eine Erklärung der weiblichen Seele liefern. Das beste Beispiel hierfür ist die alternde Diva Norma Desmond. Sie ist die treibende und zerstörende Kraft, die stärkste Persönlichkeit in diesem Film. Und dennoch ist sie vor allem eine Männerprojektion, ein lebendiger Wunschtraum, bis in ihre geheimsten Wünsche, in ihre persönlichen Neurosen hinein das Produkt einer männlichen Filmindustrie. Der Traum einer anonymen Masse von Männern hat sich Norma Desmond als Maske ausgesucht – und in *Sunset Boulevard* richtet sich der Traum gegen seine eigenen Schöpfer.

Ähnlich verhält es sich mit *Irma La Douce, Sabrina,* oder Barbara Stanwyck in *Double Indemnity:* Träume von Männern nehmen weibliche Gestalt an, aber dann machen sich diese Traumfiguren selbständig, treten in die Wirklichkeit und verwandeln die etwas langweilige aber gut gesicherte Realität der Männer in instabile Traum- oder Alptraumwelten.

Sowenig Billy Wilder die Frauen als verständliche oder gar durchschaubare Wesen zeigt – sowenig gibt es ein Rezept, mit ihnen zusammen glücklich zu werden. Daß der Held sein Mädchen kriegt, damit ist nicht das *happy ending* besiegelt, damit fangen die Probleme erst an: Wie wird John Lund, wenn *A Foreign Affair* zu Ende ist, mit Jean Arthur zurechtkommen? Welche furchtbaren Kämpfe werden sich abspielen, wenn Jack Lemmon, wie er es am Schluß von *Avanti* verspricht, im nächsten Jahr wieder nach Ischia kommen wird, um Juliet Mills zu treffen? Wie wird Tony Curtis für Marilyn Monroe sorgen können? Wann wird sie zum erstenmal darüber nörgeln, daß sie den Ausspruch »Nobody is perfect« nicht mehr hören kann?

Die Antworten finden sich in anderen Filmen Billy Wilders. Zum Beispiel in *Kiss Me, Stupid:* Da ist der unscheinbare, zerknitterte und ziemlich erfolglose Orville J. Spooner mit der jungen, hübschen Zelda verheiratet, einer üppigen Sexbombe. Das könnte fast die Fortsetzung von *The Seven Year Itch* sein: Tom Ewells kühnste Träume sind wahr geworden. Aber natürlich sieht der Alltag dann gar nicht traumhaft aus. Der arme Orville wird von der Eifersucht schier aufgefressen, und die Frage, ob sein dralles Weib ihn nicht mit einem besser gebauten Liebhaber betrüge, knabbert heftig an seinem Selbstbewußtsein. Konsequenterweise findet der Mann dann sein vollkommenes, wenn auch nur sehr kurzes Glück mit einer noch dralleren, noch üppigeren Hure. Und wenn er sich am Schluß wieder mit seiner Frau versöhnt, gibt es keinen Hinweis darauf, daß er in Zukunft mit ihr glücklicher sein wird.

Es ist eine fremde, seltsame Welt, die uns Billy Wilder vorführt, wenn die Liebe ins Spiel kommt. Es wimmelt von Fetischen, von unheimlichen Neigungen, von Verstößen gegen den sexuellen Common Sense – und Mesalliancen sind eher die Regel denn die Ausnahme.

Ein Blick – und die Liebe bricht aus: Fred MacMurray und Barbara Stanwyck in ›Double Indemnity‹.

In *Sunset Boulevard* liebt ein junger Mann, der eindeutig als positiver Held und Identifikationsfigur eingeführt wird, eine Frau, die mindestens 20 Jahre älter ist als er selbst. Er ist nicht glücklich mit ihr, er versucht, sich ihr zu entziehen, aber es ist weniger die Macht dieser Frau, sondern seine eigene Schwäche, die eigene Unfähigkeit, erwachsen zu werden, die ihn am Entkommen hindern: vermutlich ein Fall von Gerontophilie.

Was es mit dem Schluß von *Some Like It Hot* auf sich hat, braucht nicht mehr ausführlich erläutert zu werden: Jack Lemmon gesteht seinem Verehrer Osgood, daß er kein Mädchen ist, sondern ein Mann in Mädchenkleidern, woraufhin Osgood stoisch antwortet: Nobody ist perfect. Vermutlich hat dieser Mann eine Vorliebe für Männer in Mädchenkleidern. Ein ganz besonderer Fall von Fetischismus, getarnt als Miß-

»I'm thru' with love.« Marylin in ›Some Like It Hot‹.

verständnis, findet sich in *Kiss Me, Stupid*. Orville J. Spooner lädt die Hure Polly zu sich nach Hause ein. Sie bekommt von Orvilles Freund Barney eine ordentliche Summe geboten, so daß sie gleich die merkwürdigsten Obsessionen erwartet. Ihr Verdacht scheint sich zu bestätigen, als Orville sie bittet, ihre Kleider aus- und die züchtigen Sachen seiner Frau anzuziehen. Und je hartnäckiger Orville das vermeintliche Mißverständnis aufzuklären versucht, desto heftiger verstrickt er sich in eine ebenso unfreiwillige wie detailfreudige Beschreibung seiner Fetische und Obsessionen. Natürlich stellt sich später alles als harmlos heraus: Die Hure soll nur die Rolle der Ehefrau spielen, um Dean Martin, der zum Abendessen eingeladen ist, zu täuschen. Aber als der Gast dann verschwindet und die beiden allein miteinander sind, da gehen sie doch ins Schlafzimmer; Orville hat zwar kleine Gewissensbisse, aber Polly kann sie zerstreuen, weil sie ja schließlich für diesen Abend seine rechtmäßige Frau sei. Dann schließt sich die Schlafzimmertür, wir Zuschauer müssen draußen bleiben, aber wir ahnen doch, was drinnen vorgeht. Orville wird mit Polly genau jenes Spiel spielen, das er am frühen Abend noch gar nicht zu kennen vorgab.

Daß bei all dem Treiben auf der Leinwand auch die niederen Instinkte der Zuschauer nicht zu kurz kommen, dafür sorgt schon Billy Wilders Inszenierung. Wenn Irma den traurigen Helden Nestor Patou mit nach Hause nimmt, ihm ungeahnte Freuden verspricht, er sich zunächst ziert und schämt, dann aber doch seine Scheu überwindet und sich schon zu Irma ins Bett werfen will, als ihm plötzlich einfällt, daß er keine Voyeure mag, und der Hund deshalb vor die Türe gesetzt wird. Die Kamera folgt ihm, dann geht die Tür zu, und der Hund sitzt draußen. Wir Zuschauer auch: Arme Hunde sind wir.

So spielt Wilder als wahrhaft würdiger Nachfolger seines Vorbilds Lubitsch mit unserer Schaulust, verführt uns, zieht uns hinein in seine Bilder: Der Wilder-Touch (der Ausdruck Touch ist eben so leicht nicht durch einen anderen zu ersetzen; denn es geht darum, wie einen das Kino berührt, und zwar stets an der empfindlichsten Stelle) ist nicht identisch mit dem Lubitsch-Touch; er ist eher seine Weiterführung, Böswillige würden sagen: seine Pervertierung. Wilders Bewunderer halten ihn dagegen eher für seine Fortentwicklung. Die Verführung bei Lubitsch geht immer über die Augen. Bei Wilder sind alle Sinne beteiligt, und außerdem auch der Kopf, denn das Hirn ist die eigentliche erogene Zone. Auch geht Wilder mit seinen Verführungen stets ein bißchen weiter als Lubitsch. Der führte einen stets bis zu jenem Punkt, wo man erkannte: jetzt

Nobody is perfect. Joe E. Brown und Jack Lemmon in ›Some Like It Hot‹.

gibt es kein Zurück mehr. Wilder führt uns einen Schritt weiter: Jetzt gibt es kein Zurück mehr und keine Moral, und alles ist möglich. Alles kann ein Fetisch sein, noch die kleinste Geste läßt auf ungeahnte Perversionen schließen, jeder Blick auf ungeheure Gelüste, und wenn zwei zueinander finden, dann kann man ihnen nur wünschen, daß die Harmonie wenigstens eine Nacht lang dauern möge. Mehr zu fordern, ein richtiges amerikanisches Glück etwa, die große, lebenslange Liebe, gar die Gründung einer Familie, einer Sippe, einer Nation, soviel zu fordern, wäre vermessen und völlig unrealistisch.

Nobody is perfect.

Beruf: Reporter

Berlin war ein Dschungel – und zugleich das gelobte Land. Wer in den zwanziger Jahren als Journalist etwas werden wollte, der mußte nach Berlin ziehen. Aber nicht jeder Journalist, der damals nach Berlin kam, wurde gleich ein berühmter Reporter, und so mancher mußte sich sein Geld auf ganz andere Weise beschaffen, weil er seine Artikel nicht unterbringen konnte. Zwar residierte die beste Tageszeitung der Weimarer Republik in Frankfurt, die *Frankfurter Zeitung;* fast alles andere aber, Tageszeitungen, Wochenzeitungen und Illustrierte von Rang und Auflage erschienen in Berlin. Hier schrieb Herbert Ihering seine Kritiken für den *Berliner Börsen-Courier,* Alfred Kerr für das *Berliner Tageblatt* und Ossietzky und Tucholsky redigierten die *Weltbühne.* Hier saßen Mosse, Ullstein und Scherl, die drei größten Pressekonzerne, hier erschienen täglich zwei Filmzeitschriften. Hier gab es Arbeit für Journalisten – aber es gab noch mehr Journalisten als Arbeit.

Billie Wilder bekam dies schnell zu spüren. Er war eher durch Zufall nach Berlin gekommen, hatte wohl auch von Anfang an das Ziel, beim Film anzukommen, wollte sich aber zunächst eine Existenz als Reporter sichern. Das war gar nicht so einfach.

Seine Karriere als Journalist hatte in Wien begonnen. Der Legende zufolge – und über Wilders frühe Jahre kursieren mehr Legenden als gesicherte Erkenntnisse – hatte sich Wilder einfach direkt an Hans Liebstöckl gewandt, den Redakteur der Zeitung *Die Stunde,* hatte ihn gefragt, ob er nicht einen erstklassigen Reporter gebrauchen könnte, er sei einer, und er sei abkömmlich. Welche Erfahrungen er habe, soll Liebstöckl gefragt haben, und Wilder antwortete: »Keine. Aber ich bin ein guter Beobachter.«

Wilder wurde engagiert und lernte die Handwerksregeln des Reporterberufs. Sein liebstes Thema war Amerika; besonders gern interviewte er die Größen aus Sport, Jazzmusik und Showbusineß. Die größte journalistische Tat seiner Wiener

Die (un)freie Presse: Walter Matthau und Jack Lemmon in ›The Front Page‹.

Zeit war, an einem Tag die Herren Schnitzler, Strauß, Adler und Freud interviewt zu haben. *Die Stunde* bereitete ihre Weihnachtsausgabe vor, und Wilder sollte die drei berühmten Wiener nach ihren Ansichten über den italienischen Faschismus im allgemeinen und über Mussolini im besonderen befragen. Strauß war, so berichtet Wilder, sehr angetan und meinte, auch Österreich könne einen Führer seines Schlages ganz gut gebrauchen. Schnitzler bezweifelte, ob die unordentlichen Italiener so einen Ordnungsfanatiker lange ertragen würden, und Adler analysierte aus der Ferne gleich seine Persönlichkeit, diagnostizierte einen Minderwertigkeitskomplex und allerhand frühkindliche Störungen. Freud schließlich ließ den Reporter überhaupt nicht ins Haus. Wahrscheinlich lag es daran, daß der Reporter, als er dann Filmregisseur war, auch Freuds Psychoanalyse nicht hineinließ in seine Filme.

Im Jahr 1926 war Paul Whiteman mit seinem Jazz-Orchester auf Europa-Tournee. Wilder, der Jazz-Fan, knüpfte Kontakte, wurde als Reisebegleiter engagiert, reiste mit der Band durch halb Europa und kam schließlich auch nach Berlin. Dort blieb er hängen.

Wilders Berliner Karriere begann mit einem Artikel über Whiteman, den er der *B. Z. am Mittag* verkaufte. Die *B. Z.* gehörte zum Ullstein-Verlag, und so kam es, daß Wilder auch für andere Zeitungen dieses Verlags schrieb, für *Tempo* zum

Jack Lemmon und Walter Matthau in ›The Front Page‹. Beruf: Reporter.

Beispiel. Wilders Spezialität waren, wie schon in seiner Wiener Zeit, Artikel über oder Interviews mit Amerikanern. Wilder war gut, aber er war nicht gut genug bezahlt. Er konnte nicht von seinen Artikeln allein leben; so kam er zu kuriosen Jobs. So wurde er zum Beispiel angeheuert, um dem amerikanischen Regisseur Alan Dwan als Reisebegleiter zu dienen. Ein andermal verdingte er sich als Eintänzer im teuren Hotel Eden. Mit dem sicheren Instinkt des Reporters erkannte er, daß darin eine Story steckte. Als die Geschichte in der *B. Z. am Mittag* erschien, als Fortsetzungsserie, da war Wilders Glück als Reporter gemacht:

Herr Ober, bitte einen Tänzer!
Aus dem Leben eines Eintänzers
von Billie Wilder

I

Ein Leitwort zuerst aus einem Brief: »Lieber B. W. – Schreiben Sie Ihre Memoiren eines Eintänzers. Das einzige, was uns heute an der Literatur noch interessiert, ist der Rohstoff, aus dem sie gemacht wird: das Leben, die Wirklichkeit, die Realität. Das Motto des ›Vitalismus‹ lautet: Alles Lebendige ist nur ein Gleichnis. – Ihr Klabund.«

Also sich nicht dessen schämen, was man gemacht hat. Nicht einmal die Ausrede vorbringen »Beruf ist Beruf«. Oder »Arbeit schändet nicht«. Sondern unumwunden. Ich habe wunschgemäß meine Entlassung als Eintänzer erhalten, und mein Zeugnis liegt in meiner Brieftasche:
»Zeugnis!
Herr Billie Wilder war in unserem Hause vom 15. Oktober 1926 bis heute als Gesellschaftstänzer tätig. Herr Wilder hat es verstanden, in seiner Eigenschaft als Tänzer sich dem verwöhnten Publikum in jeder Weise anzupassen. Er hat sich auf seinem Posten gut bewährt und die Interessen des Hauses stets wahrgenommen.
Herr Wilder scheidet auf eigenen Wunsch aus unserem Betriebe. Die Direktion des Hotels. Berlin W.«

Also habe ich es schwarz auf weiß, daß ich zwei Monate lang Tänzer, Gesellschaftstänzer, mit einem Wort: Eintänzer gewesen bin, und obendrein einer, der »sich dem verwöhntesten Publikum in jeder Weise anzupassen verstand«.
Es kam so und war, wie hier folgt: Es ging mir schlecht ...

Meine Hosen sind ungebügelt, mein Gesicht ist mangelhaft rasiert, der Kragen schmierig, die Hemdmanschetten gewendet. Bitter schmeckt die Zunge, bleischwer die Beine, der Magen schmerzt vor Leere, und die Nerven sind kaputt. Hinter jedem Türklopfen das giftige Gesicht der Wirtin, kreischend und die Rechnung in den Fingern. Die Straße besteht für mich aus Delikateßgeschäften, Restaurants und Konditoreien, und ich halbiere meine Zigaretten, damit sie länger währen. Es geht mir schlecht. Heute werde ich im Bahnhofswartesaal schlafen.
Traurige Bilanz vor einem Zigarettengeschäft: Elf Pfennige, in der Weste noch fünf, macht sechzehn. »Vier zu vier!«
So geht sich's leichter.
Wohin?

Potsdamer Platz. Einer schreit durch den Lärm des Verkehrs, schwingt seinen Stock, läuft einen Kinderwagen über den Haufen.
»Hallo! Daß man Sie hier trifft! Na, kennen Sie mich nicht? Nein? Aus dem Tabarin in Wien? Ja doch – Roberts.«
Ich schäme mich in den Boden.
»Kommen Sie mal auf einen Kognak. Sie sind mein Gast. Auch Appetit? Ausgezeichnet. Autooo – Frei? Zu Kempinski!«
Und im Restaurant: »Bringen Sie: Zweimal Fischmayonnaise, zweimal englisches Filet, halbroh bitte, zweimal Salat, eine Flasche Liebfrauen 1917. Zuerst aber zwei große Hennessy.«
Das ist Roberts, der Tänzer: Sein Haar ist schwarz wie Tusche und glänzt wie regennasser Asphalt, seine Augen sind voller Süden, seine Nase und seine Lippen die des toten Valentino. Er ißt warm zu Mittag und raucht Importen, in seiner Tasche klimpern Taler, er zahlt pünktlich die Miete, und der Plättfrau

schuldet er keinen Pfennig; ja das Wort »Hemmungen« kreuzte noch nie seinen Sinn. So leben vielleicht Milliardäre. Gewiß, er ist Tänzer. Yvette und Roberts.

Er tanzte in London und in Paris, in Warschau, in Wien, in Nizza, in Karlsbad, in Brüssel und in Rom, in San Sebastian, überall. Er sei für den ganzen Winter in Berlin engagiert, erzählt er, während wir essen. Ein Riesenhotel, nahe an der Gedächtniskirche. Allabendlich: Yvette und Roberts in ihren Tänzen. Man sei so nett zu ihnen.

»Und Sie? Was treiben Sie?«

Ich senke den Kopf, damit er meinen Kragen nicht sieht. Na – soso. Ich hätte gerade nichts, keinen Posten, seit drei Wochen schon. Aber es würde sich bald etwas finden. Ich hätte sogar eine Idee, ich hätte immer Ideen.

»Kann ich Ihnen helfen?«

Roberts legt seine Hand auf meinen Arm. Ich nestle an meiner Krawatte und blicke weg, lese die Aufschrift an der Weinflasche.

»Sie sind gut gewachsen.«

Was bin ich – ?

»Sie besitzen Anzüge, einen Smoking?«

Nun ja, nun ja, natürlich, nur gerade im Augenblick versetzt.

»Sie haben doch eine Ahnung, wie man in Gesellschaft sich verbeugt, wie man einer Dame die Hand küßt.«

Ich begreife nichts.

»Sie tanzen, ich weiß es. Nun frage ich Sie: Wollen Sie denn nicht aus all dem Kapital schlagen?«

Ich sehe ihn ganz blöde an.

»Ob Sie Geld verdienen wollen?«

Mein Mund ist halb offen.

»Geld, viel Geld!«

Kein Wort.

»Sie werden – Eintänzer bei uns. Sie werden sich morgen vorstellen.«

Dann ruft er nach der Rechnung, zieht aus seiner Brieftasche einen Hundertmarkschein, so daß man noch ein Dutzend solcher Scheine sieht, und hält ihn dem Ober hin.

… Ja. Ich werde mich morgen vorstellen.

Morgens hat mir Roberts zweihundert Mark geschickt – »für vorläufige standesgemäße Installierung«. Ich legte der Wirtin 75 Mark hin, á conto, war in der Pfandleihe, holte aus der Plätterei gegenüber meinen Koffer voll reiner Wäsche, saß eine Stunde beim Friseur, stand ebenso lange vor dem Spiegel, band den Knoten meiner Krawatte, nochmals und immer wieder, bürstete und bügelte.

Ich sitze in einem Klubsessel in der Hotelhalle, weich und weit zurückgelehnt, ein Bein übers andere und rauche die zehnte Zigarette schon, zu zwölf Pfennig. Das also ist das Hotel, in dem ich »arbeiten« soll. Der Page an der Drehtür hält mich für einen Gast, tief hat er die Kappe gezogen. Jetzt streift der Persianer einer Dame in schmalen, krokodilledernen Schuhen meine Knie, sie geht gegen den Lift, lächelt den Boy an, verschwindet. Ein dünner Duft von Coty hängt noch in der Luft und reizt meine Nerven. Kofferbepackt stolpert ein Lohndiener zum Tor, ein Herr im Raglan und mit einem steifen Fuß kleckst seinen Namen ins Fremdenbuch, der Portier hält gebeugten Rückens die flache Hand einem ältlichen Ehepaar entgegen, und der Barkellner balanciert zwei Manhattan und eine Limonade.

Ich sage mir: Ich bin ein Narr. Schlaflose Nächte, Bedenken, Zweifel? Die Drehtür stieß mich ins Glück, gewiß. Draußen ist Winter, erkältete Freunde vom Romanischen disputieren Mitleid und Pfennige und wissen nicht, gleich wie ich gestern, wo übernachten. Ich aber bin Tänzer. Die große Welt wird um mich sein.

Im Tanzsaal sitzen schlankbeinige Frauen, an kleinen Tischen Mokka schlürfend. Sie setzen die Tasse ab und werden mich durch ihr goldgerändertes Stielglas mustern, die Karminlippen zu einem süßen, unbefriedigten Lächeln verzogen. Auf meinem Scheitel werden die Blicke eifersüchtiger Gatten und geschniegelter Freunde brennen. Weinrotes Licht fließt ins Parkett, die Spanier auf dem Podium quetschen einen Tango argentino aus ihren Akkordeons und singen in fremden Akzenten. Ich werde mit einer Frau von exotischer Schönheit tanzen ... weiße, gepuderte Arme liegen eng um meinen Nacken, Narcisse noir quillt aus ihrem Haar ...

»Gut geschlafen?«

Roberts.

»Anzug gebügelt? Kragen rein? Schlips passend? Warten Sie!«

Dann kommt er mit einem jungen Mann wieder, der ein wachsgelbes Gesicht hat, die Augen rot und tränig. Scheint zu wenig zu schlafen. Sein Haar lichtet sich, obwohl er höchstens dreißig ist. Verlebt.

Roberts: »Das ist Herr Isin, der Tanzleiter.«

Herr Isin hält mir eine butterweiche Hand entgegen, in der die Knochen fehlen. Dazu lallt er etwas, tonlos und gezogen. Russe.

Roberts: »Isin, Sie werden dem Herrn alles erklären. Ich muß in den Saal.«

Herr Isin nickt, zieht seine breiten Hosenbeine hoch und setzt sich neben mich.

»Wo tanzen Sie denn schon?«

»Nirgends.«

»Ach so. Amateur. Verstehe.«

Er zieht einen alten Autobusfahrschein aus der Rocktasche und ein winziges Stück Bleistift, dessen Spitze er ablutscht.

»Ich muß Sie polizeilich melden. Sie müssen Steuer zahlen. Auch Krankenkassengeld. Wie heißen Sie?«

So und so.

»Geboren?«

Dann und dann.

»Jung, sehr jung.« Fahrschein und Bleistift verschwinden wieder in Herrn Isins Tasche.

»Nur das Notwendigste: Sie tanzen nachmittags und abends. von ½ 5 bis 7 und von ½ 10 bis 1. Nachmittags dunkler Anzug, steifer Kragen, abends Smoking. Sie essen mit Ihren Kollegen. Wie ein Gast.«

Wie ein Gast ...

»Was die Gage anbelangt: 5 Mark am Tag, macht 150 im Monat. Doch vergessen Sie nicht: Außerdem gibt es ...«

Herr Isin schließt sein linkes Auge.
»Tanzstunden ... oder Trinkgelder ...«
Das gelbe Gesicht des Tanzleiters blickt mich an, lange und mild. »Unsereins ist noch nie verhungert. Es wird Ihnen gutgehen.«
Es wird mir gutgehen.
»Meine Aufgabe?«
»Hm. Das kann ich Ihnen eigentlich nicht erklären. Unser Beruf ist Praxis, nur Praxis.«
Unser Beruf ...
»Sie können heute schon anfangen«, sagt mir Roberts. »Legen Sie ab. Alles weitere erkläre ich Ihnen im Saal.«

Die Garderobe.
»Das ist unser neuer Tänzer.« Die Frau hinter dem Pult faßt mich scharf ins Auge, scharf wie ein Militärarzt. Dann sagt sie in tschechischem Dialekt: »Lägen Sies nur här, aber wann full is, dann lägen Sie furne ab, weil sonst zu Gedränge kummt und Gäste keinen Platz nich habn. Verstandn?«
»Gewiß, meine Dame.«
Im Saal. Gesteckt voll, Zigarettendunst, Parfüm und Brillantine. Geputzte Damen von Zwanzig bis Fünfzig. Glatzköpfe. Mamas mit unterentwickelten Töchtern. Jünglinge mit grellen Krawatten und hellen Gamaschen. Vollzählige Familien. Die Jazzband oben liegt über ihren Instrumenten und zuckt im Rhythmus, den sie fabriziert. Bis auf den Banjospieler, der gelangweilt und offenen Mundes auf die Paare hinabblickt, die da springen, stoßen, puffen und hüpfen.
Laut und schwül.

Herrn Isins rote Augen blicken mich an, als wollten sie sagen: Los!
Jaja, ich tanze schon. Dort in der Ecke: die im Persianer und in den Krokodillederschuhen. Ich will sie auffordern. Herr Isin aber klopft mir auf die Schulter. »Sie tanzen mit Tisch 91. Gleich hier.«
Tisch 91: Eine ältere Dame in flaschengrünem Kleid, mit langem Hals und eigelben Haaren; und eine Kleine, deren rötliche Stupsnase zu steil nach oben strebt.

Ich stehe vor den beiden, ein zweiter Esel des Buridan.
Schweiß auf der Stirne, alle Farben spielend, hilflos und zitt-
rig. Dann schiebe ich meinen Oberkörper nach vorn, gegen
die mit der Stupsnase, spitze meine Lippen und sage ganz
leise:
»Darf ich die Dame bitten?«
Sie lächelt mich an, mit saurer Miene, und überlegt. Ich muß
sehr dumm aussehen, in dieser komischen Stellung, den Kopf
tiefrot zu ihr hinabgebeugt.
Die Kleine erhebt sich, legt ihren rundlichen Arm um meine
Schulter. Wir tanzen. Das Blut schlägt gegen meine Schläfen,
meine Beine scheinen von einem Schlaganfall gelähmt. Alles
verschwimmt. Bis mir einer gegen das Schienbein tritt und
mich so zum Leben erweckt. Ein endloser Tanz. Das Hemd
klebt mir am Leibe. Ich beiße die Zähne zusammen. Weiter
drehen wir uns. Zentnerschwer lasten die Arme. Am liebsten
möchte ich meine Tänzerin hier glatt stehen lassen, den Mantel aus der Garderobe holen und davonlaufen, weit weg, zu
denen ohne Pfennig und Bett.
Aber Herrn Isins Gesicht lächelt, gelb und fern.
Ich tanze nur mit Tisch Nr. 91. Die mit dem langen Hals hat
mich nach meinem Namen gefragt, sie wollen nun, da ich hier
Tänzer bin, öfter kommen.

III *Die Kollegen*

Einmal kommt Herr Isin auf mich zu. »Kennen Sie schon Ihre
Kollegen? Nein? Kommen Sie!«
Im roten Saal, an der Tür fast, sitzen vier junge Leute und
essen mit Hingabe.
»Ein neuer Kollege, Herr …«
Herr Isin durchstöbert seine Taschen nach meinem Personal-
zettel, der Name ist ihm entfallen.
»Sehr angenehm, sehr angenehm, ebenfalls, ebenfalls.«
Die vier: einer heißt Willy und ist Wiener. Zwei Jahre lang tat
er im Zirkus mit, als Artist, »Ikarische Spiele«. Aber so hätte
er mehr Chancen, sagt er. Seine Zähne sind schlecht, und sein
Haar leuchtet von billiger Pomade. Ob es nicht doch besser
gewesen wäre, beim Zirkus zu bleiben?

... just a Gigolo: William Holden und Gloria Swanson in ›Sunset Boulevard‹.

Den Namen des zweiten habe ich nicht ganz verstanden, irgendwie auf ski endend, Berliner. Eigentlich Vertreter einer Papierfabrik. Daß er nun des Geldes halber tanze, sei a) ein Zeichen der miesen Zeiten, b) eine witzige Laune seinerseits. Vormittags läuft er die Musterkoffer spazieren, nachmittags tanzt er. Nur nachmittags. Abends hätte er Bilanzen zu machen.

Der neben mir, Kurt, netter Junge, guter Leute Sohn, mit geschmackvoller schiefgestreifter Krawatte und krankem Magen. Deshalb trinkt er immer nur Tee. Hornbrille. Sehr sympathisch. Auch er nur beim Fünf-Uhr-Tee beschäftigt, auch er nicht eigentlich Tänzer. Klavierspieler vielmehr, doch ohne Engagement. Und man müsse doch gut angezogen sein. Endlich der vierte: Professeur de danse Miguel Ferrer. Spanier. Nicht groß, aber ein gut geschnittenes Gesicht. Spricht kein Wort Deutsch, nur französisch, flämisch, italienisch, portugiesisch, holländisch und spanisch natürlich. Hat er den anderen etwas zu sagen, dann hebt er die Finger zum Auge, zum Ohr, legt sie auf die Nase, kreuzt sie über die Lippen, ver-

117

dreht den Ellbogen und deutet nach allen Richtungen. Das ist so seine Zeichensprache, denn die anderen drei sprechen nur deutsch. Bis auf den Wiener, der auch diese Sprache nicht beherrscht. Ein Ober bedient mich: Kaffee, Apfelkuchen mit Sahne, Eis ...

Wie ein Gast. Und ob ich noch Sahne wolle.

Ferrer fragt dann: »Parlez vous français?« »Mais oui.« »Epatant. Je suis heureux de pouvoir causer avec vous.«

Ich kratze den letzten Rest meines Kuchens vom Teller. Die anderen vier sind schon auf dem Parkett. Willy klebt an einer Dicken, der Spanier hebt gelangweilt seine Beine, ohne Takt, doch seine Partnerin merkt es nicht, ihre Äuglein hängen verzückt am Plafond. Ich bin wieder an der Arbeit, Tisch 91.

Es ist unerträglich heiß. Mein Kragen ist weich wie Pudding und ganz verschwitzt, meine Arme schmerzen. Die zwei Kapellen oben spielen ohne Pause. Auf der Tanzfläche, sieben Meter lang und kaum fünf breit, dreißig Paare. Der Papiervertreter blickt nach meinen Bewegungen und verzieht mitleidig die Mundwinkel. Anfänger. Roberts sitzt an einem Tisch, ganz nahe am Parkett, und zwinkert mir zu: Mut. Und Ferrer, dem einer den Ellenbogen in die Rippen stieß, sagt irgendein spanisches Schimpfwort. Sieben Uhr. Der Saal ist schon halb leer, Tisch 91 weg. Ferrer und ich stehen in der Garderobe.

Wieder taucht Herr Isin auf.

»Nun?«

»Wieso?«

Isin klopft mir auf die Schulter.

»Sie werden es schon lernen.«

Dann: »Seien Sie um ½ 10 hier. Der Ober zeigt Ihnen, wo Sie essen. Adieu.«

Auf meiner Bude ist es bitterkalt. Von morgen an wird geheizt werden müssen, wenigstens ein bißchen. Es ist gar nicht angenehm, zwei Stunden lang halbnackt pedantisch Toilette machen zu müssen, mit blaugefrorenen Fingern die Smokingschleife zu knüpfen. Von 7 bis ½ 10 habe ich »Pause«. Nur anscheinend, denn diese Zeit muß ich damit verbringen, den

Straßenanzug, in dem ich beim Tee tanzte, gegen den Smoking zu tauschen; ferner: Hemd, Schuhe, Socken, Krawatte zu wechseln. Nein, morgen wird unbedingt ein bißchen geheizt werden müssen. Unsereins kann sich das leisten, wie, Herr Isin?

½10 Uhr im Tanzsaal des Hotels. Es sind schon Gäste da, die guten Tische für Theaterbesucher reserviert. Damen in silbernen Abendkleidern und mit Frisuren, die nach verbranntem Haar riechen. Herren in Abendanzügen, die Preise der Weinkarte durch ihr Monokel prüfend. Einer von der Tangokapelle spielt ein Violinsolo, Butterfly. Die runde Frau am Ecktisch legt ihre Hand gefühlvoll auf die Augenlider.

Ich setze mich in irgendeine Ecke. Drei Kellner um mich. Einer schiebt mir die komplette Speisenfolge unter die Nase, ein zweiter die Weinkarte, der dritte stellt eine Blumenvase auf den Tisch.

»Der Herr erwarten noch jemand, bitte?«

Aber nein, ich wäre doch der neue Tänzer.

Der eine mit fetten Wangen und einem blassen Gulaschfleck auf der Hemdbrust schielt schmunzelnd zu seinem Kollegen.

»Tänzer? Das ist nicht hier. Noch nicht.«

Zu dem Pagen an der Tür: »Führ doch mal den Herrn Tänzer nach seinem Speisesaal.«

Mein Speisesaal ist per Holztreppe zu erreichen und auf einem für den Gästeverkehr gesperrten Balkon eingerichtet: Zwei blanke Tische und ein paar Stühle. Der Tisch rechts nur für die Oberkellner, der links für die anderen, das sind: Kellner, Pagen, Aufzugführer, Wagenöffner, Kassafräuleins und so weiter, und auch für die Tänzer.

Ferrer, der Spanier, und Willy, der Wiener, sind schon da. Dann noch einer, der Chauffeur unseres Chefs, des »Hoteleigentümers«.

Menü für Angestellte: Kraftbrühe – Gespicktes Rinderfilet mit jungem Gemüse und Madeira-Tunke – Halbgefrorenes – 1 Flasche Bier – Schrippen ungezählt.

Na, wunderbar. Willy gibt dem Kleinen, der uns bedient, immer drei Groschen, er ißt zweimal Eis. »Denn man muß ja, der Charleston macht verflucht mager, Ehrenwort.«

Herr Isin kommt herauf, auf Inspektion nur, denn die Herren Leiter essen unten, im Saal. Ein brillanter Smoking, doppelreihig, breite Revers, milchweißes Hemd, Goldknöpfe. Rasiert, frisiert, parfümiert.

»Geschmeckt? An die Arbeit, meine Herren.«

Unten ist schon Hochbetrieb. Gute Leute. Sekt.

»Gehen Sie hinüber, zum Tisch Nr. 103. Sehen Sie: eine Dame, ein Herr, zwei junge Mädchen. Probieren Sie, anzuspringen.«

Anspringen heißt – so sagt mir Willy –: engagieren, zum Tanz auffordern. Ich schneuze mich und gehe beim ersten Foxtrott hin.

»Ob es der Herr gestatte …«

Ach, Papa von Tisch 103 hat rein nichts dagegen, daß ich mit den Töchtern tanze. Ich tanze abwechselnd. Beide haben noch dünne Arme und einen verschmähten Mund. Die Ältere, so siebzehneinhalb, schmiegt sich sanft an mich. Sie hatte schon in Neuchâtel, in der Schweiz, wo sie in einem Pensionat gewesen war, so gerne getanzt. Und ob ich beim Tango wiederkommen wolle? Ja. Aber während des Tangos sagt sie kein Wörtchen mehr. Mama hat gewiß Konversation mit dem Eintänzer energisch untersagt.

½12: Yvette und Roberts tanzen, Boston, Charleston, Paso doble. Während der Attraktion steht Herr Isin neben mir.

»Tanzen Sie abends nur mit Tischen, die ich Ihnen anweise. Oder mit Damen, die nach Ihnen schicken. Seien Sie sehr vorsichtig.«

Willy erzählt mir, er hätte eine alte Kundin, eine Frau Doktor. Ferrer döst teilnahmslos in der Barecke, bis ihn Herr Isin nach drei Damen dirigiert, die den Wunsch geäußert haben, etwas Bewegung zu machen. Es ist noch viel ungemütlicher als nachmittags. Das steife Hemd quält. Doch die Töchter von Tisch 103 kennen keine Müdigkeit. Nach Mitternacht rüstet Familie Tisch 103 zum Aufbruch. Papa zahlt. Mama zieht den Zobel über ihre dekolletierte Schulter, und die Töchter legen etwas Puder auf die heißgetanzten Wangen. Familie Tisch Nr. 103 marschiert gegen den Ausgang. Ich stehe knapp daneben, so will es der Zufall. Die Kleinen nicken, Mama sieht über mich hinweg, doch Papa geht schlankweg auf mich zu, hält mir die Hand entgegen: »Auf Wiedersehen.« Ich fühle etwas in der flachen Hand, Papier. Die sind schon in der Garderobe. Ich stecke die Hand in die Hosentasche und renne, rot wie ein Krebs, geradeaus, in die Toilette, sperre mich ein und ziehe dann mit zwei Fingern das Ding aus der Tasche. Ein Fünfmarkschein.

Um eins darf ich nach Hause. Todmüde. Ich will noch meinen Smoking in den Kasten hängen, aber die Augen fallen mir zu.

In dieser Nacht träume ich: Ein Mann kommt zu mir ins Zimmer, ganz nahe an mein Bett heran. Er ist schmal und lang und grau. Sein fadenscheiniger Mantel reicht bis zum Boden. In der Rechten hält er ein Bündel Akten, in der Linken einen hohen Zylinder. Seine kleinen, farblosen Mausaugen sind auf mich gerichtet. Jetzt legt der Mann den Zylinder auf das Nachtkästchen und zieht einen Bogen vergilbten Papiers aus seinem Aktenbündel. Seine dünnen, blauen Lippen öffnen sich, und langsam und leise kommen die Worte: »Ich pfände Sie!« »Mich?« schreie ich. Der Lange aber weiter: »Sie schulden Ihrer Wirtin die Miete für die Monate: Mai, Juni, Juli, August, September, Oktober.« Ich springe aus dem Bett: »Nein. Lüge. Bezahlt, alles bezahlt. In der Tischlade die Quittung.« Der Lange rührt sich nicht. Seine Mausaugen bleiben unbeweglich, nur die blauen Lippen öffnen sich: »Sie sind Tänzer. Ich pfände Ihre Knie.« Ich hebe die Faust gegen ihn und brülle: »Nein!« Und plötzlich fühle ich das Blut in meinen Adern gerinnen, Grauen packt mich und preßt mir die Kehle: Der Lange hört nicht, denn er hat keine Ohren, nur rosige Haut, keine Ohren. Vor mir ist tiefe Nacht, ich werde schwindelig und falle ohnmächtig aufs Bett zurück. Der Mann aber kommt auf mich zu, streckt seine frostrote Hand nach meinen Beinen, zieht die Knie aus ihnen und legt sie dann behutsam in seinen Zylinder. Den nimmt er nun vom Nachtkästchen, schiebt die Akten ein und geht auf die Tür zu. Ich will ihm nach, falle. »Mein Beruf, beim Beruuuuf!« lalle ich. Der Lange steht im Türrahmen, wendet den Kopf und grinst. Eklig. Eklig. – Ich sehe mich wieder: im Tanzsaal. An jedem Tisch sitzt der Lange. Ich tanze mit ihm, in rasendem

Rhythmus, Herrn Isins rote Augen spielen Ringelreih um uns, meine Beine knicken ein, an hundert Stellen, Roberts ohrfeigt mich, einer wirft mit Fünfmarkscheinen um sich, eine Frau schreit auf, und ich sinke, falle tief hinab ...

IV *Der tägliche Dienst*

Ich lebe einen guten Tag.

Bis in den frühen Mittag schlafe ich, so bis drei Uhr. Ich habe mir sofort nach meinem Engagement eine Weckuhr gekauft, sie geht tadellos. Meine Toilette dauert eine gute Stunde, und sie ist von so grotesker Kompliziertheit, daß ich mich vor der Wirtin zu schämen beginne. Eine ganze Reihe von Neuanschaffungen steht im Zimmer herum, Verschönerungsmittel und Pflegeelixiere, wie man sie nur auf Damen-Spiegeltischen vermutet: Parfümflakons, französische Seifen, Teintsalben, weißes Eau de Cologne, violettes Eau de Cologne, Hautcreme in allen Farben, Puder in allen Nuancen, Lavendelwasser, Pomaden, Augenbrauenpinsel, Fingernagellack, Haarfixativ, das und jenes. Das Bad ist mit Massage verbunden. Meine Beine schwimmen in dem seifigen Wasser, und ich merke, daß der neue Beruf ihren Muskeln guttut. Meine braven Beine, meine Brotgeber.

Dann: Vier Minuten Rasieren, vier Minuten Frisieren, zehn Minuten Wäsche, zehn Minuten Schlips, acht Minuten Anzug, fünf Minuten letzter Blick in den Spiegel.

Viertel nach vier muß ich aus dem Haus, denn die vom Hotel nehmen es mit der Pünktlichkeit genau. Halb fünf ist Antreten.

Sonst fühle ich mich schon wie daheim. Mit meinen Kollegen spreche ich eigentlich wenig, ich bin einfach da, wie einer im Büro. Nur: guten Tag, adieu, was verdient?, wer war denn die Fesche, na die mit den zwei Herren im Auto ...?, hast du eine Zigarette übrig?, Schandwetter heute – und so fort.

Das erste Stadium meiner Ausbildung habe ich eigentlich schon hinter mir. Herr Isin weist mir die Damen, mit denen ich tanzen soll, nicht mehr an, ich suche sie mir selbst.

»Merken Sie sich das: Sie sind nicht zu Ihrem Vergnügen hier. Sie haben zu tanzen. Auch mit Damen, die Ihnen nicht gefallen. Ja, je weniger sie Ihnen gefallen, desto ehrlicher und gewissenhafter versehen Sie Ihren Dienst. Das erste Gebot des Tänzers ist: Es darf keine Mauerblümchen geben. Er hat sie zu pflücken, denn dafür bekommt er Geld. Merken Sie sich das.«

Ich verdiene ehrlich mein Brot, ehrlich und schwer, denn ich tanze viel und gewissenhaft. Wunschlos, lustlos, ohne Gedanken, ohne Meinung, ohne Herz, ohne Hirn. Hier gelten nur meine Beine, die dieser Tretmühle gehören und gegen die sie zu stampfen haben. Im Rhythmus unermüdlich, ewig eins zwei, eins zwei, eins zwei.

Ich tanze mit Jungen und mit Alten; mit ganz Kleinen und mit Frauen, die zwei Köpfe höher sind als ich; mit Hübschen und mit weniger Reizvollen; mit ganz Schlanken und solchen, die Entfettungstee trinken; mit Damen, die den Kellner nach mir schicken und mit verzückt geschlossenen Augen den Tango auskosten; mit Gattinnen, mit Mondänen, die ein schwarzumrandetes Monokel tragen und deren Kavaliere, des Tanzes selbst unkundig, mich verpflichten; mit peinlich ungeschickten Zugereisten, denen ein Ausflug nach Berlin ohne *five-o'clock-tea* sinnlos erscheint; mit splendiden Ausländerinnen, die ihren Berliner Aufenthalt zwischen Hotelzimmer, Halle und Tanzsaal aufteilen; mit Damen, die tagtäglich da sind und von denen man nicht weiß, woher und wohin; mit tausend Typen.

Es ist kein leichtes Brot. Auch keines, das sentimentale, weiche Naturen essen können. Die anderen aber können davon leben. Ich habe in dieser ersten Woche nicht übel verdient, aller Anfang soll gewöhnlich schwer sein, doch wenn es nur so weitergeht.

Ich werde nicht verhungern. Mein täglicher Einnahme-Durchschnitt ist 20 Mark, überdies die Gage. Später wird es sicher besser, nur die Praxis macht es. Willy und der Spanier verdienen das Doppelte, doch sie haben Erfahrung, sie sind die besseren Psychologen, sie verstehen es besser.

Die Tretmühle im Kopf rotiert weiter, mit ihr das ganze Tohuwabohu, dem ich nun angehöre, vollwertig schon, wie die anderen: der Spanier, Willy, der Papiervertreter und Kurt.

In meinem Notizbuch mehren sich die Vormerkungen für Tanzstunden. Gestern war ich von zehn bis zwölf – eine Familie im Grunewald – und von zwei bis vier – zwei Damen, die im Hotel wohnen – beschäftigt. Macht 40 Mark, die Unterrichtsstunden allein. Schlimm ist, daß ich nicht mehr ordentlich ausschlafen kann. Ich habe in diesen zehn Tagen an 400 Mark verdient. Drei Viertel dieser Summe verschlangen: der Ankauf eines transportablen Grammophons, das ich nun für den Unterricht benötige; ferner 15 Platten, Whiteman, Hilton, The Revellers, Jack Smith. Überdies: die Anzahlung bei einem ersten Schneider, Kurfürstendamm, auf einen Anzug, dunkelblau, feingemustert, zweireihig, sechs Knöpfe, breite Hosen, das Neueste; drei Krawatten; ein Paar schwarze Halbschuhe; vier Frackhemden.

Sonnabend ist der schlimmste Tag für die Tänzer. Alle Säle sind bis auf das letzte Plätzchen voll. Auf dem Parkett drängen sich 50 Paare, treten einander auf die Füße, keuchend und boxend. Eine einzige Fleischmasse, im Rhythmus wie Sülze zitternd. Es ist ein Tag, an dem der Eintänzer ein paar Pfunde von seinem Gewicht verliert, aber meist nicht einen Pfennig verdient.
Ich stelle mich im großen Saal an die Wand und analysiere alle Tische. Rückwärts sitzend zwei Damen, beide mit Etonkopf und roten Ohren. Ich tanze mit den beiden Etonköpfen. Mit der einen entspinnt sich dieser Dialog: »Sie tun mir eigentlich leid, daß Sie da so schuften müssen.«
»Ach, ein Vergnügen, mit der Gnädigsten tanzen zu dürfen.«
»So?«
»Doch.«
»Und Sie finden, daß ich gut tanze?«
»Meisterhaft.«
»Daß ich eine gute Figur mache??«
»Eine ganz fabelhafte.«
Das Ewig-Weibliche: ich bin doch nur ein bezahlter Eintänzer.
Es ist nicht zu glauben, wie bösartig Leute werden können. Ein Kellner meldet: »Tisch Nr. 87 wünscht einen Tänzer.«

Schön, ich gehe hin. Doch nicht zum Tisch Nr. 87, denn ich habe die Ziffer falsch verstanden, ich gehe zum Tisch Nr. 86. Dort sitzen ein strammer junger Mann und eine Dame mit knolliger Nase und einer orangeroten Robe, die ihr bis zu den Knöcheln reicht. Ich mache meinen obligaten Knicks vor dem Paar und rezitiere, gegen den Herrn gewandt, meine Formel: »Ist es gestattet, daß ich mit der Dame tanze?«

Der Mann wird im Augenblick knallrot, seine Schmisse heben sich ab wie weiße Schraffierungen. Er brüllt auf, daß der ganze Saal von den Stühlen springt: »Ich gestatte gar nichts. Welche ordinäre Lümmelei erlauben Sie sich hier? Wie kommen Sie dazu, diese Dame zu belästigen? Sieee ... Niemand!«

Mir fällt rein nichts ein, was ich erwidern könnte. Um den Tisch stehen schon Dutzende von Neugierigen. Endlich stottere ich: »Ich bitte um Entschuldigung – aber ich bin doch der Tänzer des Hauses, nach mir wurde geschickt ...!«

»So!« schreit der Mann zurück, und er schäumt und zittert vor Wut, »was sind Sie? Diese Ausrede kennen wir.«

Herr Isin ist schon hinter mir, er bittet weitschweifigst für mich um Entschuldigung. Der Gast hat immer recht.

Mit einer schönen schwarzen Frau in kostbarem Hermelin, darunter ein Abendkleid, das wie ein Silberpanzer aussieht, eine rosa Rose an der Hüfte.

Sie hat mich an den Tisch befohlen: Neun Gänge, dazu eine Flasche Veuve Cliquot dry. Zwischendurch tanzen wir. Sie spricht kein Wort. Sie muß sich wohl denken: Ich habe mir zwei Beine gemietet, weil ich gerade tanzen will; aber ihr Besitzer ist ein Idiot.

Einmal nur fragt sie: »Glauben Sie, daß der Black Bottom in Mode kommt?«

»Nein«, antworte ich. Und wieder ist für zwei Stunden Ruhe. Wir tanzen nur. Oder wir sitzen uns schweigend gegenüber. Um zwei Uhr sagt sie: »Wir gehen.« Ich soll sie heimbringen, weil sie allein ist.

Meinetwegen, denke ich.

Ein Taxi steht schon bereit. Wir steigen ein, sie sagt zum Lenker: »Kantstraße ...«

Ich bin nervös. Ich blicke durch das Seitenfenster auf die Lichtreklame draußen, die der Novemberregen wäscht. Kantstraße. Der Wagen hält. Ich helfe der Dame aus dem Auto.

Das Taxi fährt davon.

Sie öffnet die Haustür. Plötzlich aber dreht sie sich um, sieht mir in die Augen und fragt todernst: »Wissen Sie, wer Kant war?«

Wer Kant war? Die Gute. Ich will ihr die Pointe nicht verderben, für die sie 72 Mark bezahlt hat, ohne die Autospesen.

Ich antworte: »Gewiß, Gnädigste, ein Schweizer Nationalheld.«

Sie verzieht den Mund, hebt ihre Hand und streichelt meine Wange, wie einem armen irren Kinde. Dann tritt sie ins Haus und versperrt die Tür hinter sich.

Ich stelle den Mantelkragen hoch und gehe die Straße hinunter.

– Ende –

Erschienen in der »BZ am Mittag«, 50. Jahrgang, Nr. 17 (19.1.1927), Nr. 18 (20.1.1927), Nr. 20 (22.1.1927) und Nr. 22 (24.1.1927). Zitiert nach »Filme Nr. 2/80 (17.4.1980) und Nr. 3/80 (12.6.1980).

Billie Wilders Reportage steht hier in voller Länge, weil sie für so vieles steht: für Wilders geniale Beobachtungsgabe, für sein schriftstellerisches Talent; für seinen Dialogwitz; für seine Begabung, im Nebensatz noch einen Gag unterzubringen; für sein sicheres Gespür, wie eine Story aufzubauen ist. Die Reportage steht auch deshalb in voller Länge hier, weil sie viel von Billie Wilders Leben erzählt, sogar von seinen Träumen. Außerdem: So authentisch und genau, wie Billie Wilder das Klima und die Atmosphäre im Berlin der *roaring twenties* beschreibt, damit kann sich kein später Geborener messen.

Und dieses Berlin war ja, wie oben schon angedeutet, der Nährboden für Wilders Bücher und Filme.

Man muß diese Reportage gelesen haben, um zu wissen, warum für den jungen, 20jährigen Billie Wilder die Türen aller

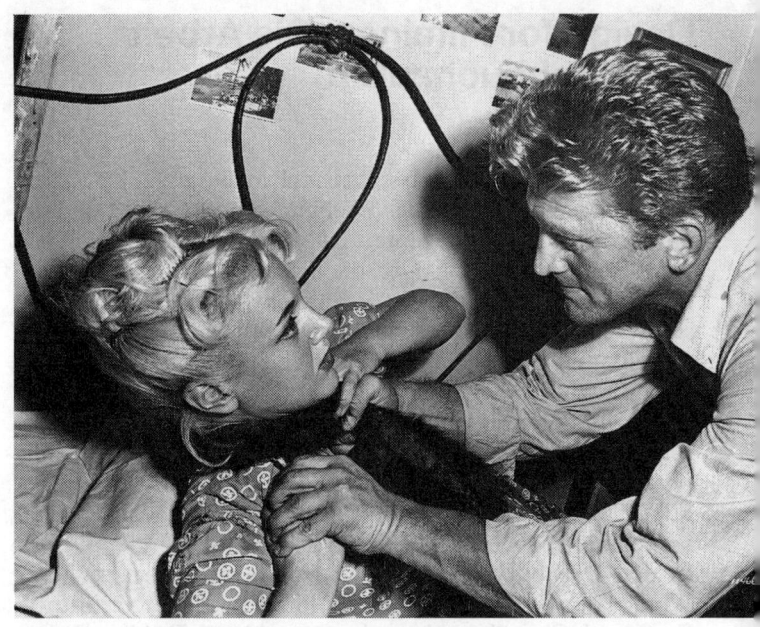

We are the press. We never pay. Jan Sterling und Kirk Douglas in ›Ace in the Hole‹.

Zeitungen offenstanden. Wäre Wilder Journalist geblieben, er hätte es weit gebracht, er wäre vermutlich ein Starreporter geworden, doch er ging lieber als Drehbuchautor in die Filmbranche.

Design for Filming – Die Arbeit des Drehbuchautors

Wie in allen Legenden, so steckt auch in dieser ein Körnchen Wahrheit: Das Leben eines Drehbuchautors ist hart und demütigend. Dem Produzenten gilt er nichts, dem Regisseur dient er nur als Handlanger, die Schauspieler fälschen seine Dialoge, und das Publikum weiß nichts von seinen Verdiensten. Im Deutschland der zwanziger Jahre galt der Drehbuchschreiber noch als Autor: Carl Mayer, Hanns Kräly, Thea von Harbou wurden als durchaus akzeptable Schriftsteller angesehen, und ihren Drehbüchern sprach kaum jemand den literarischen Rang ab (was für die Bücher Mayers bis heute gilt: Sprachkunstwerke in einer ganz eigenwilligen Mischung aus Poesie und Prosa; die Ergüsse der Harbou hingegen wirken heute unerträglich schwülstig).

In den Drehbuchfabriken Hollywoods wehte ein rauherer Wind. Hier verzweifelte F. Scott Fitzgerald, hier verbitterte Raymond Chandler, hier schrieben Alfred Döblin, Walter Mehring, Leonhard Frank und Heinrich Mann an Büchern, die dann nie verfilmt wurden. Hier empörte sich Brecht darüber, daß man sein geistiges Eigentum, das Drehbuch zu *Hangmen Also Die,* geraubt und verfälscht habe. Und unzählige weniger berühmte Schreiber fühlten sich noch viel schlechter behandelt.

»Die Küste der Barbaren« – so heißt ein Roman von Ross Macdonald, der von Gangstern und Filmproduzenten handelt. Zwischen beiden Branchen gibt es kaum Unterschiede, meint Macdonald. In diesem Roman beschreibt der Dichter auch das traurige Los und die deprimierenden Arbeitsumstände eines Drehbuchschreibers.

»»Niemand sagt mir was. Ich bin hier bloß ein Botenjunge. Intelligent, leider abstinent. Achtung: Chanson.‹ Er fing an, mit gedämpfter Tenorstimme eine improvisierte Melodie zu singen: ›Er ist ja, ach, so ehrlich und wirklich unentbehrlich und beinahe ungefährlich, der nette Botenjunge. Er ist Intel-

Aus dem Vorspann von ›Double Indemnity‹.

ligenzler, doch leider Abstinenzler, der intellektuelle und ach so sexuelle … Er hütet seine Zunge … Beachten Sie die eleganten Reime.‹

›Sie waren nicht zu überhören.‹

›Ein Zeichen des Genies, mein Lieber. Habe ich Ihnen jemals gesagt, daß ich ein Genie gewesen bin?‹ Er runzelte die Stirn. ›Was ist eigentlich mit mir passiert? Was ist passiert? Ich habe die Menschen nicht gehaßt, verflucht nochmal, und ich habe doch Talent gehabt. Ich habe nur nicht gewußt, wieviel es wert war. Bloß so zum Spaß bin ich hierher gekommen, und die Spielerei hat ganz schön was eingebracht. Sieben-fünfzig die Woche für Wortspielerei. Und dann stellt sich raus, daß es kein vorübergehender Spaß ist. Es ist für immer und ewig, es ist dein Leben, und zwar das einzige, das du hast. Und Simon Graff (der Filmproduzent im Roman; Anm. d. V.) hat dich am Schopf, und dein freier Wille ist hops … (…)

Ich habe letzte Woche mich selber gesehen – in einer Vision, so klar, als ob es ein Film wäre. Ekelhaftes Wort – Film, aber lassen wir es dabei. Ich war ein Karnickel, das durch die Wüste rannte. Von hinten aufgenommen.‹ Er lachte und hustete wieder. ›Ein gottverfluchtes, weißgeschwänztes Karnickel, und es hoppelte durch die große nordamerikanische Wüste.‹

›Und was hetzte Sie?‹

›Ich weiß es nicht‹, sagte er mit schiefem Grinsen. ›Ich hatte Angst, mich umzudrehen.‹«

Soweit Ross Macdonald über den mörderischen Beruf des Drehbuchautors. Und Ross Macdonald weiß gemeinhin, wovon er redet.

Billy Wilder dagegen ging es gut als Drehbuchschreiber. Er hatte wohl, sieht man von den ersten vier Jahren in Hollywood ab, nie die Probleme, die Chandler, Macdonald und andere beschreiben; er hat sich nie verleugnen müssen; er hat sich wohl auch selten unter Wert verkauft. Das liegt nicht etwa daran, daß Wilder mehr Glück gehabt hätte als andere. Das liegt auch nicht daran, daß irgendwer ihn protegiert oder beschützt hätte. Es liegt einfach an Wilders anderer Arbeitsauffassung: Wilder hat den Beruf des Drehbuchschreibers nie als minderwertige Arbeit begriffen, sich selbst nie als Dichter, der eigentlich zu Höherem berufen gewesen wäre.

Was Billy Wilders schriftstellerische Potenz angeht, darüber haben wir im vorangegangenen Kapitel genug erfahren: Der Mann hätte es auch als »seriöser« Schriftsteller zu etwas gebracht. Aber er wollte nicht. Es war eben sein Wunsch und sein Ziel, als Drehbuchautor zu arbeiten. Also hat er sich auf diese Arbeit eingestellt, auf eine Arbeit, die vom Klischee des einsamen Schriftstellers, der allein mit seiner Schreibmaschine ganze Welten erschafft, so weit entfernt ist wie eben ein Hollywoodfilm von einem europäischen Roman des 19. Jahrhunderts.

Wilder verstand es, sich ohne Umschweife den Produktionsbedingungen Hollywoods anzupassen. Ein Rebell war er nie.

Man kann es auch anders sagen: Was Kino ist, und in welchem Verhältnis die Wörter des Drehbuchs zu den Bildern und Dialogen des fertigen Films stehen, das hat Wilder besser begriffen als die meisten seiner Kollegen in den Drehbuch-Departments.

Zwei Drehbücher hat Wilder für Ernst Lubitsch geschrieben, und wenn Wilder in Interviews oder Gesprächen von der Arbeit mit Lubitsch erzählt, dann klingt das schon fast wie ein Programm: Ernst Lubitsch, der ja nie selber einen Credit als Autor bekam, sei als Drehbucherfinder unerreichbar gewesen. Von ihm habe Wilder gelernt, wie man Ideen in Szenen transformiert, daß die Gegenstände ebenso komplexe Geschichten wie die Personen erzählen und daß die besten Gedanken im Gespräch entstehen. Die besten Filmdialoge entstehen im Dialog, das versteht sich fast von selbst – und ist

Charles Brackett, Gloria Swanson, Billy Wilder.

doch vielen Drehbuchschreibern, die sich als Dichter sehen, ein großes Mysterium. Lubitsch überzeugte Wilder von der allmählichen Verfertigung der Bilder und Dialoge beim Reden.

Ein Beispiel aus *Bluebeard's Eighth Wife*. Die Vorgeschichte: Gary Cooper und Claudette Colbert haben geheiratet, aber die Colbert weist ihren Mann stets ab, weil sie ihn für einen hemmungslosen Weiberhelden hält. Cooper hat aber nicht nur dieses eine Problem, er leidet außerdem an Schlaflosigkeit. Auf der Suche nach einer wirksamen Therapie verirrt er sich eines Tages in einen Buchladen, läßt sich dort sieben Pfund Literatur einpacken, nur Klassiker, und möglichst langweilige. Zu Hause nimmt Cooper das erste Buch zur Hand, schlägt es auf, liest die ersten zehn Zeilen, schlägt dann die letzte Seite auf, liest die letzten zehn Zeilen und legt das Buch zur Seite: Er weiß, was drinsteht, und daß es nicht einmal als Schlafmittel taugt. Mit dem nächsten Buch verfährt Cooper genauso, das dritte aber erregt sein Interesse. Erst blättert er, dann beginnt er zu lesen, schließlich vertieft er sich ganz hinein. Wir sehen den Titel: *Der Widerspenstigen Zähmung* von William Shakespeare. Wir ahnen, daß der Gebrauchswert dieses Buchs nicht zu unterschätzen ist. Cooper liest das Buch zur Hälfte und findet darin eine wichtige Anregung. Er stürmt durch die Flure seiner riesigen Wohnung, hin zu den Zimmern seiner widerspenstigen Frau. Poltert einfach hinein, sagt kein Wort, verpaßt ihr nur eine Ohrfeige. Claudette Colbert aber schlägt zurück, und Cooper ist, im Wortsinn, vor den Kopf gestoßen. Geknickt schlurft Cooper zurück in sein Zimmer, um das Stück zu Ende zu lesen.

Wenig später poltert der Mann wieder ins Frauengemach, packt seine Frau, legt sie übers Knie und versohlt ihr den Hintern. Dazu brüllt er, so laut wie einen Schlachtruf, den Namen Shakespeare, Shakespeare, Shakespeare.

Durch einige kleine Andeutungen erfahren wir, daß diese Szene zu einer Schlägerei ausgeartet ist, bei der wiederum Cooper den kürzeren zog.

Typisch Lubitsch. Typisch Wilder. Die Szene illustriert, wie sich – nach Lubitschs ebenso wie nach Wilders Meinung – die

Wörter zu den Aktionen verhalten: als Gebrauchsanweisung, die aber nur in seltenen Fällen funktioniert.

Nach der oben beschriebenen Trial-and-Error-Methode hat Billy Wilder auch seine Drehbücher verfaßt. Der Dichter Raymond Chandler hat es nicht ausgehalten, sein langjähriger Co-Autor Charles Brackett soll häufig einem Nervenzusammenbruch nahe gewesen sein: Billy Wilder war zappelig und nervös, schnippste mit den Fingern, um neue Gags quasi herbeizuzitieren; er erprobte die Wirksamkeit seiner grausamen Witze, indem er sie erst mal an seinen Co-Autoren testete. Er lief im Zimmer auf und ab, als könnte er so seine Geschichte im Geiste abschreiten. Kurz: Er schuf ein Chaos um sich herum – und er lenkte und inszenierte es mit allergrößter Disziplin. Es ging Wilder in diesen Drehbuch-Happenings wohl nicht darum, die Produktionsbedingungen des wirklichen Lebens zu simulieren, sondern eher darum, das synthetische System sprachlicher Wirklichkeit so stark anzuheizen, bis es auch seine letzten Energien freigab. Die Realität, das spürt man in allen Filmen Wilders, ob er nur das Drehbuch schrieb oder auch selbst inszenierte, die Realität läßt sich zwischen zwei Buchdeckeln nicht konservieren und schon gar nicht synthetisieren. Die Wirklichkeit steckt in jedem Film, aber sie schleicht sich auf Umwegen ein. Die Arbeit des Drehbuchautors aber besteht nicht darin, die Wirklichkeit nachzuerzählen, sondern darin, ihr eine andere Wirklichkeit entgegenzusetzen.

Der Stolz des Billy Wilder: Er hat sich mit Regisseuren und Schauspielern herumgeschlagen. Er wurde wütend, wenn auch nur eine Zeile seines Dialogs geändert, gekürzt oder gestrichen wurde. Er meinte, so etwas sei allenfalls am Theater erlaubt; denn da bleibe ja das Drama erhalten, und ein anderer Regisseur, andere Schauspieler könnten es auch anders inszenieren. Im Kino aber habe man meist nur die eine Chance als Drehbuchautor, und deshalb müsse man auch kämpfen, und zwar um jede Zeile.

Eine Episode, die Wilder in keinem Interview zu erzählen vergißt: Wilder und Brackett schrieben noch am Drehbuch zu *Hold Back the Dawn,* während der Regisseur Mitchell Leisen

Der Mann, der keine Kakerlaken mochte: Charles Boyer in Mitchell Leisens ›Hold Back the Dawn‹.

schon die ersten Szenen inszenierte. In dem Film spielt Charles Boyer einen rumänischen Gigolo, der aus Europa geflohen ist und nun im mexikanischen Grenzstädtchen Mexicali auf sein Einreisevisum für die USA wartet. Dabei erlebt Boyer allerlei Demütigungen, haust in einem schäbigen Hotel und wird schäbig behandelt. Wilder und Brackett hatten eine Szene geschrieben, da sollte Boyer mutlos im Hotelzimmer sitzen und eine Küchenschabe mit dem Spazierstock drangsalieren. Er sollte sie fragen: »Wo ist ihr Visum. Sie dürfen hier nicht durch. Ohne gültige Einreisegenehmigung kann ich Sie leider nicht weitergehen lassen.«

AlsWilder den Schauspieler in der Kantine traf, fragte er ihn, wie denn die Szene so geworden sei. Boyer antwortete: Großartig! Nur die Szene mit der Küchenschabe habe man gestrichen. Daß ein Mensch sich mit einer Schabe unterhalte, das sei ja wohl völlig unrealistisch. Woraufhin Wilder und Brakkett kaum noch Dialoge für Boyer schrieben, sondern alles, was es zu sagen gab, seiner Partnerin Olivia de Havilland in den Mund legten.

Daran erkennt man erstens, wie empfindlich der vermeintliche Zyniker Wilder reagierte, wenn jemand seine Arbeit nicht zu würdigen wußte; zweitens, daß Wilder die Macht hatte, sich für alle Demütigungen zu rächen. Das war natürlich nicht die Regel. Anderen Drehbuchautoren ging es, wie wir eingangs geschildert haben, nicht halb so gut. Andere Drehbuchautoren verdienten auch nicht halb so gut. Daß Wilder so erfolgreich war, das weist ihn nicht als Anpasser aus, sondern beweist nur, daß er das System optimal für seine Zwecke zu nutzen wußte.

Die Welt, die er in seinen Drehbüchern entwirft, funktioniert nach den Regeln der Sprache, und Wilder beherrscht die Grammatik wie kein anderer. Er wußte stets: Alles, was sich überhaupt sagen läßt, das läßt sich auch in einem Drehbuch sagen. Und worüber man nicht reden kann, darüber kann man wenigstens lachen.

Born to Be Wilder – Notizen zur Biographie

Im Jahr 1906 löst der deutsche Kaiser Wilhelm II. durch seine Kanonenboot-Politik die erste Marokko-Krise aus. Im gleichen Jahr wird Rußland, als Folge der ersten Revolution, von der absoluten in eine konstitutionelle Monarchie umgewandelt. In den USA regiert Theodore Roosevelt, in Frankreich Clemenceau. In Österreich verschärfen sich die Spannungen zwischen den Slawen und den Deutschen, und der alte Kaiser Franz Joseph verliert zusehends an Autorität.

Es ist gerade ein Jahr her, daß Adolph Zukor in New York zum ersten Mal ein Lokal eröffnet hat, das ausschließlich zur Vorführung von Lichtspielen gedacht ist: das erste Kino Amerikas. Der Film ist auf dem Weg vom Jahrmarkt ins Lichtspieltheater. Unter den amerikanischen Filmern beginnt es sich herumzusprechen, daß in Südkalifornien die Drehbedingungen besser sind als in New York oder sonstwo an der Ostküste, besonders im Winter. Die ersten Kinopioniere werden auf einen Vorort von Los Angeles aufmerksam, der La Cahueuga heißt, den man aber, wegen der vielen Stechpalmen, bald Hollywood nennen wird.

Im Jahr 1906 wird die europäische Kinematographie von den Franzosen dominiert. Im gleichen Jahr beginnt Louis Feuillade seine Karriere als Regisseur bei Gaumont.

Im gleichen Jahr stirbt Henrik Ibsen. Im gleichen Jahr werden Otto Preminger und John Huston geboren. In Dublin erblickt Samuel Beckett das Licht der irischen Welt.

Am 22. Juni 1906 wird Samuel »Billie« Wilder in Sucha, einer kleinen Stadt in Galizien, geboren. Sein Vater, Max Wilder, war Pächter einiger Bahnhofscafés in verschiedenen galizischen Städten. Seine Mutter Eugenia, geborene Baldinger, stammte aus Zakopane und hatte als Mädchen mehrere Jahre in New York verbracht; seither träumte sie den amerikanischen Traum. Das war auch der Grund, weshalb sie ihren Sohn Samuel lieber Billie rief.

Seine Kindheit verbrachte Billie Wilder zum großen Teil in Krakau, wo sein Vater ein Hotel und ein Restaurant eröffnet hatte; der Name des Hotels läßt ebenfalls auf Amerika-Liebe schließen: Es hieß »Hotel City«. Die Legende erzählt, daß der kleine Billie eine ausgesprochene Liebe zum Billardspiel entwickelte, und daß er, obwohl er sich auf einen Stuhl stellen mußte, um den Tisch überhaupt zu erreichen, es trotzdem bald mit den Erwachsenen aufnehmen konnte. Seine Spielleidenschaft jedenfalls kam, wenn sie ihm nicht schon im Blut steckte, bald zum Ausbruch.

Als der Krieg ausbrach, mußte die Familie aus dem gefährdeten Galizien ins sichere Wien fliehen, und dort verbrachte Wilder den Rest seiner Kindheit und Jugend.

Er sei kein guter Schüler gewesen, berichten diverse Legenden, weil ihn der Unterricht stets gelangweilt habe. Trotzdem habe er recht gute Noten in Geschichte, Englisch und Französisch nach Hause gebracht, und im Deutschunterricht habe schon sein Genie aufgeblitzt.

Wilder selbst erzählt lieber von seinen amerikanischen Hobbies: Schon als Teenager habe ihn nichts mehr begeistern können als amerikanische Autos, Jazzmusik und Sport aller Art. Fürs Kino hatte er ein besonderes Faible, und selbstverständlich waren ihm die amerikanischen Filme am liebsten. Wilder-Biograph Maurice Zolotow berichtet von Wilders Verehrung für Douglas Fairbanks: Während der Inflation sei ihm das Gerücht zu Ohren gekommen, Douglas Fairbanks habe angeboten, Österreich zu kaufen: zehn Millionen Dollar für das ganze Land, inklusive Inventar, Einwohner und Walzer. Wilders Kommentar, laut Zolotow: »Ich mochte das. Ein anderer Millionär hätte sich ein französisches Schloß oder eine griechische Insel gekauft. Fairbanks war anders: Er wollte ein ganzes Land. Das nenne ich Klasse. Er war die Art von Held, die ich bewunderte.«

Noch waren Wilders Möglichkeiten, seinem Helden nachzueifern, beschränkt. Er machte es ein paar Nummern kleiner, stahl mal ein Motorrad, beleidigte hier eine Autoritätsperson und führte sich auf wie ein Halbstarker. So jedenfalls berichtet sein Bruder, W. Lee Wilder.

Die rebellische Attitüde allerdings hinderte ihn nicht, 1924 am Wiener Realgymnasium sein Abitur zu machen. Im September des gleichen Jahres begann er an der Wiener Universität ein Jurastudium. Nach drei Monaten schon hatte er genug von der Universität. Ein Professor, Alfred Spitzer, hatte ihn auf sein schriftstellerisches Talent aufmerksam gemacht, und Wilder zögerte nicht lange. Er wollte nun ein Schriftsteller werden, und da er ja auch Geld verdienen mußte, wollte er als Journalist beginnen. Spitzer schrieb ein Empfehlungsschreiben, mit dem ging Wilder zu Hans Liebstöckl, dem Chefredakteur des Boulevardblatts *Die Stunde*. Wie es Wilder anstellte, dort engagiert zu werden, haben wir oben schon beschrieben.

Wilders Genre waren Interviews, Kriminal- und Sportberichte. Wilder war damals 18 – in einem Alter also, da heutzutage die Teenies noch über der Frage brüten, ob es wirklich angebracht sei, sich bei einer Journalistenschule zu bewerben. Kein Wunder, daß Wilders Jugend durch seine Artikel schwang, daß Wilder einen neuen Ton einführte im Wiener Journalismus. Er schrieb knapp, direkt, präzise und sehr persönlich. Er verbarg es nicht, wenn die Ereignisse oder Personen, über die er berichtete, ihn selber rührten oder betrafen. Sentimental aber oder gar rührselig schrieb er nie.

Die Stunde erschien um zwölf Uhr mittags, folglich hatte Wilder sehr ungewöhnliche Arbeitszeiten: von zwei Uhr bis zehn Uhr morgens. Er verschaffte sich bald einen Ruf als schneller Schreiber. Als ebenso schneller Denker war er gefürchtet. Eher als andere entdeckte er den amerikanischen Jazz, und wann immer eine Jazz-Band aus Amerika auf Tournee nach Wien kam, schrieb Wilder darüber Stories oder führte Interviews. Ebenso gehörte aber auch die Berichterstattung über die Erzdiözese Wien zu seinen Ressorts. Und als einer der ersten im deutschsprachigen Raum überhaupt führte Wilder in der *Stunde* eine seriöse und kompetente Sport-Berichterstattung ein. Der Mann war sein Geld wert, er hatte nicht übertrieben, als er sich als erstklassiger Reporter vorstellte.

Vor allem aber: Wilder lernte den Beruf des Reporters von der Pike auf, er war nicht auf ein Ressort oder ein Spezialgebiet festgelegt, er war zu umfassender Neugier geradezu gezwungen. Seinen Drehbüchern und Filmen hat das gewiß nicht geschadet.

Noch ein anderer Umstand schärfte Wilders Scharfsinn: Er wohnte jetzt als möblierter Herr, und naturgemäß hatten alle Vermieterinnen schärfste Bedenken gegen Damenbesuche auf dem Zimmer. Wilder hingegen hatte schon damals eine ausgeprägte Schwäche fürs weibliche Geschlecht und Erfolg außerdem; und das nicht nur, weil er ein guter Tänzer war.

Wilder mußte sich also etwas einfallen lassen, um die Vermieterinnen auszumanövrieren; eine harte Schule für den Intellekt. Fiel ihm nichts ein, dann blieb nur noch die freie Natur. Später hat Wilder erzählt, bei dieser Gelegenheit habe er sich ein Rückenleiden geholt, das er nie wieder los wurde.

Im Mai 1926 kam Paul Whiteman mit seinem Orchester nach Europa. Der Jazzer war damals so bekannt und beliebt wie heute allenfalls Pop-Stars. Zolotow berichtet folgende Episode: Wilder schlug seinem Chefredakteur einen besonderen Gag vor. Er wollte zu Whiteman gehen, ihm einige neue Werke von Wiener Komponisten vorlegen und ihn nach seiner Meinung befragen. Die Stücke waren »Wenn der weiße Flieder wieder blüht« und »Madonna, du bist schöner als der Sonnenschein«. Whiteman kaufte das zweite, und die Band spielte es als Instrumental. Später schrieb Buddy de Sylva einen neuen Text auf die Melodie: »When Day Is Done« – ein Evergreen.

Wilder und Whiteman jedenfalls hatten sich kennengelernt, und offenbar mochten sie einander. Als die Europa-Tournee Whiteman auch nach Berlin führte, fragte er Wilder, ob er nicht mitkommen wolle, als Fremdenführer. Wilder kam mit. So kam er nach Berlin und blieb dort sieben Jahre lang.

Es war nicht leicht, sich als freier Journalist in Berlin durchzuschlagen, und wie Billie Wilder es anstellte, haben wir oben beschrieben. Wilder arbeitete für den *Berliner Börsen-Courier,* für die *Nachtausgabe,* für *Tempo* und die *B. Z. am Mittag.* Er schrieb Interviews und Reportagen, und er schrieb gut. Er verkehrte im Romanischen Café, dem Treffpunkt der jungen, heftigen Intellektuellen. Wilder war mit Klabund und

Carola Neher befreundet, mit Egon Erwin Kisch, mit Erich Maria Remarque, mit den Brüdern Robert und Kurt Siodmak – und mit Carl Mayer und Walter Reisch, seinen großen Vorbildern.

Mayer war damals der bekannteste und wohl auch beste Drehbuchautor des deutschen Films, Walter Reisch war im Kommen. Und Billie Wilder, der seit der Reportage »Herr Ober, bitte einen Tänzer« einen Namen hatte im Berliner Journalismus, wollte unbedingt auch zum Film.

Wie es Wilder schließlich schaffte, zum Film zu kommen, darüber gibt es durchaus unterschiedliche Legenden. Die amüsanteste ist zweifellos die: Wilder wohnte möbliert, in einem Haus am Viktoria-Luise-Platz. Die Tochter der Vermieterin hieß Lulu und pflegte diverse Männerbekanntschaften, von denen aber ihr fester Freund Heinz nichts wissen durfte. Eines Nachts wachte Billie Wilder auf, weil Lulu wie wild an seine Tür klopfte. »Bitte helfen Sie mir«, rief sie, »sonst bekommt Heinz einen Tobsuchtsanfall.« Das hätte recht gefährlich werden können, denn Heinz war ein Hüne. Also versprach Billie zu helfen, und ehe er sich versah, stand ein nackter Mann in seinem Zimmer, mit seinen Kleidern überm Arm. Der Mann war Galitzenstein, der Präsident der Firma »Maxim-Films«.

»Haben Sie einen Schuhlöffel?« fragte Galitzenstein, und Wilder antwortete: »Ich habe nicht nur einen Schuhlöffel, ich habe auch ein Filmdrehbuch.« Galitzenstein kaufte das Buch, und Billie Wilder kam zum Film. Wenn diese Episode nicht wahr sein sollte, dann ist sie doch gut erfunden und würde vorzüglich in einen Wilder-Film passen.

Sicher ist jedenfalls, daß Wilder lange bevor sein Name jemals in den Credits eines Spielfilms auftauchte, als Ghostwriter beschäftigt war. Er arbeitete für Franz Schulz und Curt J. Braun, schrieb zwei bis drei Drehbücher im Monat, die dann von Braun oder Schulz nur noch geringfügig verändert oder redigiert wurden.

Wilders erstes »offizielles Drehbuch« war *Der Teufelsreporter:* Regie führte Ernst Laemmle, ein Neffe von Carl Laemmle, dem Gründer des Universal-Studios. *Der Teufels-*

Der erste Film, für den Wilder Credits bekam: ›Der Teufelsreporter‹.
Regie: Ernst Laemmle.

reporter war also ein Kontingent-Film, eine deutsche Produktion, die vor allem zu einem Zweck hergestellt wurde: Die Filmeinfuhr war kontingentiert damals, und um möglichst viele ihrer Produktionen auf den deutschen Markt bringen zu können, mußten die Hollywoodfirmen sich auch an der Produktion deutscher Filme beteiligen.

Den Durchbruch aber brachte ein anderer Film, ein Film zumal, bei dem Billie Wilders Anteil eher umstritten ist. Sicher ist immerhin: Eines Tages, es war wohl im Romanischen Café, hatten Kurt Siodmak und Billie Wilder die Idee zu einem Film, der ganz anders als alle anderen werden und sich doch auf der Höhe der Zeit bewegen sollte. Ein Film, der vor allem nichts kosten durfte, denn Geld hatte keiner von ihnen. Folglich sollte er nicht im Atelier, sondern auf den Straßen, den Plätzen und in den Parks von Berlin gedreht werden. Schauspieler konnte man sich nicht leisten, also suchte man nach begabten und begeisterten Laien. Regie führte der Debütant Robert Siodmak, das Buch schrieben Kurt Siodmak und Billie Wilder, eher ungeklärte Funktionen erfüllten außerdem Fred Zinnemann und Edgar Ulmer. Der einzige Profi im Team war der Kameramann Eugen Schüfftan.

»Billie Wilder gab nur einen einzigen Gag dazu«, schreibt Robert Siodmak in seinen Memoiren.

Billy Wilder hat in einem Interview seine Rolle so beschrieben: »... der Siodmak war zwar der Regisseur, aber wir alle waren seine Assistenten, wir haben die Kamera und das Stativ und die Filmrollen durch die Straßen geschleppt, raus zum Wannsee und zum Tennisclub Rot-Weiß. Das war eine ›nouvelle vague‹, dreißig Jahre ehe sie in Frankreich entdeckt wurde. Angefangen mit fünftausend Mark.«

Wahrscheinlich basieren alle Mißverständnisse eben auf dieser ungewöhnlichen Art, einen Film zu drehen und zu produzieren: Siodmak war zum Improvisieren gezwungen und mußte also ganz zwangsläufig auch solche Szenen drehen, die gar nicht im Drehbuch standen, mußte aber andererseits ausformulierte Drehbuchszenen ersatzlos streichen.

So ganz unbedeutend kann Wilders Mitarbeit jedenfalls nicht gewesen sein, denn *Menschen am Sonntag* war ein phantastischer und völlig unerwarteter Erfolg, die Angebote für Siodmak häuften sich – und natürlich engagierte er auch für seinen nächsten Film Billie Wilder als Drehbuchautor.

An die Premiere von *Menschen am Sonntag* erinnert sich Siodmak in seinen Memoiren: »... endlich kam der Tag der Premiere. Der Film lief in der Filmbühne der UFA am Kurfürstendamm. Premiere war um fünf Uhr nachmittags. Am Morgen hatten wir eine kurze Musikprobe mit Paul Dessau als Dirigenten. Die Uraufführungskopie war schrecklich. Schüfftan und ich fuhren in die Kopieranstalt und beschworen den Inhaber, eine neue Kopie zu ziehen. Er war hart, glaubte nicht an den Film und wies uns ab. Erst als wir ihm sagten, daß auch sein Renommee auf dem Spiel stünde, erklärte er sich einverstanden.

Diesen Tag werde ich in meinem Leben nicht vergessen. Die beiden Mädchen aus der Kopieranstalt brachten die neue Kopie zwanzig Minuten vor Beginn der Vorstellung. Ich riß aus der alten Kopie sämtliche schlechten Szenen heraus und ersetzte sie durch die neuen. Noch heute wundere ich mich, daß keine verkehrt eingeklebt war. Dann ging ich um die Ecke nach Hause, nahe der Meinekestraße, zog mich um und ging dann zögernd zum Kino zurück. Es war einige Minuten

›Menschen am Sonntag‹.

143

vor Schluß der Vorstellung. Ich traute mich nicht in den Saal. Plötzlich winkte mir der Geschäftsführer aufgeregt zu. Ich raste die Treppen hinauf. Die Leute klatschten wie verrückt, und die Schauspieler verbeugten sich auf der Bühne. Moritz Seeler wollte mich auch vor den Vorhang zerren, aber ich stieß ihn zurück, da er mich die ganze Zeit hatte sitzenlassen. Wie ein Lauffeuer ging die Nachricht des Erfolgs herum. In zwanzig Minuten waren Tausende da, die den Film sehen wollten. Die Leute standen bis zur Joachimsthaler Straße. Seeler drohte, mich zu erschießen, falls ich nicht mit ihm auf die Bühne käme. Schließlich willigte ich ein.

Am nächsten Morgen las ich die Kritiken in allen Zeitungen. Sie standen zum Teil auf der ersten Seite. Ich schloß mich in die Toilette ein und weinte vor Erleichterung. Am gleichen Nachmittag rief die UFA an und engagierte mich.«

Von nun an war Billie Wilder ein Drehbuchautor: kein Ghostwriter mehr, kein Nebenerwerbs-Journalist und schon gar nicht angewiesen auf zweifelhafte Zusatz-Jobs wie Eintänzer oder Fremdenführer. Wilder erinnert sich, daß es mal gut und mal weniger gut gegangen sei – immerhin: es ging. Er schrieb, schon damals im Teamwork, zusammen mit Kurt Siodmak, Walter Reisch, Paul Frank, Max Kolpe. Er schrieb für die Regisseure Gerhard Lamprecht, Hans Steinhoff, Paul Martin, Geza von Bolváry und Victor Janson. Er arbeitete für den Produzenten Erich Pommer, der einst sein Idol gewesen war: ein deutscher Tycoon, vom Film ebenso besessen wie Irving Thalberg oder Sam Goldwyn in Amerika und fast ebenso erfolgreich. Es ging stetig aufwärts mit Billie Wilders Karriere.

Der Übergang vom Stummfilm zum Tonfilm war für Wilder nur ein kleines Problem: Dialoge zu schreiben, das war ohnehin seine Leidenschaft, und den Stummfilm hielt er auch nicht für künstlerisch wertvoller. Schwierig war nur, daß Gags und Lacher ein anderes Timing erforderten. Wilder berichtet: »Ich erinnere mich an einen Fall, da sahen wir uns einen Film bei der Uraufführung an, wo das Drehbuch von mir war. Da gab es eine Szene, die war voller Witze, und die Leute haben auch tatsächlich sehr gelacht, die haben so laut und so lange

Deutschlands berühmtester Detektiv: Emil Tischbein. Rolf Wenkhaus (rechts) in Gerhard Lamprechts ›Emil und die Detektive‹.

gelacht über einen Scherz, daß sie die Vorbereitung auf den nächsten gar nicht hören konnten (...). Und ich saß oben und dachte: ›Gott, wenn die jetzt nicht ruhig sind, hören sie die straight line nicht und kriegen so die nächste Pointe nicht mit!‹ Also beugte ich mich runter und machte ›Pssst! Pssst!‹ Und der Erich Pommer, der hinter mir saß, hat mir auf den Kopf gehauen und gesagt: ›Bist du wahnsinnig, die unterhalten sich doch! Was willst du denn?‹ Er hat natürlich recht gehabt – es war ein Fehler im Drehbuch, der kam aus meiner mangelnden Erfahrung mit dem Tonfilm. Im Stummfilm konnten die Leute so lange und so laut lachen, wie sie wollten – sie haben ja keinen Dialog verpaßt. Aber beim Tonfilm mußte der Autor das Lachen mit einkalkulieren und genügend Raum zwischen den Witzen lassen, bis sich die Leute wieder beruhigt hatten. Und deshalb hat er mir eine auf den Kopf gegeben, der Pommer, und ich hatte es auch verdient.«

Die Arbeit der Drehbuchautoren im deutschen Film war anders organisiert als in Hollywood. Weder die UFA noch eine andere große Filmfirma hatte ihre eigenen Schreibbüros. Die Drehbuchautoren saßen in ihren Wohnungen in Berlin, trafen sich zu Besprechungen in den Büros der Filmgesellschaften in der Friedrichstraße; nach Babelsberg oder Tempelhof, wo die Ateliers lagen, kamen sie nie. Mit der Arbeit des Regisseurs kamen sie praktisch nie in Berührung.

Es ging Billie Wilder gut in Berlin. Er war Mitte 20, und er konnte sich praktisch alles leisten, was er wollte. Er fuhr ein schickes Auto, bewohnte eine fashionable Wohnung in der Fasanenstraße, kleidete sich gut und besuchte teure Restaurants und Nachtklubs. Er hatte eine schöne schwarzhaarige Freundin, Hella Hartwig. Es hätte ewig so weitergehen können. Aber am 30. Januar 1933 wurde Hitler zum Reichskanzler gewählt. Der Jude Wilder ahnte das Schlimmste und ließ sich auch nicht von Freunden beruhigen, die meinten, der ganze Spuk werde schneller vorbei sein, als er angefangen habe. Vorsichtshalber wechselte Wilder all sein Geld in amerikanische Dollars. Am 27. Februar brannte der Reichstag. Am nächsten Tag nahmen Billie und Hella den Nachtzug nach Paris. Die 1000 Dollar hatte Wilder sich im Anzug einnähen lassen.

Die 1000 Dollar hatte er auch bitter nötig – denn als Wilder in Paris ankam, da hatte er kein Visum, keine Arbeitserlaubnis und nur einen österreichischen Paß. Es gab Arbeit für ihn, aber das war illegal – und schwierig außerdem. Zwar sprach Wilder fließend französisch, aber natürlich schrieb er es nicht fließend, und schon gar nicht schrieb er es brillant. Also mußte er seine Stories erst deutsch fertig formulieren und sie dann mühselig ins Französische übersetzen. Den Verlust seines luxuriösen Berliner Lebens verkraftete Wilder ganz gut – immerhin hatte er ja sehr viel schlechtere Tage gesehen. Den Verlust der Muttersprache zu verkraften fiel ihm schon schwerer – aber damit mußte er ohnehin fertig werden. Paris sah er nur als Zwischenstation an; er wollte nach Hollywood. Auch ohne Hitler, bekannte Wilder später, wäre er früher oder später nach Hollywood gegangen.

Zunächst aber saß er in Paris fest. Er war nicht allein – viele alte Freunde, unter ihnen die Drehbuchautoren Walter Reisch und Max Kolpe, waren ebenfalls nach Paris emigriert. Mit Kolpe und Hanns G. Lustig schrieb Wilder eine Story, die von einer Jugendbande handelte, von ihren Diebstählen, ihren Liebschaften, ihren kleinen Freuden. Sie suchten nach einem Produzenten und fanden Edouard Corniglion-Molinier, einen General und Fliegerhelden des Ersten Weltkriegs. Der kaufte das Buch, produzierte es und engagierte Wilder als Regisseur. In der weiblichen Hauptrolle debütierte eine 17jährige, die damals noch etwas pummelig und nicht sonderlich elegant war: Danielle Darrieux. Der Film hieß *Mauvaise Graine,* und Wilder war durchaus nicht glücklich mit seinem Regie-Debüt. Regie zu führen machte keinen Spaß, weil man sich um zu vieles kümmern, sich mit Schauspielern, Beleuchtern, Kamera-Assistenten herumärgern mußte. *Mauvaise Graine,* das heißt korrekt übersetzt »Schlechtes Korn«, sinngemäß übertragen hieße es etwa »Faule Früchtchen«. So ähnlich fühlte sich Billie Wilder, als der Film fertig war. Er wollte wieder schreiben. Er wollte weg aus Paris. Er wollte endlich Drehbuchautor in Hollywood werden. Mit Kolpe und Lustig schrieb Wilder dann das Drehbuch für ein Musical. Sie schickten es an Joe May, der damals für die Columbia arbeitete. May war ein Pionier des deutschen Films gewesen; er hatte schon in den 1910er Jahren gigantische Großproduktionen, Detektiv-Filme, Melodramen und Kolportagen produziert und teilweise auch inszeniert. Er war ein Meister des trivialen und populären Kinos und hatte schon immer einen guten Draht nach Hollywood gehabt. Als Wilder und seine Kollegen noch in Paris saßen, war May schon in Hollywood. May schrieb, das Buch sei gekauft, und Wilder solle möglichst schnell nach Hollywood kommen.

Am 22. Januar 1934 stach die Aquitania, ein britisches Schiff, in See: Richtung New York. An Bord befand sich, ohne Rückfahrkarte, auch der Passagier Billie Wilder.

Joe May hatte Wilder einen Halbjahres-Vertrag bei Columbia verschafft. Columbia war unter den großen Studios Hollywoods das kleinste. Der Chef der Firma hieß Harry Cohn und zählte zu den unbeliebtesten Männern Hollywoods. Mit ungeheurer Energie aber und mit der Hilfe seines Hausregisseurs Frank Capra schaffte es Cohn in den dreißiger Jahren, dem Studio einen Platz unter den Major Companies zu sichern. Howard Hawks, der vier Filme für Columbia drehte, über Harry Cohn: »Wenn er glaubte, er könnte einem eins auswischen, dann tat er es auch, aber sonst war er ein netter Kerl.« Bei Columbia standen damals als Drehbuchautoren unter Vertrag: James M. Cain, Norman Krasna, Dorothy Parker, Sidney Buchman. Jetzt gehörte auch Billy Wilder zu ihnen. Er bezog ein Büro auf dem Columbia-Gelände, das zwischen Vine Street, Sunset Boulevard und Santa Monica Boulevard liegt. Er begann an einem Drehbuch zu schreiben, das den Arbeitstitel »Pam-Pam« trug. Er verdiente dafür 150 Dollar die Woche. Aber nichts tat sich. Wilder mietete sich bei Joe und Mia May ein, ging täglich in sein Büro, schrieb und schrieb – für den Papierkorb. »Pam-Pam« wurde nie verfilmt. Nach einem halben Jahr war Wilders Vertrag mit der Columbia ausgelaufen; er wurde nicht verlängert. Ebenfalls abgelaufen war auch Wilders Besuchervisum. Er wollte ein Einwanderungsvisum, zu diesem Zweck aber mußte er erst einmal aus den Vereinigten Staaten ausreisen. Also fuhr er nach Mexicali und stellte ordnungsgemäß einen Antrag auf Einwanderung. Es erschien ihm absurd – aber es ging alles gut. Dennoch dürfte diese Reise Wilder wohl angeregt haben zu dem Drehbuch *Hold Back the Dawn*.
1934 wechselte Joe May zur Twentieth Century Fox. Sein erstes Werk für die neue Firma war ein Emigranten-Film, denn kaum einer in Hollywood kümmerte sich engagierter als Joe May um die Belange deutschstämmiger Filmleute. Joe Mays Film hieß *Music in the Air*. Produzent war Erich Pommer, die Originalmusik von Jerome Kern und Oscar Hammerstein wurde von Franz Wachsmann fürs Kino arrangiert, der sich jetzt Waxman nannte. Und das Drehbuch schrieben Billy Wilder und Robert Liebmann.

Los Angeles – die Stadt der gefallenen Engel. Szene aus ›Double Indemnity‹.

Der Film sollte das Comeback von Gloria Swanson bringen, aber erbrachte nur Verluste. Zwar hatte Wilder zum ersten Mal Credits in einem Hollywoodfilm, aber es war keine Empfehlung, zu einem Flop das Drehbuch geschrieben zu haben. Es folgten drei schwere Jahre in Hollywood. Billy Wilder war nicht gerade der meistgefragte Autor, er verdiente wenig Geld, und sein Lebensstandard lag weit unter dem seiner Berliner Zeit. Wilder schrieb *Lottery Lover* für Wilhelm Thiele und *Under Pressure* für Raoul Walsh – und sonst gar nichts. Er mied die anderen Emigranten, deren Protektion er doch gut hätte brauchen können – aber ihm war es wichtiger, Englisch zu lernen. 1936 landete Wilder bei dem kleinen Studio »Pioneer«, das von Merian C. Cooper geleitet wurde und den Brüdern Jock und Sonny Whitney gehörte.
Für Pioneer schrieb er *Champagne Waltz,* eine musikalische Komödie um eine Jazzband, die nach Wien kommt und die Hauptstadt des Walzers im Sturm erobert. Noch während der Vorarbeiten ging das Studio pleite. Paramount interessierte

Das Tor, das zum Himmel führt.

sich für den Stoff, der Film wurde schließlich in den Paramount-Ateliers gedreht, und Manny Wolfe, der Chef des »Writers Department«, machte Wilder ein Angebot: 250 Dollar die Woche als festangestellter Schreiber der Paramount. Billy Wilder sagte ja. Er blieb 18 Jahre lang bei der Firma.

Unter den großen Hollywood-Studios galt Paramount als das vielseitigste. MGM zum Beispiel war auf große Ausstattungs-Filme spezialisiert, Warner Brothers produzierten vor allem Gangsterfilme und Musicals, die Universal drehte Horror und phantastisches Kino; bei der Paramount gab es keine solchen Spezialisierungen. Die Paramount war entstanden aus dem Zusammenschluß der beiden Firmen Paramount-Pictures-Verleih und Famous Players Lasky Corp. Gründer der Famous Players und langjähriger Chef der Paramount war Adolph Zukor, jener Mann, der auch das erste Kino New Yorks eröffnet hatte. Heimlicher Herrscher und erfolgreichster Regisseur des Studios war jahrzehntelang Cecil B. De-Mille. In den zwanziger Jahren hatte die Paramount Rudolph Valentino, Pola Negri und Gloria Swanson unter Vertrag, in den Dreißigern auch Marlene Dietrich, Mae West, Gary Cooper, Fred MacMurray, Claudette Colbert, Barbara Stanwyck und die Marx Brothers. Für die Paramount arbeiteten die Regisseure Ernst Lubitsch, Mitchell Leisen, Preston Sturges, für einige Jahre auch Leo McCarey und Norman Z. McLeod, sowie die Drehbuchautoren Ben Hecht und Charles MacArthur. In den frühen Dreißigern war die Paramount, wie die meisten großen Studios, durch eine schwere finanzielle Krise getaumelt. Seither gehörte das Studio praktisch der New Yorker Morgan-Bank, und Adolph Zukor war nur noch Geschäftsführer.

Billy Wilder also bezog sein Büro auf dem Gelände der Paramount, das an der Western Avenue liegt, begrenzt durch den Santa Monica Boulevard im Norden und die Melrose Avenue im Süden. Wilder schrieb das Drehbuch zu *Champagne Waltz* zu Ende und verfaßte dann, zusammen mit Jacques Théry, eine Story, die erst 1940 verfilmt wurde: *Rhythm on the River*. Wilder bekam nicht gerade viel zu tun, und er fürchtete schon, das Studio werde ihn bald entlassen, als eines Tages im

Wo die Geschichten beginnen: William Holden und Nancy Olson im
›Writer's Office‹ der Paramount.

Juli 1936 sein Boß Manny Wolfe ins Büro stürmte. Ob er Lubitsch kenne, fragte Wolfe, und Wilder antwortete, er sei ihm nie begegnet. Ob er den Drehbuchautor Charles Brackett kenne, fragte Wolfe weiter, und Wilder meinte, natürlich kenne er Brackett, bezweifle aber, ob Brackett auch ihn kenne. Er werde beide kennenlernen, verkündete Wolfe, denn man habe einen neuen Job für ihn: Zusammen mit Brackett solle er das Drehbuch für Lubitschs neuen Film schreiben: *Bluebeard's Eighth Wife.*

Im Frühjahr 1936 übernahm Ernst Lubitsch, der seit neun Jahren als Regisseur bei Paramount unter Vertrag stand und ein Jahr lang auch Produktionschef war, eine neue Aufgabe. Er wurde Leiter einer Produktionsgruppe und sollte sich vor allem um die beiden Stars Marlene Dietrich und Claudette Colbert kümmern. Lubitsch war damals ein Star unter Hollywoods Regisseuren. Auch Kinogänger, die sonst nie auf den Namen des Regisseurs schauten, kannten Lubitsch. Nun also

David Niven und Gary Cooper in ›Bluebeard's Eighth Wife‹.

Der Widerspenstigen Zähmung: Gary Cooper, Edward Everett Horton und Claudette Colbert in Ernst Lubitschs ›Bluebeard's Eighth Wife‹.

sollte Wilder mit dem großen Lubitsch zusammenarbeiten. Das war für einen Drehbuchautor mehr wert als der Hauptgewinn in der Lotterie.

Zunächst aber galt es, sich mit Charles Brackett zu arrangieren, was gar nicht einfach war: Charles Brackett war ein konservativer Mann angelsächsischer Herkunft, er war 14 Jahre älter als Wilder, er wählte die Republikaner, liebte altmodische Kleidung und richtete sich altmodisch ein. Billy Wilder war in jeder Beziehung Bracketts Gegenteil. Daran wohl mag es gelegen haben, daß die beiden sich zwar nicht immer gut verstanden, aber immer gut zusammengearbeitet haben. Mit einem Mann zusammen ein Drehbuch zu schreiben, sagt Wilder, ist eine weitaus engere Beziehung als verheiratet zu sein. Die Ehe zwischen Wilder und Brackett dauerte, von einem kleinen Seitensprung mit Raymond Chandler abgesehen, mehr als zwölf Jahre. Wie sie es überhaupt miteinander aushielten, das konnten weder Wilder noch Brackett so genau erklären, und als sie sich trennten, da gingen sie auch im Streit auseinander.

Wilder und Brackett also begannen, das Drehbuch für Lubitsch zu schreiben. Daß daraus ein typischer Lubitsch-Film wurde, das liegt an der Arbeitsweise des Regisseurs. Wilder erinnert sich: »... er hat regelrecht am Drehbuch mitgeschrieben, saß tagelang mit uns beisammen, bei beiden Filmen. Er war ein vollwertiger Mitarbeiter ohne Credit. Und es war immer wieder überwältigend mitzuerleben, was dem Mann da spontan so alles einfiel. Der hat ein ganz anderes Gehirn gehabt als gewöhnliche Menschen! Wenn wir eine Szene geschrieben hatten, der Brackett und ich, dann kam Lubitsch dazu, hat es ein bißchen geknetet, hat es ein bißchen gedreht und hat so ein paar kleine Lichter draufgesetzt, hat es noch etwas eleganter gemacht, und auf einmal war es Lubitsch. Ein ganz besonderes, seltenes Talent. Und das hat er mit ins Grab genommen, keiner kann es kopieren, das ist unmöglich.«

Bluebeard's Eighth Wife wurde kein Erfolg, weder an der Kasse noch bei den Kritikern. Manch einer zweifelte sogar an Lubitschs Talent, fragte nach, ob seine komödiantischen Geister ihn verlassen hätten – heute wissen wir, daß *Bluebeard's Eighth Wife* ein Meisterwerk ist, ein unsterbliches sogar.

Wilder und Brackett blieben zusammen, und sie blieben bei der Paramount. Für die nächsten Jahre arbeiteten Wilder und Brackett nun vor allem für Mitchell Leisen, einen anderen Hausregisseur der Paramount. Wilder war höchst unzufrieden mit der Zusammenarbeit; auf Leisen ist jenes vielzitierte Bonmot Wilders gemünzt, wonach ein Regisseur nicht unbedingt schreiben können müsse, es aber ganz hilfreich sei, wenn er zumindest lesen könne. Mit anderen Worten: Wilder hielt Leisen für unfähig, seine Drehbücher zu lesen, geschweige denn zu verstehen. Wilders Wut auf Leisen hat die Sicht der meisten seiner Interpreten und Biographen getrübt. Denn Mitchell Leisen war durchaus nicht der Stümper, als den ihn Wilder gern hinstellte. Ein Mißverständnis: Leisen hatte als Kostümbildner angefangen, hatte später als Art-Director und Filmarchitekt gearbeitet und Cecil B. DeMille als Regieassistent gedient. Als er selber zu inszenieren begann, da legte er mehr Wert auf prächtige Ausstattungen, auf visuelle Gags und auf die Zeichensprache der Dinge als aufs geschriebene Wort. In seinen Filmen wird zwar ununterbrochen geredet – aber es kommt so recht nicht darauf an, was da gesprochen wird: »Das ungeheuer schnelle Reden in diesen Filmen dient vor allem dazu, sich auf unsicherem Boden über Wasser zu halten«, schreibt Frieda Grafe. Mag sein, daß Leisen nicht besonders gut lesen konnte – um so besser konnte er mit anderen Zeichen, mit Mode, Möbeln, Luxus umgehen. Frieda Grafe hat 1981 dem lange unterschätzten Regisseur einen erhellenden Aufsatz gewidmet.

Mitchell Leisen hatte eine Tugend, die selten war in Holly-

Nach der Sache mit den Kakerlaken schrieben Wilder und Brackett die schönsten Dialogsätze für Olivia de Havilland – und nur noch das Nötigste für Charles Boyer (Szene aus ›Hold Back the Dawn‹).

wood und Umgebung: Er hatte Mut. Zu einer Zeit, da Homosexuelle ihre Leidenschaft verleugneten, oft sogar Scheinehen eingingen und alles unternahmen, um sich gut zu tarnen, zu dieser Zeit bekannte Leisen sich offen zu seiner Homosexualität. Zeitgenossen beschrieben ihn als eitlen Menschen, der mindestens dreimal täglich die Kleider wechselte und auf sein eigenes Aussehen mindestens ebensoviel Wert legte wie auf das seiner weiblichen Stars. Wilder haßte Leisen. Er schikanierte ihn, wo er nur konnte. Er beharrte auf jedem Dialog, den Leisen ändern wollte, als wär's ein Stück von Shakespeare. Es war Haß auf den ersten Blick. Ernst Fegté aber, Leisens Ausstatter, erinnerte sich später: »Wir waren unschlagbar als Team.« Auch wenn Wilder das Gegenteil behauptet: man sieht es Leisens Filmen nicht an, daß der Drehbuchautor und der Regisseur einander für Kretins hielten.

Noch einmal bekam Wilder die Gelegenheit, mit dem verehrten Meister und Vorbild Ernst Lubitsch zusammenzuarbeiten. Das war 1938. Am Anfang stand ein Werbespot: »Garbo Laughs« – die Garbo lacht. Von diesem Slogan versprach sich MGM, das Studio, bei dem Greta Garbo unter Vertrag stand, einen ähnlich durchschlagenden Effekt wie einst von dem Slogan »Garbo Talks«, mit dem man für ihren ersten Tonfilm geworben hatte. »Garbo Laughs« – das mußte einfach eine Sensation werden. Denn Greta Garbo hatte bislang stets ernste, tragische Rollen gespielt. Kein Kinogänger hatte sie bis dahin lachen gesehen.

Der Slogan also war da, es fehlte aber noch an einer Story, einem Drehbuchautor und einem Regisseur.

Die erste Idee hatte der Autor Melchior Lengyel: »Russisches Mädchen, vom Bolschewismus überzeugt, muß ins furchtbare, kapitalistische, monopolistische Paris. Sie läßt sich auf eine Romanze ein und hat eine ziemlich gute Zeit. Kapitalismus ist doch nicht ganz so schlecht.«

Als Regisseur hatte MGM Gottfried Reinhardt vorgesehen, Max Reinhardts Sohn. Berthold Viertel und Melchior Lengyel sollten das Drehbuch schreiben. Es fiel ihnen nichts ein, und Gottfried Reinhardt legte entnervt die Regie nieder. Ver-

»Capitalism is not so bad after all«: Greta Garbo und Melvyn Douglas in Lubitschs ›Ninotchka‹.

schiedene Drehbuchautoren arbeiteten an der Idee und gaben es wieder auf, verschiedene Regisseure wurden ins Gespräch gebracht – da hatte Greta Garbo die rettende Idee: Ernst Lubitsch sollte den Film inszenieren. Das mit Lubitsch war kein Problem, denn der Meister hatte bei Paramount gekündigt und arbeitete nun als free-lance. Lubitsch engagierte als Drehbuchautor den Deutschen Walter Reisch, der bei der MGM unter Vertrag stand. Reisch allein aber schaffte es auch nicht, aus dem Entwurf ein richtiges Drehbuch zu formen. Als engagierte Lubitsch auch Billy Wilder und Charles Brakkett. Das war nicht ganz einfach, denn die beiden waren ja Angestellte der Paramount-Studios. Lubitsch schaffte es schließlich, die beiden auszuleihen. Die Mühe lohnte sich. Reisch, Brackett, Wilder und Lubitsch zusammen gelang es schließlich, aus Melchior Lengyels Idee ein ordentliches, ja ein geniales Drehbuch auszubrüten. Sie arbeiteten auf die gleiche Art wie beim Schreiben von *Bluebeard's Eighth Wife*: Brackett, Wilder und Reisch schrieben Szenen und Dialoge – den letzten Schliff aber, den kleinen genialen Kick, den fügte erst Ernst Lubitsch hinzu, der jedoch, wie immer, keine Credits als Drehbuchautor beanspruchte.

Es waren also alle Beteiligten zufrieden – nur Billy Wilder nicht: Seit einiger Zeit nämlich wühlte in ihm die Ambition, es vielleicht doch noch einmal mit dem Regieführen zu versuchen. Nun litt Wilder zwar nie an einem Mangel an Selbstbewußtsein – er wußte aber immerhin Bescheid über seine Grenzen. Und also wußte er, daß er nicht genug wußte über die Arbeit des Regisseurs und daß er noch viel zu lernen hatte. Denn sein französisches Regiedebüt *Mauvaise Graine* betrachtete er als Ausnahme, als Jugendstreich – in Hollywood wurde ganz anders gearbeitet.

Was also lag näher, als dem Meister Lubitsch selber über die Schulter zu schauen, sich von ihm einweihen zu lassen in die Mysterien der Filmregie. Lubitsch hatte nichts dagegen, sein Star aber stellte sich quer. Greta Garbo weigerte sich, Fremde am Set zuzulassen; es würde, so meinte sie jedenfalls, ihre Konzentration beeinträchtigen. Es blieb Wilder nichts anderes übrig, als sich gelegentlich auf dem Set zu verstecken, sich hinter Kulissen oder Scheinwerfern zu verbergen und heimlich ein paar Blicke auf Lubitsch und auf die Garbo zu werfen. Wilder sah nicht viel, aber was er sah, hat ihn schwer beeindruckt: »Das Gesicht, dieses Gesicht, was war da nur mit diesem Gesicht? Man konnte in ihm alle Geheimnisse der weiblichen Seele lesen. Man konnte darin Eva lesen, Kleopatra und Mata Hari. Auf der Leinwand wurde sie zu allen Frauen der Welt. (...) Das Wunder passierte in der Filmemulsion. Wer weiß, warum? Marilyn Monroe hatte die gleiche Gabe. Ein merkwürdiger Trick, der bewirkte, daß ihr Fleisch direkt von der Kamera aufgesogen wurde und hinüberkam auf die Leinwand als echtes Fleisch, das man berühren konnte – ein Bild jenseits der Photographie.«

Das Gesicht der Garbo, Ernst Lubitschs Regiekünste und das geniale Drehbuch sorgten jedenfalls dafür, daß *Ni-*

notchka gleich für vier Oscars nominiert wurde. Es war das Jahr 1939, vielleicht das beste Jahr der Filmgeschichte: Für Oscars waren nominiert John Fords *Stagecoach*, Frank Capras *Mr. Smith Goes to Washington*, Victor Flemings *Gone with the Wind* und eben Lubitschs *Ninotchka*. Die Oscars, für die *Ninotchka* nominiert war, gewann allesamt *Gone with the Wind*. Für Lubitsch war das vermutlich keine große Überraschung, denn auch für *Trouble in Paradise*, für *Design for Living* und für *Bluebeard's Eighth Wife* hatte er keinen Oscar gewonnen. Erst im März 1947 gewann Lubitsch einen Ehrenoscar – »for his distinguished contributions to the art of motion picture«.

»Wacht auf, Verdammte dieser Erde!« Alexander Granach, Greta Garbo, Felix Bressart und Sig Rumann in ›Ninotchka‹.

159

Die nächste Chance, mehr übers Regieführen zu lernen, kam wenig später. Und wieder einmal ist die Vorgeschichte fast ebenso verzwickt wie der Film, der erst noch entstehen sollte: Zunächst ging es nur um die Suche nach einer maßgeschneiderten Story für einen Star. Der hieß Gary Cooper und sollte eine Komödienrolle spielen. Cooper stand bei Sam Goldwyn unter Vertrag. Eines Tages fiel Goldwyn ein Manuskript in die Hände, das Billy Wilder schon in Berlin geschrieben hatte: *Von A bis Z* hieß die Story. Misses Goldwyn las die Geschichte, war begeistert – also kaufte Sam Goldwyn die Rechte. Jetzt brauchte er nur noch jemanden, der die Story zum Drehbuch aufpolieren würde. Er hatte da so eine Idee und rief sogleich Bill Dozier an, einen Produzenten der Paramount. Maurice Zolotow überliefert folgendes Gespräch: »Weißt du, Bill, ich glaube, wir beide sollten endlich damit anfangen, uns zu helfen.«

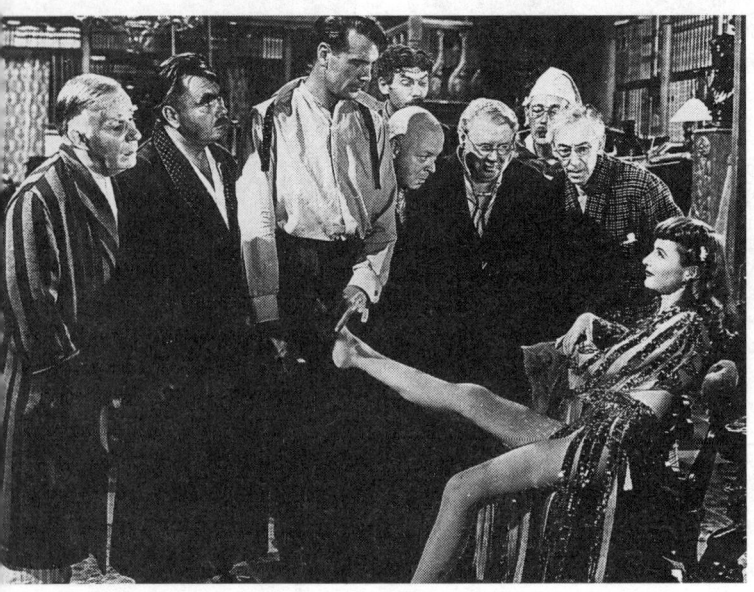

Die fröhliche Wissenschaft: Acht Professoren und ein paar Beine in Howard Hawks' ›Ball of Fire‹.

»Klar. Worum geht's?«

»Laß uns damit anfangen, daß du mir hilfst ... Ich will Brakkett und Wilder ausleihen.«

Dozier lehnte ab, denn Schreiber an ein anderes Studio zu
verleihen, das war damals eigentlich nicht üblich. Goldwyn
insistierte, und schließlich einigten die beiden sich auf einen
Handel, der typisch war für die Gebräuche von Hollywood-
Firmen in den vierziger Jahren: Paramount lieh Brackett und
Wilder an Goldwyn aus und gab noch Bing Crosby und Bob
Hope dazu (für einen anderen Film allerdings) – dafür mußte
Goldwyn anschließend Gary Cooper an die Paramount aus-
leihen, als Hauptdarsteller in *For Whom the Bell Tolls*.

Brackett und Wilder also begannen zu schreiben, und während sie am Drehbuch arbeiteten, ergaben sich neue Aussich-
ten für Billy Wilder: Regie führen sollte Howard Hawks, und
weder er noch Cooper noch sonst wer im Team hatte etwas
gegen Billy Wilders Anwesenheit auf dem Filmset einzuwen-
den. Wilder war vom ersten bis zum letzten Drehtag dabei, als
»Volontär«, wie er das später bezeichnete, und er hat viel gelernt von Howard Hawks.

Der Filmtitel wurde geändert in *Ball of Fire,* außer Cooper
spielten auch Barbara Stanwyck, der junge Dana Andrews,
Dan Duryea, Oskar Homolka sowie Gene Krupa und sein
Orchester. Der Film wurde ein Hit – und um diese Zeit etwa
muß es gewesen sein, daß Wilder und Brackett zu den höchst-
bezahlten Drehbuchautoren Hollywoods aufstiegen. Allein
für die Story hatte Goldwyn 9000 Dollar gezahlt, fürs Drehbuch noch einmal die doppelte Summe. Billy Wilder hatte es
wieder einmal geschafft. Jetzt mußte er etwas Neues auspro-
bieren, jetzt wollte er Regisseur werden.

Wie alles anfing, das beschreibt Billy Wilder mit folgenden
Worten: »... die haben mich gern gehabt bei der Paramount,
wir hatten gute Skripts geschrieben, der Brackett und ich, die
waren alle erfolgreich. Und als ich dann immer wieder gefragt
habe, ob ich nicht auch mal Regie führen könnte, da hat der
Produzent Arthur Hornblow schließlich gesagt: ›Gut, ich
gebe dir eine Chance.‹ Das war ja damals nicht so ein Risiko
wie heute. Bei der Paramount haben sie damals vierzig Filme

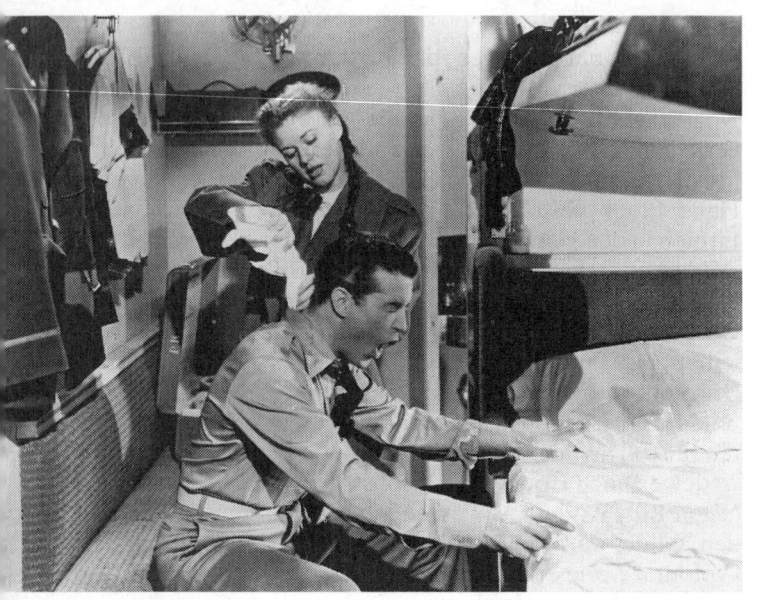

Der Major und seine Lolita: Ray Milland und Ginger Rogers in ›The Major and the Minor‹.

pro Jahr gemacht, bei der Metro sechzig. Und damals, vor dieser Anti-Trust-Geschichte, da gehörten den Studios ja auch die Kinoketten. Da hat man dann alle Filme, auch wenn sie nicht gut waren, einfach durch alle Paramount-Ketten ziehen können. Und wenn ein Film nur 800.000 Dollar gekostet hat, konnte der Verlust nicht allzu hoch werden. Die haben sich also gesagt: ›Der Wilder ist verrückt, wenn er inszenieren will. Der soll lieber weiter Drehbücher schreiben. Wir haben genug gute Regisseure.‹

Die haben gedacht, ich würde ihnen da etwas ganz Artistisches, Literarisches und Verschmocktes bringen, so was wie *Das Cabinett des Dr. Caligari.* Aber sie haben mich machen lassen, haben insgeheim gehofft, daß ich damit auf den Arsch falle und dann reumütig zurückkomme und weiter meine Drehbücher schreibe.« (Zit. nach einem Interview mit Heinz-Gerd Rasner und Reinhard Wulf.)

162

Die Paramount hat es Billy Wilder nicht eben leicht gemacht: Er selbst mußte sich an Ginger Rogers wenden und sie fragen, ob sie die Hauptrolle spielen wollte. Natürlich wollte sie, denn das Skript war unwiderstehlich gut. Auch um Ray Milland, seinen Hauptdarsteller, mußte Wilder persönlich werben. Er überzeugte auch Ray Milland davon, daß er in diesem Film unbedingt mitspielen mußte. Wilders Debüt als Hollywood-Regisseur hieß *The Major and the Minor.* The Major, das war Ray Milland: ein aufrechter Offizier der glorreichen US-Armee. The Minor, das war Ginger Rogers, die sich aufgrund von diversen Verwicklungen als zwölfjähriges Mädchen verkleidet und gezwungen ist, diese Rolle ein ganzes Wochenende lang beizubehalten. Der Plot war einfach, aber heimtückisch: Der Major verliebt sich in die Kleine – Jahre bevor Nabokovs *Lolita* für Aufsehen sorgte.

Ginger Rogers und ihre Verehrer in ›The Major and the Minor‹.

Wie Ginger Rogers diese Rolle bewältigt hat, darüber streiten sich noch heute die Fachleute: Billy Wilder und Ray Milland nämlich berichten, Ginger Rogers habe sich, um als Zwölfjährige glaubhaft zu wirken, den vollen Busen mit einem Mieder enger geschnürt; Ginger Rogers hingegen besteht darauf, daß sie ihre Brüste keineswegs verborgen, daß sie vielmehr allein durch ihre Schauspielkunst die Illusion genährt hat.

Die Paramount aber war um eine Illusion ärmer: Billy Wilder hatte nichts Esoterisches gedreht, nichts Literarisches, nicht einmal einen Kassenflop: *The Major and the Minor* war erfolgreich, und folglich gab es keinen vernünftigen Grund, ihm weitere Film-Regien zu verweigern. Die Bosse der Paramount konnten es verkraften; schließlich hatten sie ja keinen Drehbuchautor verloren, dafür aber einen guten Regisseur hinzugewonnen.

Wilders nächstes Projekt hieß *Five Graves to Cairo*. Es basierte auf einem Bühnenstück des ungarischen Schriftstellers Lajos Biro: *Hotel Imperial*. Das Original handelte von einem Hotel in Lemberg, das im Ersten Weltkrieg abwechselnd von Russen und Österreichern besetzt wird. Wilder aktualisierte das Stück: Sein Film sollte in der nordafrikanischen Wüste spielen, das Hotel abwechselnd von deutschen und alliierten Truppen besetzt werden. Ein wahrhaft aktuelles Thema: Während Wilder in der Wüste von Arizona drehte, tobte in der nordafrikanischen Wüste noch der Krieg. Wilders Problem war, daß der deutsche General-Feldmarschall Erwin Rommel eine zentrale Rolle in seinem Film spielte. Aber niemand in Hollywood wußte, wie Rommel wirklich aussah. Wilder verließ sich auf seine Phantasie und besetzte die Rolle mit Erich von Stroheim. Der sah zwar, wie Wilder später erfuhr, dem deutschen Wüstenfuchs überhaupt nicht ähnlich – die Rolle aber war ihm auf den Leib geschrieben.

Wilder hatte Stroheim schon verehrt, als er noch in Berlin und vom Journalismus lebte, jetzt stand er ihm zum ersten Mal gegenüber. Um ihm zu schmeicheln, bemerkte er: »Ihr Problem, Herr von Stroheim, war, daß sie Ihrer Zeit stets um zehn Jahre voraus waren.«

Durch die Wüste: Erich von Stroheim als Erwin Rommel in ›Five Graves to Cairo‹.

»20, Mr. Wilder, 20«, antwortete Stroheim trocken.

Später bemerkte Billy Wilder in einem Interview, was seine Obsessionen, seinen Fetischismus, seine sexuellen Perversionen angehe, so sei Stroheim seiner Zeit um mindestens 50 Jahre voraus gewesen.

Wilder jedenfalls war stolz und glücklich, mit seinem Idol zusammenarbeiten zu dürfen – er erfüllte Stroheim jeden Wunsch. So hatte Stroheim zum Beispiel als Rommel einen Feldstecher und eine Kamera um den Hals zu tragen. Stroheim bestand auf einem deutschen Feldstecher und einer Leica-Kamera. In der Kamera, auch darauf pochte Stroheim, mußte ein 35mm-Film eingelegt sein.

Billy Wilder erfüllte all diese Wünsche, aber er wollte wissen, warum da ein echter Film in der Kamera stecken mußte.

»Sie waren Ihrer Zeit um zehn Jahre voraus.« – »Um zwanzig, mein Lieber, um zwanzig!« Billy Wilders Vorbild Erich von Stroheim.

»Das Publikum spürt immer, ob so ein Ding echt ist oder falsch«, belehrte Stroheim seinen Regisseur.

Erich von Stroheim aber war ein Waisenknabe gegen jenen Mann, den Wilder ein Jahr später bei der Arbeit für seinen nächsten Film kennenlernen sollte.

Eines Tages kam Joe Sistrom, Produzent bei Paramount, mit einer guten Nachricht in Billy Wilders Büro: Er habe soeben einen Roman gelesen, der ungeheuer spannend, ziemlich hartgesotten und für eine Verfilmung bestens geeignet sei. Der Roman hieß *Double Indemnity,* sein Autor war James M. Cain. Wilder las den Roman, angeblich in 58 Minuten, und dann gab er ihn weiter an seinen Co-Autor Charles Brackett. Der kam am nächsten Tag mit einer schlechten Nachricht: Er habe den Roman gelesen, er finde ihn widerwärtig, abstoßend und geschmacklos – und werde keinesfalls seine Zeit darauf verschwenden, daraus ein Drehbuch zu destillieren.

Die nächste schlechte Nachricht: Auch James M. Cain, der Autor, war nicht abkömmlich; er plagte sich gerade mit einem Treatment für Fritz Langs *Western Union.* Da hatte Sistrom eine Idee: Er habe von einem Schreiber gehört, der so ähnlich schreibe wie Cain, ein bißchen härter vielleicht, ein gewisser Raymond Chandler. Billy Wilder hatte den Namen noch nie gehört. Die Paramount ließ nachforschen – und zu ihrem allergrößten Erstaunen bekamen Wilder und Sistrom zu hören, daß Chandler in Los Angeles lebte, nur ein paar Kilometer von Hollywood entfernt.

Raymond Chandler war damals keineswegs mehr ein unbekannter Dichter, auch wenn Wilder ihn nicht kannte. Zwar hatte er seine Stories und Romane jahrelang nur in der Zeitschrift *Black Mask* veröffentlicht, was ihm zwar regelmäßige Leser und ein ebenso regelmäßiges, wenngleich auch eher bescheidenes Einkommen sicherte – literarischen Ruhm und das große Geld allerdings erwarb man sich anderswo.

Gerade zu Beginn der vierziger Jahre aber begann das Blatt sich zu wenden für Raymond Chandler. Seine Romane *The Big Sleep* und *Farewell My Lovely* erschienen als Paperback, in England begannen seriöse Literaturkritiker, auf Chandler hinzuweisen, und erste Übersetzungen erschienen auch in

Die Straßen waren schwarz nicht vom Dunkel der Nacht allein. Mit einem
›Stop‹ beginnt ›Double Indemnity‹.

Dänemark, Norwegen und Spanien. So stiegen, allmählich
jedenfalls, der Ruhm und das Einkommen des Raymond
Chandler.

Allerdings war Chandler, der vor der Depression mehrere Öl-
gesellschaften geleitet hatte, keineswegs ein guter Geschäftsmann: Von der Filmgesellschaft RKO hatte er sich regelrecht
übers Ohr hauen lassen. Auf der Suche nach Stoffen, mit
denen man sich an den enormen Erfolg von John Hustons
Hammett-Verfilmung *The Maltese Falcon* anhängen konnte,
war die RKO auf Chandlers frühe Romane gestoßen – und
Chandler hatte die Rechte für 1000 Dollar verkauft. Als die
Paramount auf Chandler aufmerksam wurde, da gab es schon
zwei Filme nach seinen Romanen: *The Falcon Takes Over*
nach *Farewell, My Lovely* und das B-Picture *Time to Kill* nach
dem Roman *The High Window.* Chandler aber hatte noch nie
ein Hollywood-Studio von innen gesehen.

Als Chandler zum ersten Mal in Billy Wilders Büro auftauchte, war Wilder entsetzt: Er konnte sich nicht erinnern,
bei der Casting-Abteilung nach einem Buchhalter verlangt zu

haben, und doch stand jetzt einer in seinem Büro. Ein etwas schüchterner Mensch, ein Akademiker womöglich, der ein Sportsakko trug, lederne Ellenbogenflecken und eine Pfeife im Mund. Der Buchhalter war Raymond Chandler. Wilder, der inzwischen alle verfügbaren Bücher von Chandler gelesen hatte, war eher auf einen *tough guy* gefaßt, auf Philip Marlowe oder jemanden, der als Marlowe verkleidet war.

Das Angebot der Paramount kam Chandler nicht gerade ungelegen. Er war 55 Jahre alt, und er konnte ein wenig Wohlstand ganz gut vertragen. Also legte er gleich seine Bedingungen fest: Er forderte 150 Dollar die Woche für seine Arbeit, und er würde mindestens einen Monat brauchen, bis er mit dem Drehbuch fertig würde. 600 Dollar wollte er verdienen, drunter würde er es keinesfalls tun.

Joe Sistrom klärte Chandler darüber auf, daß man ihm 750 Dollar die Woche zahlen wolle, daß er wohl länger als zwei Monate beschäftigt sein würde und daß man auch während der Dreharbeiten, falls Änderungen notwendig würden, das volle Gehalt bezahlen werde. Vor allem aber: ein Büro im »Writers' Building« stand für ihn bereit, und mit Billy Wilder müsse er schon zusammenarbeiten. Chandler nahm an – obwohl ihm dieser zynische Europäer mit seinen vorlauten Manieren ziemlich suspekt war.

Es dauerte eine Weile, bis Raymond Chandler mit den Sitten der Drehbuchautoren Hollywoods vertraut wurde – selber hat er sie nie übernommen. Wilder und Chandler einigten sich darauf, den Roman übers Wochenende mit nach Hause zu nehmen, und am Montag mit je einem ersten Entwurf wiederzukommen. Wilder kam mit ein paar Seiten, ein paar Notizen und einigen Ideen. Chandler kam mit 80 Seiten Drehbuch – inklusive Kamera-Einstellungen und genauen Direktiven für Beleuchter und Schauspieler.

Sie rauften sich zusammen, sie begannen, langsam und sorgfältig ein Drehbuch zu schreiben – aber sie mochten einander nicht besonders. Chandler hatte Schwierigkeiten mit dem Teamwork; daß es Büros für Drehbuchautoren gab, erschien ihm absurd, wo man doch zu Hause viel besser schreiben konnte – und die Manieren Billy Wilders waren ihm von

Grund auf unsympathisch. Wilders Biograph Maurice Zolotow und Chandlers Biograph Frank MacShane berichten übereinstimmend folgende Episode (in MacShanes Worten): »Eines Tages saßen sie an der Arbeit, und da die Sonne durch die Jalousie knallte, sagte Wilder: ›Bring das doch bitte mal in Ordnung, Ray.‹ Da stand Chandler auf, erklärte, er werde nicht länger mit Wilder zusammenarbeiten, und marschierte aus dem Büro. John Houseman, damals Produktionsassistent bei Paramount, erinnert sich an ein langes, auf gelbes Papier getipptes Dokument, in dem Chandler aufführte, wie schlecht Wilder ihn behandelte, und verlangte, daß das sofort aufhören müsse. Zwei Beispiele: ›Mr. Wilder habe unter keinen Umständen mit seinem dünnen, am Handgriff mit Leder überzogenen Malakkaspazierstock unter Mr. Chandlers Nase herumzufuchteln oder auf ihn zu zeigen, wie er es während der Arbeit zu tun pflege. Mr. Wilder habe es zu unterlassen, Mr. Chandler Befehle willkürlicher oder privater Natur zu erteilen, wie etwa Ray, machst du mal das Fenster auf? oder Ray, machst du bitte die Tür da zu?‹«

Raymond Chandlers sensible Art war nicht das einzige Problem, mit dem Wilder zu kämpfen hatte, während er *Double Indemnity* vorbereitete. Fast noch schwieriger war die Frage, wer die Hauptrolle spielen würde, jenen Versicherungsvertreter Walter Neff (»Neff is the name, isn't it?« – »Yeah, with two fs, like in Philadelphia, if you know the story?« – »What story?« – »The Philadelphia Story«), der zum Mörder wird. Wilder fragte herum unter den Stars – und bekam lauter Absagen: Einen Mörder zu spielen, das würde das Image eines echten Stars irreparabel demolieren. Nicht einmal George Raft, der ja schon ziemlich üble Gangster gespielt hatte, konnte sich zu einer Zusage durchringen.

Schließlich wandte sich Wilder an Fred MacMurray, der seit langem bei der Paramount unter Vertrag stand. MacMurray allerdings war auf die Rolle des schlaksigen, leicht naiven jugendlichen Helden festgelegt – die Absage schien vorprogrammiert. Aber MacMurray überlegte es sich ganz anders. Er fand erstens, daß die Szenen, die Wilder ihm vorlegte, sehr gut geschrieben waren, und das war seiner Ansicht nach die

Die erste (oben) und die letzte (unten) Begegnung von Fred MacMurray und Barbara Stanwyck. Dazwischen liegt ein Mord.

Er schaut auf sie herab, aber sie hat ihn längst kleingekriegt. Barbara Stanwyck und Fred MacMurray in ›Double Indemnity‹.

Hauptsache. Zweitens meinte er, daß er genau der richtige Mann für die Rolle war, denn hätte einer wie Bogart oder Raft die Rolle gespielt, dann wäre das Publikum über einen Mord nicht weiter verwundert gewesen; MacMurray als Mörder, das hingegen war eine Sensation. Für die weibliche Hauptrolle engagierte Wilder Barbara Stanwyck, die sich nicht lange zierte, eine Mörderin zu spielen.
Als der Film abgedreht war, wußten alle Beteiligten, daß sie etwas Außerordentliches geschaffen hatten, einen der besten *films noirs* (die damals freilich noch nicht so hießen) – nur Chandler nörgelte. In einem Brief an Hamish Hamilton bemerkte er: »Die Arbeit mit Billy Wilder an Double Indemnity war eine mörderische Erfahrung und hat mir wahrscheinlich das Leben verkürzt, aber ich habe daraus auch so viel gelernt übers Drehbuchschreiben, wie ich zu lernen imstande bin, was allerdings nicht sehr viel ist.«

Und im *Atlantic Monthly* erschien, etwas später allerdings, im November 1945, Chandlers Generalabrechnung mit der Filmindustrie unter dem Titel »Schriftsteller in Hollywood«: »Mich interessiert nicht, warum es das Hollywood-System gibt oder warum es fortdauert, aus welchen erbitterten Prestige-Kämpfen es entstanden ist und wieviel Geld es mit der Produktion schlechter Filme scheffelt. Mich interessiert nur die daraus resultierende Tatsache, daß es so etwas wie eine Kunst des Drehbuchs nicht mehr gibt und nicht mehr geben wird, solange das System fortdauert, denn es gehört zum Wesen dieses Systems, daß es sich ein Talent zur Ausbeutung sucht, ohne ihm das Recht einzuräumen, Talent zu sein. Das geht nicht an; damit kann man das Talent nur zerstören, und genau das geschieht denn auch – falls es da etwas zu zerstören gibt.«

Natürlich richtete Chandlers Pamphlet sich nicht explizit

›Nichts ist dunkler als ein Bahnsteig bei Nacht‹: Barbara Stanwyck in ›Double Indemnity‹.

173

gegen Billy Wilder und seinen Arbeitsstil; so hatte zum Beispiel Wilder alle Dialoge Chandlers im Original belassen – andere Regisseure und Produzenten hingegen scherten sich wenig um Chandlers Ansprüche. Trotzdem, als der Artikel erschien, war Wilder nicht gerade beglückt: »Er beklagt sich darüber, was Hollywood ihm angetan hat. Aber was hat Chandler Hollywood angetan.« Allen Streitereien zum Trotz – *Double Indemnity* schadete weder Fred MacMurrays noch Barbara Stanwycks Karriere, für Raymond Chandler war der Film ein Riesenerfolg und für Billy Wilder ein Triumph. Die Paramount warb, auf einen Film von David Wark Griffith anspielend, mit dem Slogan: »Double Indemnity – die zwei wichtigsten Wörter der Filmgeschichte seit Broken Blossoms.« Und Alfred Hitchcock schickte ein Telegramm: »Seit Double Indemnity heißen die beiden wichtigsten Wörter Billy Wilder.«

Sowohl der Film als auch Chandlers und Wilders Drehbuch wurden für Oscars nominiert. Beide Oscars gewann dann Leo McCareys *Going My Way,* was für Wilder nicht ganz so schmerzhaft war; denn er mochte McCarey und seine Filme.

Die Arbeit mit Chandler war hart gewesen für Billy Wilder, und manchmal auch ziemlich ernüchternd. Denn Chandler war zwar auf Entzug, als die Arbeit am Drehbuch begann, aber je länger er bei Paramount engagiert war, desto heftiger verfiel er wieder in seine alten Trinksitten. Ob Chandler ein Alkoholiker war oder nur ein Säufer, darüber streiten sich die Biographen. Fred MacShane berichtet, Chandler habe gar nicht so große Mengen Alkohol in sich hineingeschüttet, habe andererseits aber auch kaum etwas vertragen. Schon nach dem vierten Drink habe er nicht mehr gerade stehen können. Jedenfalls war für Wilder schon das Zuschauen entsetzlich. Nie gab sich Wilder als Abstinenzler aus – im Gegenteil: Schon vor dem Mittagessen trank er gern einen Martini, und wenn er es mit schwierigen Stars zu tun hatte, dann wurden auch mal zwei daraus. Aber Wilder war niemals süchtig nach Alkohol und konnte sich wohl vor seiner Bekanntschaft mit Chandler eine solche Sucht gar nicht vorstellen.

Es ist jedenfalls kein Wunder, daß Wilder, als er nach einem

Das Ende: MacMurray, tödlich getroffen, will nach Mexiko. Aber er schafft es nicht mal bis zum Aufzug. Robinsons Abschiedsworte: »I love you, too.«

neuen Filmstoff suchte, am Thema Alkoholismus hängen-
blieb.

Es gab einen Hit auf dem Buchmarkt, das war Charles Jack-
sons Roman *The Lost Weekend*. Eine Trinkergeschichte, die
von einem alkoholsüchtigen Dichter handelt, von dessen Versuchen, die Sucht zu bekämpfen, von dessen Schwächen, von
den Leiden des Trinkers. Es war eine deprimierende Geschichte, und sie hatte nicht einmal ein *happy-ending*. Kein
Studio wollte sie kaufen, obwohl doch sonst die Filmfirmen
sich nur so rissen um die Rechte an Bestsellern.

Aber wer wollte einen Trinker als Helden sehen? Wer wollte
sein Geld dafür ausgeben, einen ernsten Film über einen Alkoholiker zu sehen? Es gab Trunkenbolde in vielen Holly-
woodfilmen – aber für sie war ein ganz bestimmtes Rollen-
fach reserviert: Der Betrunkene war immer der Clown, der

Ein Leben verflüssigt sich: Ray Milland in ›The Lost Weekend‹.

176

Ray Milland in ›The Lost Weekend‹.

Depp, einer, über den man lachen konnte. Ein Trinker als
Held, das hatte es noch nie gegeben.

Wilder wollte das ändern. Zwar galt es, einige skeptische Produzenten und andere Funktionäre zu überlisten, aber schließlich kaufte die Paramount die Rechte, und Wilder schrieb,
nun wieder mit Charles Brackett zusammen, ein Drehbuch.
Schwierig war wieder einmal die Frage der Besetzung: Wel-
cher Star würde eine Rolle annehmen, die jedermann in Hollywood für selbstmörderisch hielt? Billy Wilder dachte an
José Ferrer, den Bühnenschauspieler, aber die Paramount
wollte einen richtigen Filmstar. Nur wenn ein sympathischer,
junger Mann, ein guter Mensch und Amerikaner diese Rolle
spielte, so die Logik des Studios, konnte man aufs Interesse
des Publikums hoffen.

Die Paramount wollte Ray Milland für die Rolle, der aber
zierte sich. Nicht wegen des negativen Images, so behauptete
er jedenfalls, sondern weil er nicht wußte, ob er mit seinen
schauspielerischen Möglichkeiten die schwierige Rolle be-
wältigen könne.

177

Schließlich rang Milland sich durch, und Wilder begann zu drehen. Hauptsächlich an Originalschauplätzen in New York, was damals recht ungewöhnlich war, denn die meisten Regisseure bevorzugten überschaubare und kontrollierbare Studio-Sets. Billy Wilder wagte sich auf die Straße und mußte bald feststellen, daß dort ganz neuartige Probleme auf ihn warteten.

Es gibt eine Szene in *The Lost Weekend,* da ist der alkoholsüchtige Schriftsteller Don Birnam (Ray Milland) völlig am Ende. Er hat weder Geld noch Alkohol im Haus, und in seiner Not ist er sogar bereit, seine Schreibmaschine zu versetzen. Aber es ist Jom Kippur, und alle jüdischen Pfandleiher haben geschlossen. So wankt Don Birnam von der 55. bis zur 110. Straße, vom Durst gehetzt.

Wilder drehte die Szene mit einer Kamera, die in einem Bäkkerauto versteckt war. Ray Milland schleppte sich durch die Straßen, unrasiert, schlecht gekleidet – und kein Passant erkannte ihn. Bis auf dieses Mädchen, das ihn ansprach und fragte, ob sie etwas für ihn tun könne. Ray Milland leugnete, Ray Milland zu sein, er sei vielmehr nur ein armer Saufkopf, der gerade seine Schreibmaschine versetzen wolle. Ob er sie verarsche, fragte das Mädchen, und wenn er einen guten Schluck nötig hätte, so brauche er nur mit ihr zu kommen, sie werde ihm schon einen steifen Drink einschenken. Da riß Billy Wilder der Geduldsfaden, er sprang aus dem Kamera-Auto, erklärte dem Mädchen, daß man einen Film drehe, und forderte sie auf, sich aus dem Staub zu machen. Das Mädchen dachte nicht daran, bezweifelte, daß Wilders Story stimmte – und ließ sich erst besänftigen, als Wilder versprach, er werde Probeaufnahmen von ihr machen.

Der Film wurde fertig – und Wilder war glücklich. Dies sei der beste Film, den er je geschrieben und gedreht habe, davon war er fest überzeugt. Dann kam die erste Preview. Die Leute lachten, viele verließen den Saal, und als der Film zu Ende ging, waren kaum noch Besucher im Kino. Wilder war zerknirscht, die Bosse der Paramount waren erschüttert. Man überlegte sich, ob man den Film auf Eis legen, ihn nur im Ausland herausbringen und die 1,1 Millionen Dollar Produktionskosten als Verlust abschreiben solle. Billy Wilder war am Ende. Er mußte sich ablenken, irgend etwas ganz anderes erleben – so ließ er sich auf ein Angebot der U. S. Army ein, die ihn als Offizier für psychologische Kriegsführung ins besiegte Deutschland schicken wollte. Es war keine angenehme Erfahrung. Deutschland lag in Trümmern, und der Jude Wilder hatte trotz allem Mitleid. Er besuchte Bremen, Hamburg, Bayern, schließlich Berlin. Was er sah, formte sich in seinem Kopf schon zu einem neuen Film.

Als Billy Wilder nach Amerika zurückkehrte, waren neue Entscheidungen gefallen: Die Paramount würde *The Lost Weekend* doch herausbringen. Zunächst wurde der Film der New Yorker Presse vorgeführt – und die Kritiker waren begeistert. Dann startete er landesweit – und das Publikum stürmte die Kinos. Schließlich wurde *The Lost Weekend* für vier Oscars nominiert. Billy Wilder gewann 1945 seinen ersten Oscar als Co-Autor von *The Lost Weekend*. Er gewann seinen zweiten Oscar als Regisseur von *The Lost Weekend*. Dann wurde *The Lost Weekend* auch noch zum besten Film des Jahres gewählt, und Ray Milland gewann einen Oscar als bester Schauspieler. Billy Wilder war wieder einigermaßen zufrieden mit sich und der Welt.

Wilder wurde sogar übermütig. Als nächsten Film wollte er ein ganz großes Werk inszenieren, eine Hommage auch an seine beiden großen Vorbilder, denen er sich jetzt ebenbürtig glaubte. Eine königlich-kaiserliche Operette – so elegant, als wär's ein Film von Lubitsch, und so aufwendig und ausstattungstrunken, wie es bislang nur Stroheims Filme waren. Billy Wilder drehte *The Emperor Waltz* – den Kaiserwalzer. Der Kaiser, das war Billy Wilder selber. Er arbeitete mit ungeheurem Aufwand, ließ Tausende von Blumen und Dutzende von Bäumen pflanzen, ganze Straßen wurden in anderen Farben gestrichen – nur damit die kanadischen Rocky Mountains den Alpen ein wenig ähnlicher sahen. Es war, als wollte Billy Wilder zeigen, daß Gott zwar die Welt schuf, daß ein Hollywood-Regisseur das alles aber viel besser gekonnt hätte. Und dann geschah ein Wunder: Die Kritiker mochten den Film, das Publikum war auch nicht abgeneigt, und Para-

Joan Fontaine und Bing Crosby in ›The Emperor Waltz‹.

mount verdiente trotz der immensen Produktionskosten Millionen und Abermillionen.

Dennoch spürte Billy Wilder wohl, daß Heimatfilme nicht sein Genre waren, zumindest nicht Heimatfilme dieser Art. Er erinnerte sich an seine Erlebnisse im zerbombten und ausgehungerten Nachkriegsdeutschland und beschloß dann, einen Heimatfilm ganz anderer Art zu drehen, einen Film über Berlin, das ja lange seine Heimat gewesen war: *A Foreign Affair*. Wieder verließ Wilder das Studio, filmte die zerstörten Straßen Berlins – und mit dem gleichen Scharfblick auch die zerstörten Seelen der Berliner. Das Schockierende war, daß Wilder starke Sympathien für die Dekadenz, das

Chaos und den schwarzen Markt zeigte, dafür aber wenig Sympathien für amerikanische Saubermänner und -frauen, die dem zerlumpten und zerrütteten Volk am liebsten die Manieren und die Moral des amerikanischen Mittelwestens aufgezwungen hätten. Das war zuviel fürs amerikanische Publikum: Zwar wurde *A Foreign Affair* nicht gerade ein Flop, aber selbst Kritiker, die Wilder und seine Filme überaus schätzten, beschwerten sich über seinen Zynismus und seinen durch und durch verdorbenen Geschmack. Und selbst Charles Brackett, der ja selber ein braver Amerikaner von eher konservativer Gesinnung war, der aber lange Jahre mit Engelsgeduld die Schärfe und den Zynismus Wilders hinge-

Billy Wilder und Marlene Dietrich auf dem Set von ›A Foreign Affair‹.

nommen hatte, selbst Charles Brackett begann nun darüber nachzudenken, ob er sich nicht von Billy Wilder trennen sollte.

Zunächst aber, das hatten sie seit langem ausgemacht, wollten sie noch gemeinsam einen Film über Hollywood, über den Glanz und das Elend seiner Stars schreiben. Dieser Film sollte indiskret werden, brutal und schockierend ehrlich. Er sollte auch keine Rücksichten nehmen, auf niemanden in Hollywood. Das hieß automatisch, daß Brackett und Wilder sich eine Menge Feinde machen und diese Feinde das Projekt möglicherweise noch vor seiner Entstehung zu Fall bringen würden. Also beschlossen sie, höchste Geheimhaltung zu wahren. Sie erfanden einen imaginären Film mit dem Titel »A Can of Beans«. Einmal in der Woche lieferte Charles Brackett einen Bericht ab, wie es voranging mit diesem Film. Nicht einmal die Kollegen bei der Paramount waren eingeweiht, daß Brackett und Wilder an einem ganz anderen Drehbuch mit dem Titel *Sunset Boulevard* arbeiteten.

Es war eine gemeine Story über einen erfolglosen jungen Drehbuchautor, der von einer alternden Diva dafür engagiert wird, das Drehbuch für ihren Comeback-Film zu schreiben. Sie zieht ihn immer mehr in ihr Leben hinein, schließlich wird er, widerstrebend, aber doch schwach am Ende, ihr Liebhaber. Alle Welt belügt die Diva, redet ihr ein, sie werde ihr Comeback bekommen. Und zum Schluß hin wird immer klarer, daß die Diva nur ein Leben aus Zelluloid, aber nie ein authentisches Leben hatte – und daß der Mord an ihrem Liebhaber die erste selbstbestimmte Tat ihres Lebens ist – und gleichzeitig auch die letzte.

Während sie noch am Schreiben waren, machte sich Wilder auf die Suche nach einer Hauptdarstellerin. Er dache zunächst an Mae West, denn er schwärmte für sie. Mae West, damals 55 Jahre alt, war entsetzt: Sie war wohl eine Diva, aber keinesfalls eine alternde. Den nächsten Versuch unternahm Wilder bei Pola Negri. Die Dame war entrüstet, beleidigt, gedemütigt – und antwortete mit einem Tobsuchtsanfall: Sie brauche kein Comeback, sie wolle nichts wissen von diesem Film. Sie war genauso, wie Wilder und Brackett ihre Diva im

Gloria Swanson in Konkurrenz mit ihrem eigenem Bild.

Drehbuch beschrieben hatten, deshalb kam sie für die Hauptrolle erst gar nicht in Frage.

George Cukor schließlich gab Wilder einen Tip: In New York lebte und arbeitete als Fernsehmoderatorin die einstige Diva Gloria Swanson. Anders als viele ihrer Kolleginnen lebte Gloria Swanson nicht in der Vergangenheit, sondern in der Gegenwart. Sie wußte, daß ihre Zeit als Göttin vorbei war, aber sie fand, daß sie auch als Mensch ganz gut leben konnte. Kenneth Anger beschreibt ihre Zeit als Stummfilmstar so: »Glorias jährliche Kleiderrechnung schlüsselte sich folgendermaßen auf: Pelzmäntel 25000 Dollar; andere Mäntel 10000 Dollar; Strümpfe 9000 Dollar; Wäsche 10000 Dollar; Handtaschen 5000 Dollar; Hüte 5000 Dollar und eine Parfümwolke im Wert von 6000 Dollar. Damals strich Gloria 900000 Dollar im Jahr von Paramount ein, und fünfmal ein neuer Ehemann gehörte auch zu ihrer Show; sic transit Gloria mundi.«

Der Ruhm war vorübergegangen – nicht aber Gloria Swansons Verstand und schon gar nicht ihr Spürsinn für die Wirk-

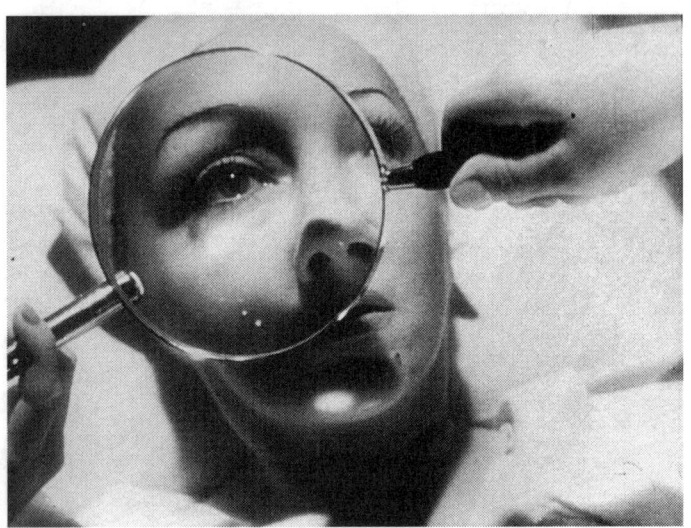

Die Göttin – hautnah. Gloria Swanson in ›Sunset Boulevard‹.

lichkeit: Sie sagte zu. Damit war allerdings erst ein Problem gelöst. Das andere war der Hauptdarsteller. Es wurde zum Drama, weil Billy Wilder mit Montgomery Clift in Verhandlungen stand. Clift sagte zu, und Wilder wunderte sich, weil der ja immerhin so seriös war, daß er selbst Ibsen als Schwank verabscheute, aber immerhin, es schien alles gutzugehen. Bis wenige Tage vor Drehbeginn. Da teilte Clifts Agent der Paramount mit, sein Klient werde keinesfalls die Rolle eines Mannes spielen, der eine doppelt so alte Frau liebt, er fühle sich emotional dazu nicht in der Lage. Das hört sich wie eine Ausflucht an, galt aber für Schauspieler vom Schlage Clifts als seriöse Entschuldigung, denn Montgomery Clift war ein Strasberg-Schüler, hatte das *method acting* studiert – und das war nun mal eine Geheimwissenschaft, die ohnehin nur andere Mitglieder der Strasberg-Sekte verstehen konnten.

Die Wahrheit allerdings war, daß Montgomery Clift damals mit einer Frau zusammenlebte, die nicht nur doppelt so alt wie er, sondern geistig auch ziemlich verwirrt war, und daß diese Frau mit Selbstmord gedroht hatte für den Fall, daß Clift die Rolle annehmen würde.

Mit Montgomery Clift also war nicht zu reden, also wandte sich Wilder an Fred MacMurray, der ihm ja für den enormen Erfolg von *Double Indemnity* noch etwas schuldig war. MacMurray bedauerte, aber als Partner von Gloria Swanson fürchtete er, an die Wand gespielt zu werden, und das konnte er sich nicht leisten, denn er wurde inzwischen als Superstar gehandelt. Zum Glück stand seit zehn Jahren schon ein junger Schauspieler unter Vertrag, der noch immer auf seinen Durchbruch wartete. Er hatte eigentlich nichts zu verlieren, warum also sollte er die Rolle nicht annehmen. Der Mann hieß William Holden – und *Sunset Boulevard* wurde der Durchbruch für seine Karriere.

Billy Wilder inszeniert Gloria Swansons letzte große Szene.

Sunset Boulevard zeigt die monströseste Rückblende der Filmgeschichte – im Original aber war alles noch viel monströser geplant: Der Film sollte im Leichenschauhaus beginnen. Jede Leiche mußte erzählen, wie sie hierher gekommen ist, und erst nach einiger Zeit sollte Holden das Wort ergreifen, von seinem Leben und Sterben erzählen. Wilder drehte die Szene, schnitt sie aber später heraus. In mehreren Previews hatte das Publikum die Leichenschauhaus-Sequenz mißverstanden, als Persiflage oder Satire, und hatte so den Rest des Films nicht ernst nehmen können.

Zwar wurde Billy Wilder in- und außerhalb Hollywoods angefeindet, aber es gab ein Argument, das alle, die sich von diesem Film entlarvt, beleidigt, verfälscht sahen, zum Schweigen brachte: *Sunset Boulevard* spielte viel Geld ein und riß Amerikas Filmkritiker zu Hymnen hin. Da faßten sich sogar die alten Herren von der Film-Akademie ein Herz und nominierten *Sunset Boulevard* für fünf Oscars: als besten Film, für die beste Regie, William Holden und Gloria Swanson als beste Hauptdarsteller, Erich von Stroheim als besten Nebendarsteller und Brackett und Wilder für das beste Drehbuch. Nur das Drehbuch gewann, die anderen Akademie-Preise gingen hauptsächlich an Joseph L. Mankiewicz' *All About Eve*.

»Wir sind Hollywoods glücklichstes Ehepaar«: So antwortete Wilder stets, wenn er nach seinem Verhältnis zu seinem Co-Autor Charles Brackett gefragt wurde. Bei der Arbeit an *Sunset Boulevard* ging diese Ehe endgültig in die Brüche. Eines Morgens, so berichtete Brackett später, sei Wilder auf ihn zugegangen, habe ihm ins Gesicht gegrinst und ihm eröffnet, daß es an der Zeit sei, sich zu trennen. Wilder habe das in einer Art gesagt, die keinerlei Widerspruch zuließ. So gingen Wilder und Brackett, die so erfolgreich waren und so lange zusammengearbeitet hatten wie kein anderes Autorenteam, im Streit auseinander. In Zukunft würde Wilder mit niemandem Freundschaft schließen, der auch mit Brackett befreundet war, und Brackett seinerseits würde auf die bloße Nennung des Namens Billy Wilder sehr unwirsch reagieren. Es mußte wohl so kommen: Wer so lange so intensiv zusammen-

Erich von Stroheim, William Holden und Gloria Swanson auf dem Sunset Boulevard.

arbeitet, der verbraucht irgendwann den ganzen Vorrat an Sympathie, Freundschaft, Gemeinsamkeit.

Billy Wilder tat sich schwer, einen Ersatz für Brackett zu finden. Er konnte zwar allein schreiben, aber es machte ihm keinen Spaß. Er brauchte den Dialog, er brauchte einen Ansprechpartner, denn wenn er mit jemandem zusammen war, fielen ihm die besten Gags und die schärfsten Dialoge ein. Den stockdüsteren, abgrundtief pessimistischen Reporter-Film *Ace in the Hole* schrieb er zusammen mit Lesser Samuels und Walter Newman, den Straflager-Film *Stalag 17* mit Edwin Blum, die sanfte Komödie *Sabrina* mit Samuel Taylor und Ernst Lehman und die Sex-Komödie *The Seven Year Itch* mit George Axelrod, dem Autor der Bühnenvorlage. Erst 1956, bei der Vorbereitung von *Love in the Afternoon*, fand Wilder

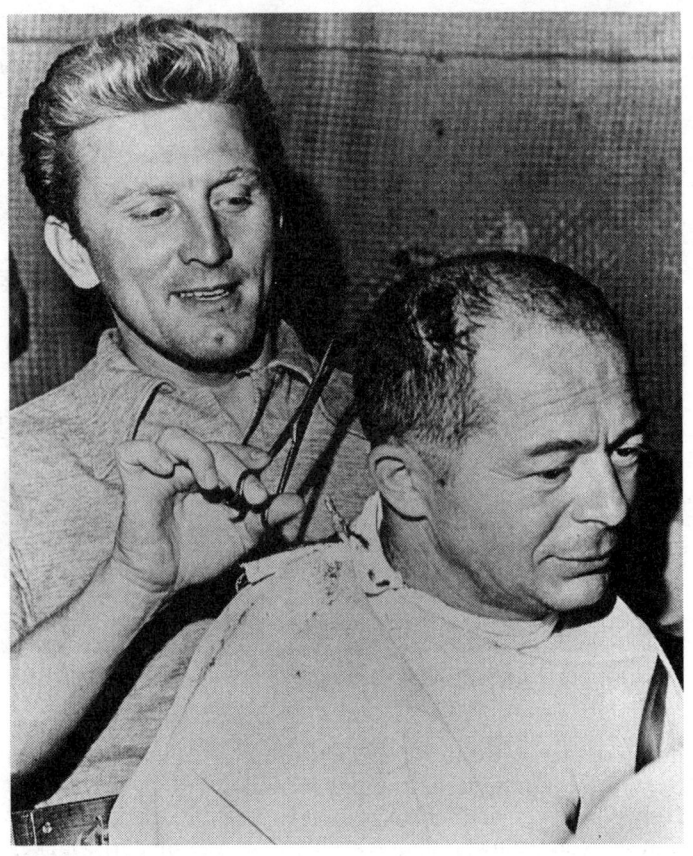

In einer Drehpause: Kirk Douglas und Billy Wilder.

wieder einen kongenialen Partner, mit dem er ein festes
Bündnis einging: den Exil-Rumänen Itek Domnici, der sich
in Amerika I. A. L. Diamond nannte.
Natürlich mangelte es Wilder auch mit anderen Co-Autoren
nicht an Erfolg: *Stalag 17,* den bei der Paramount niemand für
ein besonders erfolgversprechendes Projekt gehalten hatte –
zuviel Krieg, zuviel Männer, keine Frauen – wurde der erfolg-
reichste Paramount-Film seit Jahren und spielte in seinem er-

Gary Cooper als alternder Playboy, Lise Bourdin als sein neues Opfer:
›Love in the Afternoon‹.

Auch seine Seele ist von Stacheldraht umzäunt: William Holden in ›Stalag 17‹.

sten Jahr zehn Millionen Dollar ein. William Holden gewann für seine Darstellung eines zynischen amerikanischen Kriegsgefangenen einen Oscar, und das gegen die starke Konkurrenz von Burt Lancaster, Marlon Brando, Montgomery Clift und Richard Burton.

Wegen *Stalag 17* gab es später großen Ärger: Als es darum ging, einige Jahre nach der amerikanischen Premiere den Film auch in Deutschland zu verleihen, da überlegten die Bosse der Paramount ernsthaft, ob man den armen Deutschen so einen schonungslosen Film über ein deutsches Kriegsgefangenenlager zumuten könne. Sie kamen nach langem Überlegen auf die Idee, das deutsche in ein polnisches Lager umzufälschen, schließlich tobte ja der kalte Krieg. Für Billy Wilder kam das nicht in Frage, und als die Paramount nicht einlenkte, da packte er seine Sachen, räumte sein Büro und verließ die Paramount – für immer. Zwar machte die Paramount später ihren Entschluß rückgängig und verzichtete darauf, *Stalag 17* zu fälschen – Billy Wilder aber blieb hart: Nie wieder ist er zu Paramount zurückgekehrt.

Zunächst aber war von einer deutschen Version dieses Films noch gar nicht die Rede. Billy Wilder ging deshalb 1954 daran, seinen nächsten Film für die Paramount zu drehen, von dem er nicht wußte, daß es auch der letzte für dieses Studio werden würde. Es war eine sanfte Komödie nach dem Bühnenstück *Sabrina Fair* von Samuel Taylor. Es hätte eine entspannte Arbeit werden können – hätte nicht ein Agent dem großen Star Humphrey Bogart empfohlen, etwas für sein Image zu tun und ausnahmsweise auch mal in einer Komödie mitzuspielen. Bogart mochte Wilders Filme – den Mann aber haßte er. Es ging Bogart damals nicht gut, er hatte Probleme mit seinem Körper und mit seiner alkoholsüchtigen Seele. Er hatte ständig Angst, sich auf dem absteigenden

Der eine war Wilders Freund, der andere haßte ihn aus tiefstem Herzen: William Holden und Humphrey Bogart in ›Sabrina‹.

Ast zu bewegen. Er war eifersüchtig, denn er wußte, daß seine Rolle in *Sabrina* eigentlich für Cary Grant geschrieben war. Er hatte Angst, daß William Holden, in *Sabrina* sein Bruder, ihn an die Wand spielen würde. Außerdem war Bogart ein Säufer: Tagsüber zwang er sich, nüchtern zu bleiben, aber um Punkt sechs Uhr trank er seinen ersten Whisky. Das hieß: er weigerte sich, nach sechs Uhr zu arbeiten. Es half nichts, wenn Wilder ihm beteuerte, daß er mit dem Drehplan in Verzug sei und schnell noch eine Szene fertigdrehen wolle. Was kümmerten Humphrey Bogart Wilders Sorgen? Wilder rächte

Die Unschuld in Person: Audrey Hepburn in ›Sabrina‹.

Die schöne Marylin ist ein Biest, aber Billy Wilder weiß es noch nicht.

sich für Bogarts ständige Sticheleien und Beleidigungen auf seine Weise. Er drehte seine Filme stets chronologisch, und so war es kein Problem, Bogart bis zum Schluß darüber im Dunkeln zu halten, ob er das Mädchen bekommen würde oder nicht. Für Bogart allerdings war das ein ernstes Problem, denn er hatte jahrelang nur Gangsterrollen gespielt, hatte stets am Schluß sterben müssen und folglich nie das Mädchen bekommen. Nun hatte er sich auf die Seite der Gewinner ge-kämpft – und Billy Wilder sollte bloß nicht versuchen, ihn von dort wieder zu vertreiben. Billy Wilder litt unter Bogart, ver-fluchte ihn, wünschte ihn zur Hölle – ein Jahr später war er so weit, daß er Bogart nachtrauerte: Er lernte Marilyn Monroe kennen. Er wollte einen Film mit ihr drehen, er bewunderte sie, und er glaubte, daß sie jene Magie hatte, die vor ihr nur die Garbo besaß: eine Präsenz, die jedem Kinozuschauer den

Atem verschlug, und eine Art von Talent, wie man es nicht an Schauspielschulen lernt.

Marilyn wollte einen Film mit Billy Wilder machen, und Wilder wollte Marilyn – und das geeignete Stück gab es auch schon: den Broadway-Hit *The Seven Year Itch* von George Axelrod. Wilder schrieb zusammen mit Axelrod das Drehbuch, dann begannen sie zu drehen. Für die Hauptrolle wollte Wilder eigentlich Jack Lemmon, aber der war nicht abkömmlich. Also mußte er sich mit Tom Ewell zufriedengeben, der immerhin konzentriert und professionell arbeitete. Anders Marilyn Monroe: Bogart hatte zwar stets um sechs Uhr mit der Arbeit aufgehört – aber er war wenigstens pünktlich erschienen. Marilyn kam mit ungeheuren Verspätungen zur Arbeit – und wenn sie dann da war, ließ ihre Konzentration sehr zu wünschen übrig, so daß sie oft erst bei der 20. Klappe den Dialog richtig aufsagen konnte. Die Arbeit an *The Seven Year Itch* war eine Tortur, die Arbeit an *Some Like It Hot* vier Jahre später wurde sogar zur Katastrophe. Marilyn Monroe hatte inzwischen die Scheidung von Joe DiMaggio und die Heirat mit Arthur Miller hinter sich, sie hatte sich vorgenommen, eine ernsthafte Schauspielerin zu werden, hatte Kurse am New Yorker Actors Studio besucht und führte nun ständig Paula Strasberg als Schauspiel-Coach im Schlepptau. Marilyn war nicht gerade glücklich, und also besuchte sie diverse Psychiater, wie das ihre neuen intellektuellen New Yorker Freunde auch taten. Natürlich verschärfte das ihre Krise nur noch mehr. Marilyn Monroe war zwar eine noch bessere Schauspielerin, gleichzeitig aber auch unsicherer geworden, von Selbstzweifeln geplagt, von Krisen geschüttelt, so sehr, daß sie schließlich auch Billy Wilder in eine Krise hineintrieb. Das Problem beim Drehen von *Some Like It Hot* war, daß Tony Curtis beim ersten *Take* stets am besten war, während Marilyn frühestens beim zehnten *Take* zu ihrer Form auflief. Marilyn aber war wichtiger, denn wenn sie im Bild war, dann schauten alle sie an. Also mußte Wilder geduldig sein, also mußten Tony Curtis und Jack Lemmon sich damit abfinden, daß sie nur die zweite Geige spielten, daß auch solche *Takes* kopiert wurden, in denen sie nicht in bester

Form waren. Hauptsache war, daß Marilyn Monroe einigermaßen konzentriert spielte.

Es gab Tage, da war der Drehbeginn für neun Uhr morgens
angesetzt, und Marilyn Monroe war erst um vier Uhr nachmittags drehbereit. Es gab Streit mit ihrem Ehemann Arthur
Miller, weil der der Ansicht war und diese Ansicht auch öf-
fentlich kundtat, daß Billy Wilder ein übler Menschenschin-

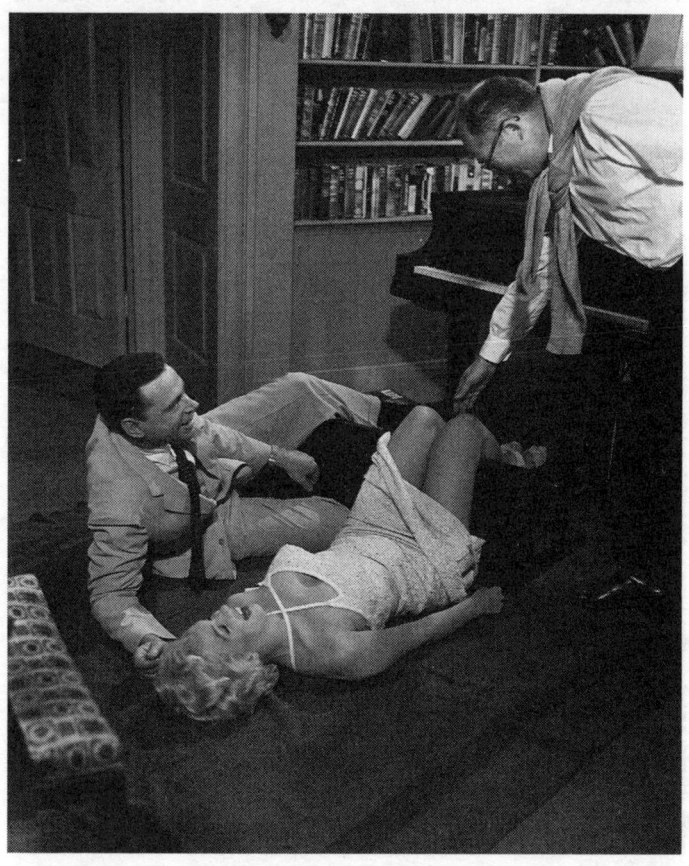

*Let's make love! Tom Ewell, Marylin Monroe und Billy Wilder auf dem Set
von › The Seven Year Itch‹.*

der sei und seiner Frau unmenschliche Qualen zumute. Als *Some Like It Hot* abgedreht war, da haßten Wilder und Monroe einander mit voller Inbrunst.

Der Haß hat nicht lange vorgehalten: *Some Like It Hot* war ein phänomenaler Erfolg – für Billy Wilder ebenso wie für Marilyn Monroe. Es dauerte nicht lange, da war Marilyn Monroe wieder versöhnt. Sie bettelte Billy Wilder geradezu darum, die Hauptrolle in *The Apartment* und in *Irma La*

»Running Wild«: Tony Curtis, Jack Lemmon und Marylin Monroe in ›Some Like It Hot‹.

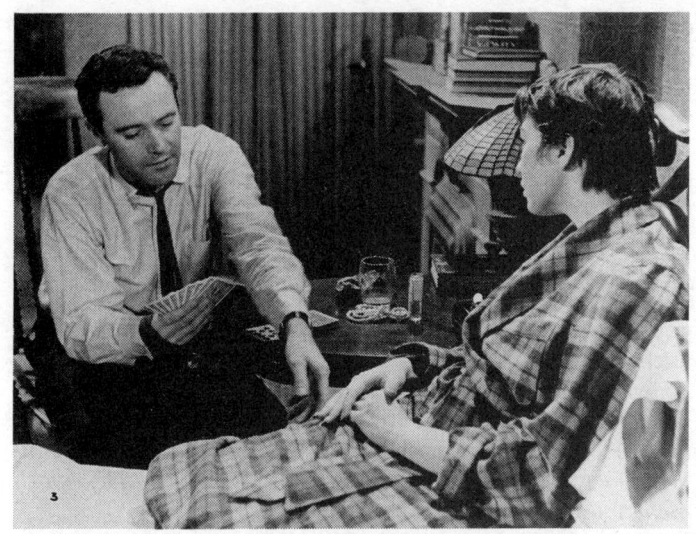

Gin-Rommé hilft gegen Melancholie: Jack Lemmon und Shirley MacLaine in ›The Apartment‹.

Douce spielen zu dürfen. Wilder lehnte ab und wurde auch nicht müde, immer wieder zu betonen, daß er sich bei den Dreharbeiten zu *Some Like It Hot* das »Purple Heart«, das Verwundetenabzeichen der amerikanischen Armee, verdient habe.

Andererseits aber pries Wilder, nachdem der erste Ärger vergessen war, bei jeder Gelegenheit die Schauspielerin Monroe. Wilder über Marilyn, 1986 in einem Interview mit Hellmuth Karasek: »... Sie hatte wahnsinnige Probleme mit sich selbst. Hemmungen. Einmal haben wir einen Take, bei dem sie einen einfachen Satz zu sagen hatte, 70mal, nein 73mal drehen müssen, weil sie sich immer wieder verhaspelt hat. Ich nahm sie also am Arm beiseite und sagte beruhigend: ›Komm, reg dich nicht auf.‹ Und sie: ›Ich mich aufregen? Aufregen? Worüber?‹ Ja, aber wenn sie dann da war, war sie wunderbar. Sie hatte die Aura der begnadeten Schauspielerin um die Stirn. Wenige haben das. Ganz wenige.«

Es sah so aus, als markierte das Jahr 1959 den Gipfel in Wilders Karriere: *Some Like It Hot* wurde von allen Kritikern mit Superlativen bedacht, und das Publikum stürmte die Kinos. Marilyn Monroe war in Bestform, Tony Curtis war nie wieder so gut, und Jack Lemmons Komik war unwiderstehlich. Aber die Arbeit hatte Billy Wilder bis hart an den Rand eines Nervenzusammenbruchs getrieben. Es war also ganz natürlich, daß er sein nächstes Projekt etwas ruhiger angehen ließ: eine kleine Story mit wenig Schauplätzen, fast schon ein Kammerspiel. Eine Hauptrolle für Jack Lemmon, was zwar kommerziell ein Wagnis war, den Nerven des Regisseurs aber gut tat; denn Lemmon ist ein begnadeter Komiker – aber auch ein disziplinierter Schauspieler. Wilder drehte in Schwarzweiß, was damals ebenfalls ein Risiko war; denn längst wurde auch das billigste Filmchen in Farbe gedreht, und das Publikum hatte sich längst an bunte Bilder gewöhnt. Wilder erwartete allenfalls einen Achtungserfolg – *The Apartment* aber wurde sein größter Triumph.

Oscar-Nacht in Hollywood: Billy Wilder war für je einen Oscar als Drehbuchautor, als Produzent und als Regisseur nominiert; außerdem lag das *Apartment* auch als bester Film ganz gut im Rennen.

Zuerst das beste Drehbuch: »The Winner is – I. A. L. Diamond and Billy Wilder.«

Dann die beste Regie: »The Winner is – Billy Wilder for *The Apartment*.«

Die beste Produktion: »The Winner is – Billy Wilder for *The Apartment*.«

Schließlich der beste Film: »The Winner is – *The Apartment*.«

Noch nie hatte ein Regisseur in einer Nacht so viele Oscars gewonnen. Maurice Zolotow berichtet, in jener Nacht habe Moss Hart, der den Oscar fürs beste Drehbuch überreichte, Billy Wilder ins Ohr geflüstert: »This ist the moment to stop, Billy!« Und er berichtet weiter, Billy Wilder habe später dazu gemeint: »How right he was.«

Harts Satz mag stimmen, Billy Wilders Zitat klingt eher apokryph. Es stimmt zwar, daß Wilder von nun an vom – kommerziellen – Glück verlassen war, aber es stimmt eben nicht, daß er sich davon jemals den Mut hätte nehmen lassen.

Zunächst sah alles so aus, als werde auch Wilders nächster Film ein großer Erfolg. Wilder drehte in Berlin, machte sich über Russen und Amerikaner gleichermaßen lustig – und über die Deutschen sowieso. Er hatte James Cagney als

Die Nacht seines Lebens: Billy Wilder, drei seiner Oscars und als sidekick Elizabeth Taylor.

Hauptdarsteller, und schaffte es, auch aus seinen deutschen Schauspielern, aus Horst Buchholz, Lilo Pulver, Ralf Wolter und Karl Lieffen, mehr herauszuholen, als das jemals einem deutschen Regisseur gelungen war. Er hatte zusammen mit I. A. L. Diamond ein hundsgemeines Drehbuch geschrieben, und seine Regie schlug wieder einmal alle Geschwindigkeitsrekorde für Filmkomödien. *Eins, zwei, drei* hieß der Film – und alles sah danach aus, daß er ein großer Erfolg werden würde. Aber dann, während Wilder noch an Mischung und Schnitt arbeitete, ließ Ulbricht in Berlin die Mauer bauen. Alle Welt war empört, alle Welt fühlte mit den Berlinern, die Deutschen protestierten, und die Schutzmacht Amerika war brüskiert. Einen Film, der sich nicht nur über die Russen, sondern auch über Amerikaner und Deutsche, vor allem aber über die Zustände im geteilten Berlin, lustig machte, das fand plötzlich niemand mehr lustig: die Amerikaner nicht und die Deutschen schon gar nicht. *One, Two, Three*

Völker, hört die Signale: Horst Buchholz in ›One, Two, Three‹.

Jack Lemmon, Shirley MacLaine und Billy Wilder auf dem Set von ›Irma La Douce‹.

wurde Wilders erster kommerzieller Flop seit Jahren. Es sollte nicht sein letzter bleiben.

Zunächst aber gelang es Wilder noch einmal, das Glück am Schopf zu packen. Mit den gleichen Hauptdarstellern wie in *The Apartment,* aber mit einem ganz anderen Schauplatz, einem ganz anderen Plot und in leuchtenden Technicolorfarben drehte er *Irma La Douce.* Eine Hymne an Paris, ein Pamphlet für die Freizügigkeit, eine Liebeserklärung an Huren und ihre Kunden und außerdem eines der schönsten Musicals der sechziger Jahre, ein Musical fast ohne Musik, aber so unwahrscheinlich, so zärtlich, so unrealistisch wie das eben nur in Musicals geht. Zwar waren Amerikas Kritiker wieder einmal entsetzt – aber das Publikum liebte den Film: *Irma La Douce* spielte fast ebensoviel Geld ein wie *The Apartment.*

Danach aber hat Billy Wilder nie wieder einen Film gedreht, der kommerziell erfolgreich gewesen wäre. Auch die Kritiker mochten ihn immer weniger. Woran lag das? Hatte Billy Wilder von einem Jahr aufs andere seinen Humor verloren, sein Können verlernt, sein Schreibtalent einfach vergessen? Vermutlich war es eher Wilders Pech, daß er sich selbst treu geblieben ist. Im Kino der späten sechziger und der siebziger Jahre war kein Platz mehr für Billy Wilder.

Wilders kommerzieller Abstieg beginnt gleichzeitig mit dem Zerfall des alten Studiosystems. Das alte Hollywood zerbarst nicht mit einem Riesenknall, es zerbröselte eher, langsam aber unaufhaltsam, im Laufe einiger Jahre. In Europa rauschten die Neuen Wellen, und nach ein paar Jahren war das Kino der Welt nicht mehr wiederzuerkennen. Auch in Hollywood fielen, beeinflußt von den französischen, britischen und italienischen Filmen, die Schranken – was man ein paar Jahre zuvor nicht einmal hatte andeuten dürfen, das konnte man jetzt laut aussprechen. Damit verschwand aber eine wichtige Produktionsbedingung für Wilders Komik: Niemand zwang ihn mehr, seine Attacken aufs geistig-moralische Gleichgewicht der Amerikaner in Anspielungen und Andeutungen zu verstecken. Er konnte sie frei heraus inszenieren. Dabei konnten nur monströse Komödien, mörderische Gags und absolut rücksichtslose Dialoge entstehen.

Im Jahr 1964 lernte halb Amerika Billy Wilder hassen. Eben erst hatte das New Yorker Museum of Modern Art eine Wilder-Retrospektive veranstaltet, was einige Filmkritiker gleich zum Anlaß nahmen, den Mann als größten und inspiriertesten Regisseur der amerikanischen Nachkriegs-Filmgeschichte zu feiern, da kam *Kiss Me, Stupid* heraus. Amerika war schockiert: Dean Martin, längst eine Ikone des Showbusineß, als völlig versoffener und rücksichtsloser geiler Macho. Kim Novak als ebenso liebenswerte wie skrupellose Hure. Eine gute amerikanische Ehefrau im Bordellbett, ein amerikanischer Ehemann als zynischer Kuppler. Das war zuviel: Frauenverbände forderten zu Protest und Boykott auf, Kritikern kam die Galle hoch – ganze Städte gaben bekannt, sie seien *Kiss-Me-Stupid*-frei.

Es war ein Desaster für Wilder. Und es war ein großes Mißverständnis. Denn aus Europa kamen zur gleichen Zeit andere Filme, die sich mindestens ebenso heftig am guten Geschmack, an den Sehgewohnheiten und den Erwartungen des Publikums vergriffen – und die dafür gelobt und geliebt wur-

Billy Wilder auf dem Set von ›Irma La Douce‹.

Die Hausfrau spielt Hure: Felicia Farr und Dean Martin in ›Kiss Me, Stupid!‹.

den. Aber von Billy Wilder erwartete man etwas anderes: Der war schließlich kein französischer Rebell, kein italienischer Neorealist oder sonst ein Verrückter. Der hatte seit Jahrzehnten in Hollywood gearbeitet, dabei gut verdient. Der mußte doch wissen, was man von ihm erwartete. So entfernten sich Billy Wilder und sein Publikum voneinander.

Billy Wilder drehte 1970 *The Private Life of Sherlock Holmes* – gewiß sein persönlichster, vielleicht auch sein zärtlichster, und ganz bestimmt sein ehrlichster Film. Schonungslos stellte er da zur Schau, wie wenig damit geholfen ist, wenn ein Mann nur mit Scharfsinn und Zynismus ausgestattet ist, nicht aber mit Einfühlungsvermögen, Demut, Bescheidenheit – und meinte damit ganz offensichtlich auch sich selbst. Gnadenlos offenbarte Wilder in diesem Film, daß jede ordentliche Geschichte mit Anfang, Höhepunkt und *happy ending* im Grunde eine Lüge ist. Wilder nahm sich Zeit für diesen Film, konzipierte ihn auf fast drei Stunden Länge – und mußte ihn um eine Stunde kürzen, weil niemand einen so langen Film verleihen wollte. Und das Publikum wollte von diesem Film nichts wissen, selbst jene nicht, die beim Anblick eines Vorspanns von Godard schon in ehrfürchtiges Schaudern geraten. Billy Wilder drehte *Fedora,* seinen kompliziertesten Film, vielleicht auch seinen unzugänglichsten: über die Ununterscheidbarkeit von Kinofiktionen, biographischen Fakten; über den Verlust der Persönlichkeit unter Bergen von Zelluloid; über die Einsamkeit jener Stars, die von allen geliebt sein wollen. Wilders Kritikern fiel nicht viel mehr dazu ein, als daß die Zeit der Rückblenden wahrscheinlich längst vorbei sei.

Wilder versuchte es mit Komödien, Melodramen und mit aggressivem Klamauk. Er wollte vielleicht nicht geliebt, auf jeden Fall aber gesehen, vielleicht auch verstanden werden.

Sherlock Holmes' traurigster Moment. Colin Blakely (Dr. Watson), Robert Stephens (Sherlock Holmes) und Irene Handl in ›The Private Life of Sherlock Holmes‹.

Christopher Lee und Robert Stephens in ›The Private Life of Sherlock Holmes‹.

Marthe Keller in ›Fedora‹.

Jenseits vom Sunset Boulevard: Michael York und Marthe Keller in
›Fedora‹.

Es war doch eigentlich nicht so schwer: Im Kino der sechziger
Jahre tummelten sich doch überall jene Leute, die ihre Filme
nach eigenen Büchern inszenierten, die möglichst auch noch
die Produktion leiteten und ihrem Cutter über die Schulter
sahen. Sie nannten sich Autorenfilmer, und jeder halbwegs in-
telligente Kinogänger, jeder Kritiker zumal, war ganz scharf
darauf, diesen Autorenfilmern gerecht zu werden.
Billy Wilder dagegen schrieb schon seit Jahrzehnten seine Bücher selbst, war an den Produktionen beteiligt und hatte als
einer der ersten Regisseure Hollywoods das Recht auf den

Erst ein ordentlicher Ehebruch macht das Leben lebenswert: Jack Lemmon und Juliet Mills in ›Avanti!‹.

final cut. Trotzdem waren die wenigsten bereit, ihn als Filmautor zu akzeptieren.

Inzwischen deutet sich eine Rehabilitation des späten Billy Wilder an. Das Publikum erkennt, langsam zwar, aber immerhin, daß Filme wie *The Private Life of Sherlock Holmes, Avanti* oder *The Front Page* viele einst hoch bejubelte Werke des Autorenkinos weit übertreffen. Das Problem dabei, besonders für schreibende Exegeten und Interpreten, liegt darin, daß die Person Billy Wilder, so gut man auch die Filme kennen mag, so leicht nicht zu fassen ist. Bei Hitchcock etwa ist das alles sehr viel einfacher. Der hat stets den gleichen Film gedreht, hat stets die gleichen Obsessionen hineingepackt – man erkennt also die Neurosen des Regisseurs und meint schon, mit gesicherten Erkenntnissen über den Autor und sein Werk das Kino zu verlassen.

Billy Wilder hat seine eigene Person nie zum Thema gemacht – und wenn er es doch tat, dann verwirrte das um so mehr; denn in seiner Brust ist nicht etwa eine kranke Seele zu

Hause, so wie bei Hitchcock – in Billy Wilders Brust drängen sich mindestens 50 Seelen: ein dekadenter Wiener und ein patriotischer Amerikaner, ein gnadenloser Zyniker und ein zärtlicher Liebhaber, ein realistischer Reporter und ein begnadeter Illusionist – und einige mehr, für die es noch gar keine Namen gibt.

Noch immer arbeitet Wilder in Hollywood – als Berater. Seit 1981 hat er keinen Film mehr drehen können, aber endgültig Abschied zu nehmen, das ist ihm wohl nicht möglich. Wilders Urteil über Hollywood heute: »Niemand redet über den Film, alle reden nur übers Geschäft: (...) Sie brauchen ein Jahr, um ein Geschäft auszuhandeln, nicht um einen Film zu machen. Sie sind nicht mehr vom Zelluloid besessen.«

Im Frühjahr 1987 veranstaltete die französische Zeitung *Libération* eine Umfrage unter 700 Filmregisseuren. Die Frage hieß: »Warum filmen Sie?«

Billy Wilders Antwort: »Ich werde Ihnen niemals ausreichend dafür danken können, daß Sie mir diese Frage gestellt haben, aber ich weiß wirklich nicht, was ich dazu sagen soll. Wie Sie wissen, bereite ich gerade meinen nächsten Film vor, und außerdem werde ich ständig ins Krankenhaus eingewiesen und

Jack Lemmon, kurz vor dem ersten Selbstmordversuch, in ›Buddy Buddy‹.

wieder entlassen. Ich verbringe dort bestimmt die Hälfte meiner Zeit. Ich habe Probleme mit meinem Rücken, der scheußlich schmerzt, und in Wirklichkeit habe ich nicht ein Filmprojekt, sondern gleich drei auf einmal. Meine Tage sind zu kurz, um alles machen zu können – jede Sekunde ist kostbar. Ich danke Ihnen nochmals, daß Sie mit mir Kontakt aufgenommen haben, denn ich wäre sicher verärgert gewesen, wenn Sie nicht an mich gedacht hätten. Ich habe aber wirklich nicht mehr genügend Energie zum Nachdenken. Ich könnte Ihnen antworten, daß ich filme, um meine Miete bezahlen zu können, das ist sicherlich eine zutreffendere Antwort als die Behauptung, ich hätte die Ambitionen eines großen Cineasten oder andere Dummheiten dieser Art. Letztlich könnte ich sagen, daß ich filme, um meine Ärzte und Krankenschwestern bezahlen zu können. Ich bin an einem Punkt angelangt, daß ich jeden Abend ohnmächtig werde. Danach kommen Masseure zum Massieren, und dann muß ich Schlafmittel nehmen, um einzuschlafen. So, und nun vielen Dank, daß Sie mich angerufen haben.«

Die Paramount, Billy Wilders Zauberberg. Aus dem Vorspann von
›Sunset Boulevard‹.

Babelsberg – Babylon – Geiselgasteig

Die Filme

Menschen am Sonntag (1930, Regie Robert Siodmak)

Das war die »Neue Welle« – 30 Jahre bevor sie von den jungen Franzosen erfunden wurde. Die Inspiration speiste sich aus der Improvisation, weshalb auch Wilders Anteil am Zustandekommen des Films ziemlich umstritten ist: Das Drehbuch war nur eine ungefähre Spielvorlage.

Menschen am Sonntag erzählt von gewöhnlichen Menschen in gewöhnlichen Situationen an einem ganz gewöhnlichen Sonntag in Berlin.

Die Stars heißen Erwin, Wolfgang, Brigitte und Christl, sie sind Taxifahrer oder Verkäufer – und am Sonntag suchen sie ein bescheidenes Glück: beim Baden am Wannsee oder auf einem Spaziergang, mit einer süßen Verkäuferin oder einem kleinen Mannequin. Sie flirten und faulenzen, sie baden und versuchen miteinander ins Gespräch zu kommen. Und wenn der Sonntag zu Ende geht, ist niemand von ihnen glücklicher geworden.

Beim Publikum war *Menschen am Sonntag* ein phänomenaler und völlig unerwarteter Erfolg – die Kritiker blieben kritisch. Siegfried Kracauer konnte zwar der Reportage, die in diesem Film steckt, etwas abgewinnen, vermißte dann aber die weitergehenden Erkenntnisse: »Menschen am Sonntag ist einer der ersten Filme, der die Aufmerksamkeit auf das Los des ›kleinen Mannes‹ lenkte. In einer Sequenz ist ein Standphotograph damit beschäftigt, Bilder zu knipsen, die dann im Film selbst auftauchen. Sie werden so eingeschnitten, als ob die photographierten Personen mitten in einer Tätigkeit plötzlich erstarren. Solange sie sich bewegen, sind sie nur Durchschnittsmenschen; wenn sie zum Stillstand kommen, erscheinen sie als lächerliche Zufallsprodukte. Während die Stehkader in Dowschenkos Filmen dazu dienen, die

Bedeutung eines Gesichts oder unbelebten Gegenstands auf-
zudecken, scheinen diese Schnappschüsse demonstrieren zu
wollen, wie wenig der unteren Mittelschicht an Substanz geblieben ist. Im Verein mit Aufnahmen von verlassenen Berliner Straßen und Häusern bestätigen sie, was oben über das
geistige Vakuum gesagt wurde, in dem die Masse der Angestellten tatsächlich lebte. Dies ist jedoch die einzige Erkenntnis, die man dem Film abgewinnen kann, der sich im Großen
und Ganzen als ebenso unverbindlich wie die anderen Quer-
schnittfilme erweist. (...) Bela Balàzs wies auf den ›Tatsa-
chenfanatismus‹ hin, der in *Menschen am Sonntag* und in ähn-
lichen Filmen herrsche, und kommt zu dem Schluß, ›Sie verbergen in einer Fülle von Tatsachen ihren Sinn‹.«
Natürlich erzählt diese Kritik mehr von den Erwartungen des
Kritikers ans Kino als von den Qualitäten des Films. Daß
Menschen am Sonntag die Tatsachen wichtiger nimmt als
Meinungen und Gedanken, daß kein belehrendes oder bevor-
mundendes Interesse sich zwischen die Bilder und die Zuschauer drängt – das eben ist seine Absicht und seine Qualität. Deutlicher als in anderen Filmen wurde hier sichtbar, daß
der Kinematograph den Menschen aus dem Zentrum der
Kunst gestoßen hat und daß andere Geschichten herauskommen, wenn nicht mehr ein allmächtiger Erzähler, sondern ein
chemisch-mechanischer Apparat den Ablauf der Ereignisse
schildert. Für europäische Intellektuelle ein entsetzlicher Ge-
danke – kein Wunder also, daß die Jungs aus dem *Menschen-
am-Sonntag*-Team später in Amerika Karriere machten.

Emil und die Detektive (1931, Regie Gerhard Lamprecht)

Ein Buch von Erich Kästner, ein Skript von Billy Wilder: wie
der Knabe Emil von seiner Mutter aus der Provinz nach Berlin geschickt wird, damit er seiner Großmutter 120 Mark
bringe, die die Mutter sich mühsam abgespart hat. Im Zug
schläft Emil ein, und als er aufwacht, ist das Geld gestohlen.
Immerhin gibt es einen Verdächtigen und einen winzigen Hinweis: Emil hatte das Geld mit einer Nadel zusammenge-
steckt, weshalb die Scheine durchlöchert sind. Auf der Straße

Ein kleiner Dieb wird nie ein großer Gangster: Fritz Rasp in Gerhard Lamprechts ›Emil und die Detektive‹.

sieht Emil den Mann wieder, verfolgt ihn, bekommt Hilfe von einer ganzen Schar Berliner Kinder – und mit generalstabsmäßiger Organisation gelingt es ihnen, den Dieb zu fangen.

Wilder änderte nichts an der Story – verschob nur den Blickwinkel. *Emil und die Detektive* ist, wie *Menschen am Sonntag,* ein Dokumentarfilm über das Berlin jener Zeit. Immer wieder verliert die Kamera die Geschichte aus den Augen, um sich an Berliner Straßen und Plätzen sattzusehen.

Wie Emil und seine Freunde den Dieb schließlich fangen – das hat weniger mit detektivischem Spürsinn als vielmehr mit der präzisen Organisation zu tun: Emil und die Detektive funktionieren wie eine gutgeölte Maschine. Auch hier also ist, wie in *Menschen am Sonntag,* der Mensch aus dem Zentrum und die Mechanik in den Mittelpunkt gerückt.

Emil und die Detektive bekam hymnische Kritiken, war ein großer kommerzieller Erfolg, sogar Siegfried Kracauer war angetan: »Die literarische Figur des Detektivs ist eng mit de-

213

mokratischen Institutionen verbunden. Durch sein Loblied auf die jugendliche Detektivspielerei suggeriert *Emil und die Detektive* daher eine gewisse Demokratisierung des deutschen Alltags.« Mehr als 20 Jahre später schrieb Frieda Grafe in der *Filmkritik:* »Tatsächlich erinnert der Film mehr an ein HJ->Geländespiel<, wenn nicht an ein Jugendpogrom, als an die >demokratische Detektivarbeit<, die Kracauer darin sehen wollte. Jedenfalls befinden sich die Jugendlichen des Films in kompletter Übereinstimmung mit der Erwachsenenwelt; elterliche Autorität wird nirgends in Zweifel gezogen; bürgerliche Autoritätsverhältnisse stellen im Kameradenkreis so selbstverständlich sich her, als seien sie natürlich. Feind aller ist der Außenseiter, der Gesetzesbrecher mit der undeutschen Physiognomie und dem polnischen Namen. Dank Rasps wahrhaft subversivem Auftreten wirken die bösen Streiche, die er den Kästnerschen Musterknaben spielt, ungleich sympathischer als deren gutorganisierte Hetzjagd.«
Vermutlich hatte auch der Drehbuchautor Wilder starke Sympathien für den raffinierten Verbrecher.

Bluebeard's Eighth Wife (1938, Regie Ernst Lubitsch)

Ein Lustspiel: es geht um Lust und ums Lachen. Das Subgenre: UFF – unfinished fuck. Ein typischer Wilder-Film. Ein typischer Lubitsch-Film. Eine typische Paramount-Comedy: luxuriös, europäisch, verschwenderisch, mit atemberaubender Eleganz inszeniert. Ein zynisches Meisterwerk: Irgendwann einmal steht jeder als Trottel da, einschließlich des Zuschauers, der nie weiß, ob er hier nur über den Film – oder aber am meisten über sich selbst lacht.
Es beginnt mit einem Schlafanzug: Gary Cooper will nur eine Jacke kaufen, aber so etwas ist nicht vorgesehen. Dann stößt Claudette Colbert hinzu; sie will nur die Hosen, für ihren Vater, wie sich später herausstellt. Ein gemeinsamer Schlafanzug – das verbindet, die beiden treffen sich immer wieder, Cooper macht diverse Heiratsanträge, Claudette Colbert stimmt schließlich zu. Auf der Verlobungsfeier erfährt sie,

Ihre Ehe ist auf Sand gebaut: Gary Cooper und Claudette Colbert in Ernst Lubitschs ›Bluebeard's Eighth Wife‹.

daß Cooper schon siebenmal verheiratet war, beschließt, ihn trotzdem zu heiraten, für seinen großen Frauenverschleiß aber heimtückisch zu bestrafen: mit Liebesverweigerung.

Das Schema der meisten Komödien ist hier auf den Punkt gebracht: Es geht nicht darum, daß der Held sein Mädchen kriegt – schließlich sind die beiden ja verheiratet. Es geht ausschließlich darum, wie er sie in sein Bett bekommt. Und darum, wie man dieses Thema, an allen Zensoren vorbei, unbeschädigt auf die Leinwand bringt.

Cooper versucht es mit Wörtern, mit Gewalt, mit Alkohol, mit Bestechung. Claudette Colbert widersteht. Erst als Cooper vor lauter Verzweiflung im Irrenhaus landet, wird seine Frau schwach. Sie bekommt ihn, aber sie bekommt ihn in angeknackstem Zustand. Von *happy ending* kann keine Rede sein.

Vielleicht war ja diese verrückte, anzügliche, rücksichtslose Story doch mehr, als das amerikanische Publikum damals verkraften konnte. *Bluebeard's Eighth Wife* war kein besonderer Erfolg, weder bei der Kritik noch beim Publikum. Heute ist der Film von so unwiderstehlicher Komik, daß man nur einen Schluß daraus ziehen kann: Lubitsch, Wilder und Brackett waren ihrer Zeit um 50 Jahre voraus.

Ninotchka (1939, Regie Ernst Lubitsch)

Noch bevor überhaupt ein Regisseur feststand oder eine Zeile des Drehbuchs geschrieben war, stand die Moral schon fest, auf die der Film nach Ansicht der Studiobosse hinauslaufen sollte: »Capitalism is not so bad after all.« Die Drehbuchautoren Brackett und Wilder, der Regisseur Ernst Lubitsch – sie alle haben sich an diese Devise gehalten. Aber sie haben das »after all« ganz besonders betont.

Eine Liebesgeschichte, so könnte man *Ninotchka* nennen, aber das wäre wohl eine schamlose Untertreibung. Im Mittelpunkt des Films steht zwar die Liebe des staatenlosen Gigolos Leon zu der russischen Kommunistin Ninotchka. Aber um die beiden herum sind noch ganz andere Liebesgeschichten im Gange: Ninotchka liebt Leon – aber sie liebt auch Lenin. Leon liebt Ninotchka – aber er liebt, auf verdrängte Art, noch immer seine verflossene Geliebte, die russische Großfürstin. Außerdem sind da die drei russischen Kommissare, die auch

sehr heftig in Ninotchka verliebt sind. Und da ist Mütterchen Rußland, das seine vier abtrünnigen Kinder so sehr liebt, daß es sie alle gern zurückhaben möchte. Alle lieben sie Paris – und Paris gibt ihnen allen die Liebe, nach der sie sich sehnen. Bei so viel Liebe kann natürlich keine reine Komödie entstehen – dazu ist es Leon und Ninotchka zu ernst mit ihren Gefühlen. Dazu ist es den Russen zu ernst mit dem Aufbau des Sozialismus und den Parisern mit der Verteidigung ihres Lebensstils. Dazu ist es auch Lubitsch zu ernst mit der Schilderung einer Welt, von der er weiß, daß sie zum Untergang verurteilt ist. Natürlich tut man Lubitsch und seinen Drehbuchautoren unrecht, wenn man behauptet, *Ninotchka* sei ein unpolitischer Film, habe nur zufällig eine russische Kommunistin in der Hauptrolle und das glitzernde Paris als Schauplatz. *Ninotchka* ist voller Melancholie, und der Blick auf die aristokratischen Manieren Leons wie auf die revolutionäre Begeisterung Ninotchkas verrät auch das Wissen des Regisseurs, daß beides keine Zukunft haben wird. Die Garbo lacht in diesem Film, sie weint auch, und sie spricht das Motto für die Zuschauer: »Die Revolution marschiert, ich weiß es, Kriege werden über uns hereinbrechen, Bomben werden fallen, die gesamte Zivilisation wird untergehen – aber bitte, noch nicht jetzt, wartet, wartet, wozu die Eile? Laßt uns glücklich sein, schenkt uns noch diesen Augenblick!« Von diesem Augenblick handelt der Film und vom Bewußtsein seiner Vergänglichkeit. Deshalb hat *Ninotchka* auch bis heute nichts von seiner Wirkung verloren.
Ninotchka wurde am 6.10.1939 in Hollywood uraufgeführt. Einen Monat zuvor hatte der Zweite Weltkrieg begonnen.

Hold Back the Dawn (1941, Regie Mitchell Leisen)

Ein Melodram. Der Blick auf die Qualitäten des Films wird immer wieder verstellt durch die Anekdoten Billy Wilders, der über Mitchell Leisen und den Hauptdarsteller Charles Boyer nur Schlechtes zu berichten weiß. Damit hängt auch diese Geschichte zusammen, in die viel persönliche Erfahrung von Wilder eingeflossen ist: Der Held ist ein Gigolo; in

Mitchell Leisen war ein begnadeter Regisseur – auch wenn Wilder stets das Gegenteil behauptet hat: Charles Boyer und Olivia de Havilland in › Hold Back the Dawn ‹.

einem verwandten Beruf hatte ja auch Wilder seine Erfahrungen. Und der Held ist ein Flüchtling aus Europa, der im mexikanischen Grenzstädtchen Mexicali auf sein Visum für die USA wartet. Mag sein, daß Charles Boyer nicht jeden Gag verstand, den Wilder und Brackett für ihn schrieben – in dieser Rolle war er trotzdem so gut wie selten. Es mag auch sein, daß der Regisseur Mitchell Leisen nicht ganz so intelligent wie Billy Wilder war – ein begabter Regisseur war er trotzdem.

Die Geschichte vom Gigolo, der eine etwas blaustrümpfige kalifornische Lehrerin erst nur deshalb heiratet, um zu seinem Einreisevisum zu kommen, der sich aber später wirklich in sie verliebt – diese Geschichte hat Leisen düster und melancholisch inszeniert. Die Härte freilich, die Attacken gegen die amerikanischen Einwanderungsbehörden, gegen die Sturheit der Bürokraten – die steckten vor allem in den Dialogen von Brackett und Wilder.

Ball of Fire (1941, Regie Howard Hawks)

Die einzige Zusammenarbeit der nur scheinbar so unterschiedlichen Komödienspezialisten Hawks und Wilder. Die Story ist von Wilder, das Drehbuch von Brackett und Wilder – und doch hat der Regisseur eine typische Hawks-Komödie daraus gemacht.

Kybernetisches Kino, ganz im Stile des Technikers Howard Hawks: Es geht um den Austausch zweier Systeme. Auf der einen Seite stehen die belesenen, gebildeten, unendlich klugen, aber leider etwas weltfremden Professoren. Auf der anderen Seite die Unterschichtler, Müllkutscher und die Nachtklubtänzer; sogar ein echter Gangster spielt mit; sie strotzen zwar nur so vor Vitalität, dafür fehlt ihnen der Überblick. Als Interface zwischen beiden Welten: die Liebe des Professors Bertram Potts (Gary Cooper) zu der Gangsterbraut Linda »Sugarpuss« O'Shea. Damit die zwei zueinander finden, muß Gary Cooper lernen, sich auch mit Gangstern zu messen – und die Gangsterbraut muß sich an die Schrullen des Akademikers gewöhnen. Beide lösen ihr Problem auf professionelle Art: »Erst muß der Held eine Frau akzeptiert haben, wie er auch einen Mann akzeptieren würde, dann kann er anfangen, über sie als Frau nachzudenken.« So schreibt Frieda Grafe über Hawks' Liebesgeschichten – und *Ball of Fire* ist typisch. Typisch für Wilder: wie die Sprache der *action* eine neue Dimension verleiht, wie Wörter Welten schaffen, wie mit Sätzen Gräben geschaufelt – und später wieder zugeschüttet – werden. Professor Potts nämlich ist Sprachforscher; zur Zeit erkundet er den Slang der amerikanischen Großstadt und lädt zu diesem Zweck eben die Müllkutscher und Unterweltler, die Gangsterbraut und ihre Freunde zu sich, auf daß sie seinen Wortschatz bereichern. Nicht nur die Wörter dieser Leute sind ihm unbekannt, sondern auch die Sachverhalte, für die diese Wörter stehen. Das heißt: Es bleibt nicht bei der Erforschung des Slangs; der Professor lernt eine völlig neue Welt kennen. In dieser Welt aber sind eine geballte Faust oder ein geladener Revolver oft bessere Argumente als professorale Eloquenz. Aus den Problemen, die der Professor bei der Unterscheidung beider Welten und ihrer Regeln hat, speist sich die Komik des Films.

The Major and the Minor (1942)

Billy Wilders erste Regiearbeit entstand noch ganz unter dem Einfluß seines »Volontariats« bei Howard Hawks.
Ein Erwachsener verliebt sich in ein zwölfjähriges Mädchen. Allerdings ist das Mädchen in Wirklichkeit schon erwachsen. Es hat sich nur als Kind verkleidet, weil ihr Geld nicht für eine Erwachsenenfahrkarte reichte.
Ginger Rogers spielt das Mädchen Susan Applegate, das von New York weg will, zurück nach Hause, und die sich deshalb als Kind verkleiden muß. Im Zugabteil begegnet sie dem Major Philip Kirby (Ray Milland), der ihr die Mädchenrolle glaubt, sie deshalb ohne Gewissensbisse in seinem Schlafwagenabteil übernachten läßt und sich dabei merkwürdig hingezogen fühlt zu dem kleinen Mädchen. Den ganzen Film über bleibt die Beziehung der beiden in der Schwebe. Susan Applegate kann dem Major ihre Liebe nicht gestehen, der Major kann sich selber nicht eingestehen, wie sehr er sich hingezogen fühlt zu der Kleinen. So wird der Film zum Balanceakt zwischen purem Verkleidungs-Klamauk und einer Sex-Tragödie – und Billy Wilder hält die Balance.
Das liegt vor allem daran, daß er seine Lektion von Hawks gelernt hat: Er inszeniert kühl und ökonomisch, meidet alle spektakulären Kameraperspektiven, verhindert so auch in schwierigen Situationen, daß der Film ins Lächerliche oder ins Anzügliche abrutscht. Ray Milland spielt steif – aber gerade deshalb glaubt man ihm, daß es in seinem Innern um so turbulenter zugeht. Ginger Rogers spielt ein Kind, eine Erwachsene und eine Greisin, und beweist damit, daß keine dieser Rollen pure Täuschung ist, daß die Maskerade schon den größten Teil der Persönlichkeit ausmacht.

Five Graves to Cairo (1943)

»Im Juni 1942 sah es für die britische 8. Armee nicht gut aus. Sie war geschlagen und befand sich auf der Flucht. Tobruk

Anne Baxter und Erich von Stroheim in ›Five Graves to Cairo‹.

war gefallen. Der siegreiche Rommel und sein Afrikakorps trieben die Briten weiter und weiter zurück in Richtung Kairo und den Suezkanal.« So beginnt der Film, und man erwartet ein Propagandawerk gegen böse Deutsche, eine Hymne auf die Fairneß und die Tapferkeit der Alliierten. Ausgerechnet der Jude Billy Wilder aber sieht das Problem differenzierter. Bis auf die Eingangsszene und einige kurze Unterbrechungen ist *Five Graves to Cairo* ein Kammerspiel. Schauplatz ist ein Hotel an der ägyptisch-lybischen Grenze. Eben hat der Wirt vom Ausgang der Schlacht von Tobruk gehört, zieht den Union Jack ein und hißt die Hakenkreuzflagge. Er erwartet die Ankunft der Deutschen. Zunächst aber erscheint der britische Offizier Bramble (Franchot Tone), der die Schlacht bei Tobruk überlebt hat. Der Hotelbesitzer, ein Ägypter, erlaubt ihm, sich als Hoteldiener zu verkleiden, Bramble weiß aber nicht, daß jener Diener, der in der Nacht zuvor bei einem Fliegerangriff umgekommen ist, ein Spion der Deutschen war. So erfährt Bramble, den die nun ankommenden Deutschen für »ihren« Mann halten, daß auf dem Weg nach Kairo geheime Vorratslager in der Wüste versteckt sind. Wenn es ihm gelingt, deren Position ausfindig zu machen, dann kann der Vormarsch der deutschen Armeen gestoppt werden.

Der Plot ist verzwickt – Billy Wilders Inszenierung aber bleibt immer transparent, verschleiert nie ihre Absichten und versucht nie, auf Umwegen simple Propaganda einzuschmuggeln. Es gibt kaum Bösewichter – in gewisser Weise sind sie alle Opfer: Rommel (Erich von Stroheim), ein Feldherr alter Schule, der zwar geniale Strategien entwirft, der aber nicht ahnt, daß die Zeit für Krieger seines Schlages längst vorbei ist. Er sieht zwar, wie Luftangriffe auch Zivilisten töten, er weiß von Konzentrationslagern und den Verbrechen der Nazis – aber er weigert sich, daraus die Konsequenzen zu ziehen. (Daß Wilders Figur mit dem historischen Erwin Rommel wenig Ähnlichkeit hat, das ist keine böswillige Fälschung, sondern hat seinen einfachen Grund im Produktionsdatum des Films: Damals wußte man in Amerika nicht viel über den echten Rommel, außer daß man vor seinen militärischen Leistungen großen Respekt hatte.)

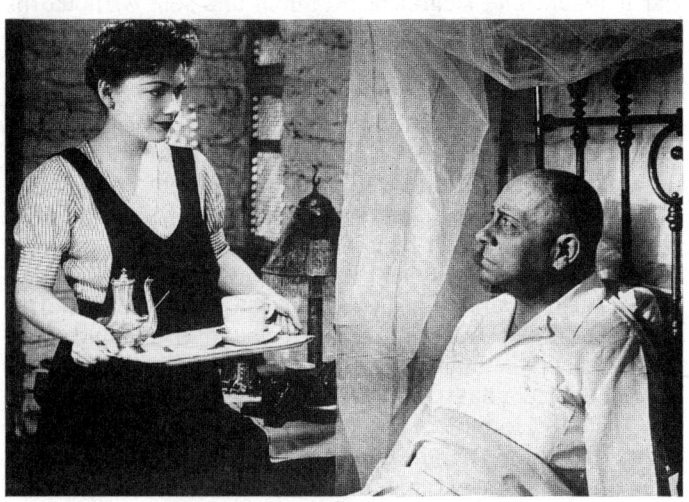

»Ich mag morgens keine Frauen!« Erich von Stroheim (als Erwin Rommel) und Anne Baxter in ›Five Graves to Cairo‹.

Auch Bramble ist weniger ein Held als vielmehr ein Opfer: Spionage-Geschichten, Täuschungen und Lügen sind ihm zuwider – und doch muß er sich der Einsicht beugen, daß er nur mit faulen Tricks den Nachschub Rommels unterbinden und damit das Leben von Hunderten, vielleicht sogar Tausenden von Landsleuten retten kann.

Schließlich Mouche (Anne Baxter), das französische Zimmermädchen: Sie wird fast zerrissen vom Loyalitätskonflikt. In einem deutschen Konzentrationslager sitzt ihr Bruder, und die einzige Chance, ihn zu retten, besteht darin – das glaubt sie zumindest –, daß sie mit Rommel in Kontakt tritt und ihn persönlich um Gnade für den Bruder anfleht. Andererseits leuchtet ihr Brambles Argument ein, es sei wichtiger, Tausende von Soldaten als nur einen Gefangenen zu retten. Egal, was sie machen wird, es wird das Falsche sein. Als sie sich schließlich dazu durchringt, Bramble zu unterstützen, da bezahlt sie mit ihrem Leben dafür.

Wilders differenzierter Blick wird vielleicht besonders deutlich in jener Szene, in der Mouche das Frühstück für Rommel bringt: Schüchtern tritt sie ein, Rommel ist schon wach. Der Feldmarschall hat eine Fliegenklappe in der Hand und eine Zigarre im Mund. Sein Gesichtsausdruck erzählt von herzzerreißender Traurigkeit.

Mouche plaziert das Tablett auf seinen Beinen, dann fragt sie, ob alles recht sei. »Ich kann morgens keine Frauen sehen. Gehen Sie!« befiehlt Rommel, ganz ohne Bosheit, aber mit unendlicher Trauer in der Stimme. Mouche aber wird nicht gehen. Sie faßt sich ein Herz, nimmt all ihren Mut zusammen und bittet dann Rommel um Gnade für ihren Bruder. Rommel wird noch trauriger, als er Mouche angehört hat. Er kann dem Bruder nicht helfen. Mouches einzige Hoffnung besteht darin, sowohl dem Lagerkommandanten als auch dem Roten Kreuz zu schreiben – und zwar jeweils in dreifacher Ausfertigung.

Als Mouche das Zimmer verläßt, ist sie völlig am Ende. Für Rommel aber ist der Tag verdorben, wie das nicht anders zu erwarten war, nachdem er mit dem Anblick einer Frau begann.

Double Indemnity (1943)

Ein Roman von James M. Cain, ein Drehbuch von Billy Wilder und Raymond Chandler – und Billy Wilders erster *film noir*.

Von Cain blieb nur der Grundriß der Story. Wilder und Chandler konstruierten ihr Buch als Folge von Rückblenden, legten über die Dialoge den *voice-over*-Kommentar der Hauptperson und machten aus der weiblichen Hauptrolle, die bei Cain eher bieder erscheint, eine bedrohliche *femme fatale*.

Es beginnt am frühen Morgen, in Kalifornien ist es noch dunkel. Ein Auto rast durch die Straßen von Los Angeles, kümmert sich wenig um Stopschilder und rote Ampeln und hält schließlich vor dem Haus einer Versicherungsgesellschaft. Walter Neff kriecht heraus, schleppt sich zum Eingang, erreicht mit letzter Kraft sein Büro, greift sich ein Diktiergerät

MacMurray und Stanwyck: Sie hat ihn längst in der Hand.

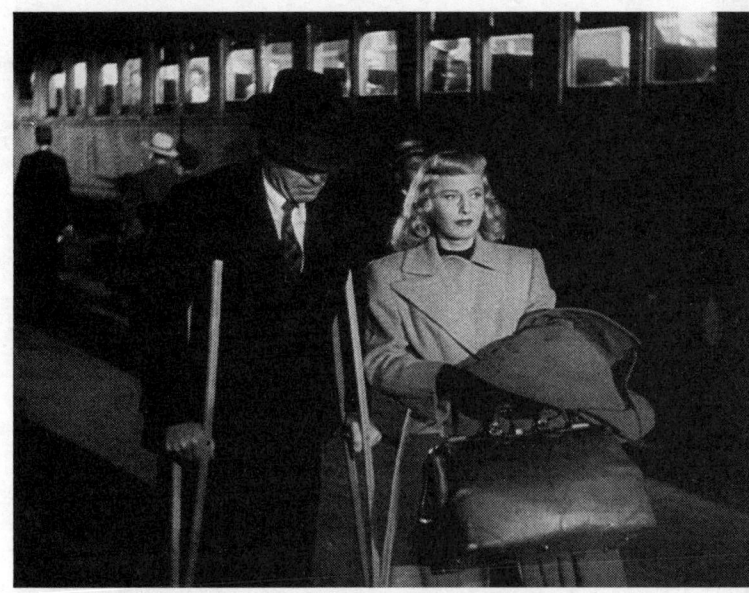

Dieser Zug fährt nicht fahrplanmäßig nach San Francisco. Letzte Halte-stelle wird der Friedhof sein. Barbara Stanwyck und Fred MacMurray in ›Double Indemnity‹.

und beginnt seine Lebensbeichte: wie er, eher zufällig, Phyl-lis Dietrichson kennenlernte und sofort von ihr hingerissen war; wie sie ihm, indirekt und raffiniert, ihren Plan schil-derte, eine Lebensversicherung für ihren Mann abzuschlie-ßen und ihn dann umzubringen; wie sich Neff, in einer Mi-schung aus sexueller – und Geldgier, als Komplize zur Verfü-gung stellte; wie der Mord gelang – und die beiden doch nicht froh wurden miteinander; wie schließlich Walter Neff von Phyllis betrogen wurde – und sie von ihm; wie er auf sie schoß, sie auf ihn, wie Phyllis daran starb und weshalb auch er nicht mehr lange zu leben haben wird.
Double Indemnity gehört zu den düstersten aller *films noirs*. So eng wie hier waren Eros und Verbrechen selten miteinan-der verwandt. Barbara Stanwyck als Phyllis Dietrichson ist vielleicht die gefährlichste aller *femmes fatales* des *film noir*.

Der Treffpunkt der Verschwörer, ein Supermarkt. Barbara Stanwyck und Fred MacMurray in ›Double Indemnity‹.

Wie sie den selbstbewußten und eher leichtfertigen Fred Mac-Murray zu ihrem Erfüllungsgehilfen macht, wie sie ihn zur Marionette schrumpfen läßt und ihn gleichzeitig in dem Glauben hält, er sei der Aktive – das ist ein männlicher Alptraum.

Wie Wilder die schäbige Seite Kaliforniens zeigt, wie er überhaupt hier den amerikanischen Weg zu Glück, Geld, Erfolg und Familie als Sackgasse präsentiert, das beweist auch, daß die Zusammenarbeit mit dem Co-Autor Chandler so schlecht nicht gewesen sein kann.

Der Film widerlegt auch das Vorurteil, daß Wilder kein großer Stilist sei. Man muß sich nur genau die Szene betrachten, in der MacMurray und Stanwyck sich kennenlernen. Erst schaut die Frau aus dem oberen Stockwerk herab auf den Mann – und man ahnt gleich ... Daran wird sich nichts mehr ändern. Dann ist MacMurray mit Barbara Stanwyck und ihrem Spiegelbild gleichzeitig konfrontiert – und ahnt doch nicht, daß diese Frau tatsächlich zwei Gesichter hat. Schließlich, als MacMurray geht, bleibt nur noch sein Schatten im Bild, und man ahnt gleich, daß diese Frau ihn längst verhext hat, daß sie ihn verfolgen wird wie sein eigener Schatten und daß die gemeinsame Zukunft der beiden eher düster aussehen wird.

Besonders verstörend wird der Film durch seinen Helden: Fred MacMurray war damals, in den frühen Vierzigern, dem Publikum als liebenswerter, tatkräftiger, leicht hemdsärmeliger und nicht gerade grüblerischer junger Mann vertraut – und als solcher tritt er zunächst in Erscheinung. Ohne entscheidende Zäsur, eher langsam, aber stetig vollzieht sich die Wandlung dieses braven Mannes in einen Besessenen, der wild ist auf Phyllis Dietrichson und ebenso wild auf die Versicherungssumme. Schließlich verkleidet sich MacMurray, um einen Eisenbahnunfall vorzutäuschen, als Phyllis Dietrichsons längst ermordeter Ehemann: Da schlüpft der Mörder quasi in die Haut eines Toten, spielt den Zombie und gibt sich als Totgeweihter zu erkennen. Da schaut man direkt durch die Leinwand hindurch ins Bodenlose, in abgrundtiefe Leere.

Ein Showdown – nur aus Worten: Edward G. Robinson und Fred MacMurray in ›Double Indemnity‹.

Persönlichkeit ist ein Phantom, eine Sinnestäuschung, bestenfalls eine Verkleidung.

Der Film, der über weite Strecken so mitleidlos inszeniert ist wie kaum sonst ein *film noir,* endet mit einer zärtlichen Geste. Walter Neff, mit einer Schußwunde im Bauch, versucht zu entkommen – und kann doch nur noch über den Boden robben. Ob er ihm nicht helfen könne, nach Mexiko zu fliehen, fragt er seinen Freund und Kollegen Barton Keyes (Edward G. Robinson), den Mann, an den auch sein ganzes Tonband-Geständnis gerichtet war.

»In diesem Zustand kommst du nicht einmal bis zum Fahrstuhl«, antwortet Keyes unerbittlich.

Dann kramt Neff in seiner Jacke nach einer Zigarette, findet sie, hat aber kein Streichholz – obwohl er doch den ganzen Film über Keyes' Zigarren anzünden muß, weil der nie Streichhölzer mit sich trägt.

Diesmal hat Keyes Feuer, entzündet das Streichholz am Daumennagel und reicht es Walter Neff. »I love you too«, antwortet der. Es sind seine letzten Worte.

The Lost Weekend (1945)

Der Film handelt von einem Alkoholiker, vom Alkohol und vom Rausch. Er wird deshalb gern dem Genre des Problemfilms zugerechnet: »Eine ergreifende Studie über die Gefahren der Alkoholsucht« – oder so ähnlich.

Wahrscheinlicher ist jedoch eine ganz andere Interpretation: *The Lost Weekend* ist ein Künstlerporträt, genauer: das Porträt eines Mannes, der über sein eigenes Mißverständnis vom Wesen der Kunst stolpert.

Don Birnam (Ray Milland) ist ein Schriftsteller oder will jedenfalls einer sein. Aber er schwärmt nur immer von Shakespeare und anderen Helden klassischer Zeiten, deshalb lebt er mit seiner Zeit, mit der Welt um sich herum im Zwiespalt. Er ahnt, daß die Zeit des gutbürgerlichen Künstlers vorbei ist, daß dem autonomen Genie die Stoffe und das Publikum abhanden kommen – und er weigert sich, daraus die Konsequenzen zu ziehen.

Mit Hilfe des Alkohols kann Birnam die Illusion erzeugen, daß es eine Welt gebe, die sich nach Künstlern sehne, daß er selbst so ein Künstler sei, und daß er also endlich den großen Roman schreiben, den Durchbruch schaffen müsse. Ein Mißverständnis. Vermutlich würde es gerade seine Rettung bedeuten, wenn er von dieser Illusion endlich lassen könnte, wenn er sich dazu durchringen könnte, einen ordentlichen Beruf zu ergreifen oder als Drehbuchautor oder Texter von Werbespots Arbeit zu suchen. Insofern wirkt Wilders vermeintliches *happy ending* besonders heimtückisch.

Wilder schildert nämlich ein Wochenende Don Birnams in der Hölle. Erst hat er wenig Geld, dann hat er gar keins mehr, die Freundin ist auf dem Land, der Bruder nicht zu Hause. Er aber braucht Geld, weil er einen Drink braucht, so erniedrigt er sich selbst, läßt sich demütigen, will schließlich sogar seine Schreibmaschine versetzen, um für ein paar Drinks das Geld zu beschaffen. Dann ist das verlorene Wochenende vorbei, Don Birnam wird sich zusammenreißen, jemand bringt ihm die Schreibmaschine zurück, und nun kann er sich hinsetzen und seinen Roman weiterschreiben. Wer genau aufpaßt, der ahnt schon, daß spätestens am Nachmittag Don Birnam wieder merken wird, daß er kein Genie ist. Dann wird er vermutlich eine Flasche Whisky kaufen, sich erst nur einen kleinen Schluck genehmigen und bis zum Abend die ganze Flasche leeren.

The Emperor Waltz (1948)

Billy Wilders Huldigung an seine beiden großen Vorbilder – an Ernst Lubitsch und Erich von Stroheim. Eine europäische Operette – wie einst bei Lubitsch; eine amerikanische Material- und Kulissenschlacht – wie einst bei Stroheim. Der Beweis zudem, daß die Paramount, Hollywoods Studio mit den meisten Europäern, in der Lage war, viel europäischere Filme zu drehen, als dies die Europäer selber konnten.

The Emperor Waltz erzählt die Geschichte des Amerikaners Virgil H. Smith aus Newark, New Jersey, der nach Wien gereist ist, um dem Kaiser Franz Joseph ein Grammophon zu

verkaufen, der sich aber auch in die Gräfin Johanna von Stol-
zenburg-Stolzenburg verliebt, was aber zunächst wegen der
ehernen Klassenschranken schiefzugehen droht.

Besonders heimtückisch ist Wilders Nebenplot. Alle Helden
besitzen jeweils einen Hund, und diese Hunde paaren sich
unbekümmert und ganz ohne Rücksicht auf die Erforder-
nisse ihrer jeweiligen Stammbäume, während die Menschen
sehnsüchtig dieses wilde Treiben betrachten.

Der Held also ist Amerikaner, und selbstverständlich hat er
die Sympathien auf seiner Seite; schließlich vertritt er ja De-
mokratie, Egalität und Chancengleichheit, außerdem sieht er
wie Bing Crosby aus. Andererseits aber beschwört *The Emperor Waltz* (der in Wilders Geburtsjahr 1906 spielt) auch voller
Melancholie eine untergehende Welt: Diese Welt wird zugrunde gehen, sie hat es auch verdient, und doch betrachtet
man das mit Wehmut. Denn wenn die aristokratische Gesellschaft sich auch sonst wenig Verdienste erworben haben mag
– sie lieferte doch das Vorbild für unvergleichlich prächtige
Filmkulissen.

A Foreign Affair (1948)

Ein Mann wird zwischen zwei Frauen zerrieben, und die
Moral der Vereinigten Staaten von Amerika wird auf dem
Schwarzmarkt an den Meistbietenden verhökert. *A Foreign
Affair* ist schwerer als alle vorherigen Filme in ein Genre ein-
zuordnen. Eine Komödie zwar – aber schwärzer als so man-
cher *film noir.*

Captain John Pringle läßt es sich im besetzten Nachkriegs-
Berlin gutgehen. Er hat eine Affäre mit der Nachtklubsänge-
rin Erika von Schlütow (Marlene Dietrich). Er bringt ihr
Strümpfe, Kaffee und Schnaps, bietet ihr Schutz und deckt
ihre Tarnung, und sie verkauft ihm Liebe dafür. Es ist ein Geschäft, und beide meinen, daß sie einen guten Handel machen miteinander. Bis eines Tages Phoebe Frost (Jean Arthur)
auftaucht, eine Kongreßabgeordnete aus Iowa, die die Moral
der amerikanischen Besatzungstruppen heben und sie vor
Verführungen und Korrumpierungen schützen will. Pringle,

der gern den starken Mann markiert, ist ein Schwächling – ein Verwandter von Walter Neff in *Double Indemnity*. Er läßt sich von Phoebe Frosts sprödem, eher rustikalem Charme locken, und kann doch von Erika nicht lassen. So strampelt er sich ab, wird vom Akteur immer mehr zum bloßen Spielball zweier Frauen. Am Schluß muß er für all seine Lügen büßen. Da taucht nämlich Erika von Schlütows Ex-Geliebter, ein gesuchter Naziverbrecher, in Berlin auf, und Pringle muß als Köder für ihn herhalten. Er soll den Nazi eifersüchtig machen und so aus seinem Versteck locken. Der Nazi kriecht auch tatsächlich aus seinem Loch, besucht den Nachtklub, in dem Erika singt und Pringle Stammgast ist. Schüsse fallen, Pringle bleibt unverletzt, muß aber, zur Strafe wahrscheinlich, Phoebe Frost heiraten. Das Nachkriegs-Berlin, wie Wilder es hier zeigt, ist düster, nur wahrhaft brillante Gags erleuchten manchmal die Szenerie. Die Komik des Films speist sich aus der Unsicherheit: Man weiß nie genau, wieviel ein Gefühl, eine Geste, eine Tat noch wert ist auf dem gewaltigen Schwarzmarkt, der Berlin heißt. Folglich empfiehlt es sich, nichts ganz ernst zu nehmen, das bedeutet noch das geringste Risiko. Das impliziert, daß hier nur selten aus Leichtsinn gelacht wird, sondern meistens aus Verzweiflung. Diesem Chaos zu entkommen, ist allerdings auch kein erstrebenswertes Ziel. Wer, wie Pringle, vom Chaos gekostet hat, der wird nicht satt werden in Iowa oder an sonst einem Ort, wo Ordnung herrscht.

Sunset Boulevard (1950)

Das Kino ist Leben, und das Leben ist Kino. Die Illusion unterscheidet sich nur darin von der Wirklichkeit, daß bessere Drehbuchautoren an ihr gearbeitet haben.
Sunset Boulevard ist einer der eindrucksvollsten Filme Billy Wilders, und das lockt die Interpreten an. Man möchte der Ergriffenheit Worte verleihen, möchte die Geister, die der Film in einem weckt, mit Sätzen und Meinungen bändigen. So ist es kein Wunder, daß sich für *Sunset Boulevard* eine Art Einheits-Interpretation durchgesetzt hat: Der Film sei Wil-

ders Attacke gegen die Filmindustrie, die schonungslose Abrechnung mit dem (damals) neuen Hollywood und eine Hymne auf die gute alte Zeit, auf das Hollywood des Stummfilms, auf die Zeiten Gloria Swansons und Erich von Stroheims, Ernst Lubitschs und Cecil B. DeMilles.

Tatsächlich läßt sich *Sunset Boulevard* mit wertenden Begriffen wie Hymne oder Attacke überhaupt nicht fassen. Der Film formuliert keine Meinung, vielmehr versucht Wilder hier, ein Verhältnis zwischen Film und Wirklichkeit zu beschreiben, das sich mit Wörtern und Sätzen nur höchst ungenau schildern ließe.

Der erfolglose Drehbuchautor Joe Gillis ist auf der Flucht vor seinen Gläubigern. Er rettet sich in ein Grundstück auf dem Sunset Boulevard. Dort begegnet er zum ersten Mal der Hausherrin Norma Desmond: »Sie sind Norma Desmond. Sie waren früher in Stummfilmen zu sehen. Sie waren groß.« Norma Desmonds Antwort: »Ich bin groß. Die Filme heute haben keine Größe mehr.«

Norma Desmond macht dem völlig abgebrannten Gillis ein verlockendes Angebot: Für ein großzügiges Honorar soll er Norma Desmonds Drehbuchentwurf für ihr Comeback überarbeiten und aufpolieren, denn Norma will nicht begreifen, daß ihre große Zeit schon vorüber ist. Joe Gillis willigt ein und merkt erst allmählich, daß er sich freiwillig ins Gefängnis hat locken lassen. Denn Norma hat sich in den Jungen verliebt, und sie wird ihn nicht mehr freigeben. Lieber erschießt sie ihn am Schluß, als daß sie ihn entkommen ließe. Als dann die Polizei kommt, als die Reporter die Fernsehkameras aufbauen – da bekommt Norma Desmond ihren letzten großen Auftritt, den ihr alle Filmstudios verweigert haben.

Norma Desmond wird von Gloria Swanson gespielt, die tatsächlich einer der größten Stars der Stummfilmzeit war und deren Karriere 1950 längst vorbei und vergangen war. Im Film hat Norma einen Chauffeur und Diener; er heißt Max von Mayerling, war früher einmal ihr Ehemann und einst ein berühmter Stummfilmregisseur. Erich von Stroheim spielt diesen Max von Mayerling, und auch hier gehen Rolle und Person ineinander über, denn Stroheim hat mit Gloria Swan-

›Wir brauchten keine Dialoge. Wir hatten Gesichter!‹ Gloria Swanson, umrahmt von ihrem eigenen Mythos.

son *Queen Kelly* gedreht, einen seiner größten Filme, einen seiner größten Flops. Seit Jahrzehnten schon durfte Stroheim nicht mehr als Regisseur arbeiten, nur als Schauspieler bekam er ab und zu Arbeit. Einmal führt Norma Desmond ihrem jungen Liebhaber einen Film aus ihrer Glanzzeit vor; es ist ein Ausschnitt aus *Queen Kelly*. »We didn't need dialogues. We had faces then«, erklärt sie stolz.

Sunset Boulevard strotzt vor Anspielungen und Querverweisen, hat eine komplizierte Erzählstruktur und ist doch in erster Linie ein Dokumentarfilm. Er handelt nicht von den Geschäften und Verwicklungen der Filmbranche, sondern von den Zusammenhängen, ja von der Ununterscheidbarkeit von Fiktionen und Realität. Norma Desmond, die noch immer in den zwanziger Jahren lebt, ist nicht weltfremd – sie hat nur eine andere Perspektive. Joe Gillis, der für sie ein Skript verfassen soll, schreibt damit auch das Drehbuch seines eigenen

*Sic transit gloria mundi: Norma Desmonds letzter großer Auftritt, eine
Sinnestäuschung. Gloria Swanson in ›Sunset Boulevard‹.*

Lebens um. Und Billy Wilder offenbart hier so ehrlich wie sonst kaum jemand, woraus die Filmfiktionen sich speisen: aus anderen Fiktionen, aus Erfundenem und Ausgedachtem – vielleicht sogar aus Hirngespinsten und Alpträumen.

Ace in the Hole (1951)

Ein Reporterfilm. Und auch hier wieder: das scheinbar Echte ist inszeniert, die Wahrheit ist ein Trugbild, im Erfundenen aber steckt, ganz unerwartet oft, eine Spur von Authentizität.

Charles Tatum (Kirk Douglas) hat Pech gehabt. Einst war er ein gefragter Reporter und Kolumnist, jetzt ist er ziemlich weit heruntergekommen. Er ist in Albuquerque gestrandet, am Ende der Welt also. Hier gibt es nicht einmal ein 81. Stockwerk, von dem man herunterspringen kann. Charles Tatum nimmt einen Job an beim örtlichen Käseblatt, und dann wartet er auf seine Chance. Nur wenn er an eine wirklich große Story kommt, kann er sich seine alte Position zurückerobern. Und weil diese Story auf sich warten läßt, inszeniert er sie selber.

Eher zufällig, im Vorüberfahren, hört Tatum von Leo, der in einer Höhle nach indianischer Töpferei gesucht hat und nicht wiedergekommen ist. Das ist die ganze Story: Der Mann ist verschüttet, aber es wäre nicht schwierig, ihn aus der Höhle herauszuholen. Aber Tatum wittert die Chance seines Lebens, arrangiert sich mit dem korrupten Sheriff und überredet die Rettungsleute, statt der einfachen und wirksamen Methode lieber eine riskante, aber spektakuläre anzuwenden. Dann inszeniert er die ganze Sache als *human-touch-story* von überregionalem Interesse. Bald drängen die Schaulustigen sich am Eingang der Höhle, und die überregionalen Zeitungen flehen Tatum an, vom Schauplatz für sie zu berichten. Daß Leo am Schluß stirbt, ist ein unangenehmer, aber durchaus nicht unerwünschter Nebeneffekt: Was wäre eine gute Story ohne einen anständigen Schluß?

Das Verstörende an Wilders Sicht auf Charles Tatum: er verschweigt nicht die Korruptheit und den Opportunismus dieses Mannes, der mit Nachrichten und mit Menschenleben handelt, als ginge es um Altpapier. Aber er stellt keinen biederen Moralapostel als Widerpart und letzte Hoffnung hin. Vielmehr zeigt er, daß es die Biedermänner sind, die aufrechten Männer und Frauen, die in ihrer Sensationsgier Taten nicht nur ermöglichen, sondern geradezu provozieren.

Stalag 17 (1953)

Eine Komödie – aber grausamer als mancher Horrorfilm, härter als viele Krimis, mit einem Helden, der eher in einen Western passen würde.
Der Schauplatz: ein deutsches Gefangenenlager im Zweiten Weltkrieg. Die Akteure: alliierte Kriegsgefangene und ihre deutschen Bewacher. Ihr Ziel: zu überleben, vielleicht sogar zu entkommen. Ein fester Rahmen also, fester als Gefängnismauern, wirksamer als Stacheldraht.
Der Held heißt J. J. Stetson. Eigentlich ist er kein Held, sondern ein Zyniker, ein Geschäftemacher, ein Außenseiter, ein Antiheld. J. J. Stetson nimmt das amerikanische Erfolgsre-

Sig Rumann und William Holden in ›Stalag 17‹.

Das Gefangenenlager als Modell für die Gesellschaft überhaupt: ›Stalag 17‹, ein existentialistischer Film.

zept so ernst, daß er seinen Mitgefangenen als Monster erscheint: Stetson nimmt Wetten darauf an, ob ein Fluchtversuch gelingen wird oder nicht; er organisiert Rattenrennen, handelt mit allem und jedem und schreckt nicht einmal vor Geschäften mit dem Wachpersonal zurück. Stetson ist, wie Walter Neff, Don Birnam oder Charles Tatum, ein typisch Wilderscher Antiheld. Andererseits ist er vielleicht der einzige Westerner in einem Film von Billy Wilder: Er ist eng verwandt mit jener Figur, die James Stewart in den Western Anthony Manns gespielt hat: Er ist an eine Gruppe gebunden, aber sein Individualismus ist ihm wichtiger als Solidarität mit den anderen. Er hat so schlechte Erfahrungen gemacht, daß er ans Gute im Menschen oder im Amerikaner oder in der Welt überhaupt nicht mehr glauben kann. Alles, was zählt, ist sein eigener Vorteil. Er glaubt nicht, daß die Zustände im Gefangenenlager eine andere Haltung erfordern – jedes Chaos ist ihm gut genug für seine Geschäfte.

Das Erstaunliche: der Film gibt ihm recht. Denn unter den Gefangenen hat sich ein Verräter versteckt; es fällt ihm leicht, jedes Geheimnis zu erfragen, denn die Mitgefangenen vertrauen ihm. Nur von J. J. Stetson erfährt er nichts. Denn Stetson vertraut niemandem.

Das Frappierende an *Stalag 17:* es sind nicht nur die Deutschen, die den Gefangenen das Leben zur Hölle machen. Diese selbst sind es, die aus dem Gefangenenlager eine Folterkammer machen. Insofern ist *Stalag 17* auch Wilders Beitrag zum Existenzialismus: Die Hölle, das sind die anderen.

Sabrina (1954)

Geradezu das Gegenstück zu *Stalag 17,* fast ein Dementi: *Sabrina* ist eine sanfte, romantische Komödie, so hätte Lubitsch gefilmt, wäre er 1954 noch am Leben gewesen.

Lauter Metamorphosen, alles fließt, alles schwebt: Am Anfang ist Sabrina, die Chauffeurstochter, ein nettes, dummes, dünnes Mädchen. Dann fährt sie nach Paris, lernt dort das Kochen und den gesellschaftlichen Schliff. Sie kehrt als Dame zurück nach Amerika, vergißt aber trotzdem nicht die naiven Träume des kleinen Mädchens, das sie einmal war. Seit ihrer Kindheit nämlich liebt sie David Larrabee (William Holden) – den Juniorchef und jüngeren Sohn jener reichen Familie, für die ihr Vater arbeitet. Als Sabrina ein Mädchen war, hat David sie keines Blickes gewürdigt – jetzt ist er hingerissen von ihr. Ähnlich ergeht es auch Davids älterem Bruder Linus (Humphrey Bogart) – nur darf er sich das nicht eingestehen. Denn Linus Larrabee ist Chef einer Weltfirma und kann sich schon deshalb keine Gefühlsduseleien erlauben.

Gegen das zarte Mädchen Sabrina aber kommt keiner der beiden Männer an: Sabrina kennt jene heimlichen Zauberkünste, mit denen ein Mädchen jeden Mann um den Verstand – oder eben auch zu Bewußtsein bringt. Sabrina stutzt David Larrabee auf sein echtes Maß zurecht – nämlich auf das eines Angebers und Schürzenjägers. Und sie bringt Linus Larrabee bei, daß es für ihn noch längst nicht zu spät ist, sich zu verlieben: zum Beispiel in sie.

So ist – typisch für Wilder – am Schluß alles beim alten geblieben – nur die Menschen haben sich verwandelt. Das ist das traurige und bittere Moment in *Sabrina:* Das Unternehmen Larrabee wird weiterwirtschaften – ebenso rücksichtslos wie bisher, nur eben mit David an der Spitze. Die Klassenschranken zwischen Unternehmer und Chauffeur werden bestehen bleiben – und damit, daß der Kapitalist das Chauffeurstöchterlein heiratet, ist nur den beiden geholfen, niemandem sonst. Bezeichnend ist der Schluß: Linus und Sabrina müssen nach Paris fahren. Es ist nicht nur eine Reise ins Glück. Es ist auch eine Flucht.

The Seven Year Itch (1955)

Die pure Pornographie – am Zensor vorbeigeschmuggelt. Selbst überzeugte Fans von Wilders Filmen haben Einwände gegen diesen Film: Er sei platt und unrealistisch – und daß Tom Ewell nicht mit Marilyn ins Bett geht, das entlarve ihn als verklemmte Spießerphantasie. Genau das Gegenteil ist

»Isn't it Romantic?« Humphrey Bogart und Audrey Hepburn in ›Sabrina‹.

239

richtig. *The Seven Year Itch* ist der Höhe- und Schlußpunkt des UFF (unfinished fuck) – Subgenres. Seine ganze Wirkung speist sich daraus, daß Tom Ewell seiner Frau treu bleibt – und doch von Marilyn zu einem glücklicheren Menschen gemacht wird.

The Seven Year Itch ist konsequent im Konjunktiv inszeniert. Es mangelt nicht an Möglichkeiten, Marilyn Monroe zu verführen. Aber käme es dazu, dann würde ja die Komödie zum Drama mutieren. Stärker als die meisten Filme mit Marilyn Monroe betont *The Seven Year Itch* das Unwirkliche, Geträumte der Figur: die größte Sexbombe der Filmgeschichte – und gleichzeitig ein Wesen aus Zelluloid.

Ein Film wie ein Traum: Richard Sherman (Tom Ewell) hat Frau und Kinder in die Ferien geschickt – er selber mußte im heißen New York bleiben. Anders als seine Kollegen will er nicht den Strohwitwer spielen, seine Frau nicht betrügen oder sich wie ein Barbar aufführen. Er will lieber zu Hause bleiben und der Verführung erst gar keine Chance geben. Da klopft die Versuchung an seine Tür: eine neue Nachbarin, jung, hübsch und seinem Charme durchaus aufgeschlossen. Die beiden haben viel Spaß miteinander, er macht Annäherungsversuche, sie zeigt, daß sie nicht abgeneigt ist – und doch passiert nichts.

Am Schluß fährt Sherman seiner Frau in den Urlaub nach, und Marilyn wünscht ihm alles Gute. Sie hat ihn zu einem besseren Mann und einem glücklicheren Menschen gemacht, und er weiß es ihr zu danken. Wir Kinozuschauer, das ist das Geniale, sind in derselben Situation.

Der tragische Aspekt: Wo bleibt der Mann, der Marilyn nicht nur im Konjunktiv lieben kann?

The Spirit of St. Louis (1957)

Was mag den Juden Wilder an dem Nazi-Freund Lindbergh fasziniert haben? Vielleicht war es nur die Richtung des Lindbergh-Flugs: nach Paris! Vielleicht war es auch, weil seine Biographen berichten, die Ambition, sich an einem durch und durch amerikanischen Stoff als durch und durch amerika-

Die Göttin und ihr Hohepriester: Billy Wilder und Marylin Monroe auf dem Set von ›Some Like It Hot‹.

nischer Regisseur zu beweisen. Denn Lindberghs Flug über den Atlantischen Ozean, das wäre eigentlich eine Geschichte gewesen für Howard Hawks, für Raoul Walsh oder, wie Wilder einmal selbst bemerkt hat, für John Frankenheimer.

So wird *The Spirit of St. Louis* meist zu den Apokryphen in Wilders Werk gezählt – was Wilder auch selbst bestätigt und was doch nicht ganz richtig ist.

The Spirit of St. Louis erzählt von Charles Lindberghs erster Atlantiküberquerung in einem Flugzeug und, in Rückblen-

James Stewart als Charles Lindbergh in ›The Spirit of St. Louis‹.

James Stewart in ›The Spirit of St. Louis‹.

den, davon, wie es dazu kam. Schon die Art, wie Wilder hier
die Rückblenden einsetzt ist typisch: nicht nur zur Klärung
und Erläuterung der eigentlichen Handlung, sondern auch
als Mittel, Charles Lindbergh auf den Boden zurückzuholen,
ihn auf dem Podest des amerikanischen Helden nicht verein-
samen zu lassen. Es gibt Flugaufnahmen in diesem Film, die
sind nicht gerade typisch für Wilder, die hätte ebensogut auch
ein anderer Regisseur drehen können. Aber dann gibt es wieder Momente, wie sie nur Wilder erfinden kann: Auf der ersten Etappe nach Neufundland ist Lindbergh (James Stewart) nicht allein im Cockpit, eine Fliege leistet ihm Gesellschaft. Und Lindbergh ist ihr dankbar, redet mit ihr, gesteht
ihr Dinge, die er keinem Menschen erzählen würde: eine
wunderbare Geste – und gleichzeitig ein böser Seitenhieb auf
Charles Boyer. Aber James Stewart war eben souverän genug
und sich keinesfalls zu fein dafür, mit Kerb- und Krabbeltie-
ren zu reden.

243

Love in the Afternoon (1957)

Noch eine Hommage an Lubitsch – und gleichzeitig einer der wärmsten und zartesten Filme Wilders. In den Hauptrollen: Maurice Chevalier und Gary Cooper – zwei Lubitsch-Stars. In der weiblichen Hauptrolle: Audrey Hepburn, Wilders jüngste und am wenigsten zynische Hauptdarstellerin.

Es beginnt bitter und endet versöhnlich und damit eher umgekehrt als in anderen Filmen Billy Wilders. Maurice Chevalier, in der Rolle des Privatdetektivs Chevasse, beschreibt in kühlem Tonfall die Einsamkeit als statistische Tatsache: Es gibt 7000 Hotels in Paris, 220000 Hotelzimmer, und in 40000 dieser Zimmer wird gerade Ehebruch begangen. Dem Detektiv ist die Liebe nur aus dieser Perspektive bekannt. Sie behagt ihm nicht, aber sie sichert sein Einkommen. Er schaut auf die Liebespaare, die sich überall treffen, sich küssen und flirten, mit der Sehnsucht des Unbeteiligten; es geht ihm ebenso wie uns Zuschauern.

Audrey Hepburn in ›Ariane – Die Liebe am Nachmittag‹.

Diese Perspektive zieht sich durch den ganzen Film: die Liebe aus der Sicht der Zukurzgekommenen. Selbst Gary Cooper, der einen reichen Playboy spielt, gehört zu ihnen: Er kann sich echte Liebe nicht kaufen.

Audrey Hepburn spielt, reifer geworden, noch einmal ihre Rolle aus *Sabrina:* Ihre Naivität gibt ihr eine unabhängige Weltsicht, ihre Unschuld ist mit großer Reife verbunden – sie ist die einzige Person im Film, die sich selbst nicht entfremdet ist. Ihre Liebe wird auch Gary Cooper von Lebenslügen und Entfremdung erlösen.

Gleichzeitig wird auch eine Parallele zu *The Seven Year Itch* deutlich: Zwar hat Audrey Hepburn mit Marilyn Monroe wenig gemeinsam; aber wie Wilder beide Frauen inszeniert, das läuft im Grunde aufs gleiche hinaus. Er schafft nicht nur eine Liebesbeziehung zum Helden, er schafft auch eine sehr subtile Liebesbeziehung zum Zuschauer: Was Audrey Hepburn dem Playboy zu sagen hat, das sagt sie auch uns Zuschauern. Wie sie ihm Trost spendet und Erlösung verspricht, macht sie auch uns Hoffnung. Und daß sie am Schluß mit Gary Cooper nach Amerika fährt, um ihn zu heilen und zu heiraten – das ist vielleicht das schönste *happy ending,* das Wilder inszeniert hat.

Witness for the Prosecution (1958)

Einer der besten Hitchcocks – von Billy Wilder inszeniert. Ein Thriller, der nur scheinbar eine Ausnahme im Werk Wilders ist.

Der Film basiert auf einem Stück Agatha Christies, das Wilder nur in Nuancen verändert hat. Es ist ein richtig altmodischer *whodunit,* in englischem Ambiente, mit sehr britischen Neurosen und Spleens – was also hat dieser Film mit anderen Filmen Wilders zu tun? Eine ganze Menge, doch davon später mehr. Leonard Vole ist des Mordes angeklagt. Er beauftragt Sir Wilfrid Robarts (Charles Laughton) als seinen Verteidiger – und der fühlt sich richtig angespornt durch Voles scheinbar aussichtslose Situation: Es gibt kein Motiv, es gibt kein Alibi, es gibt nur den Glauben des Verteidigers an die Unschuld sei-

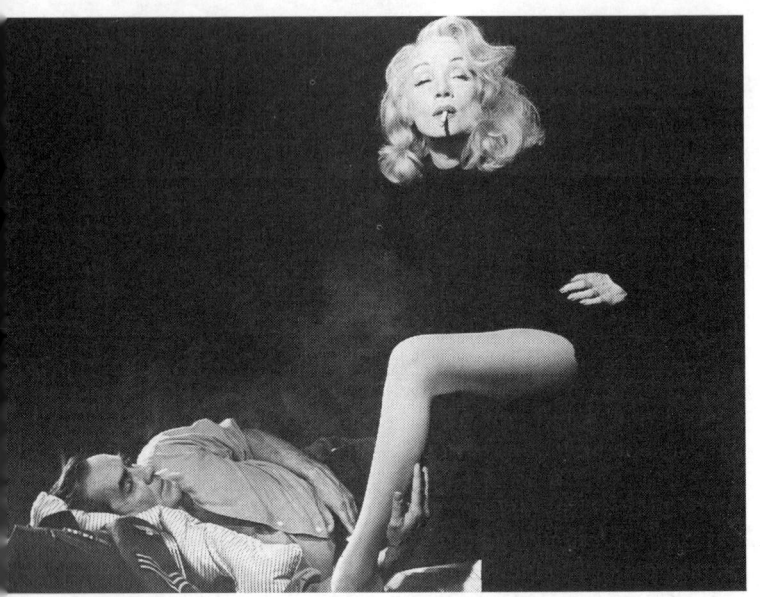

Tyrone Power liegt Marlene Dietrich zu Füßen. Aber auch hier trügt der Schein: ›Witness for the Prosecution‹.

nes Klienten – denn Leonard Vole (Tyrone Power) ist ein netter, enorm sympathischer junger Mann, der offenbar keiner Fliege etwas antun kann. Ganz anders seine Frau Christine (Marlene Dietrich). Sie ist älter als er, sie ist sehr viel klüger und verschlagener – und sie weigert sich offenkundig, allzuviel zur Entlastung ihres Mannes zu tun.

Hier setzen Robarts Überlegungen an: Da er von der Unschuld seines Klienten felsenfest überzeugt ist, untersucht er nun nur noch die Beweggründe der Frau. Was für ein Geheimnis verbirgt sie, warum weigert sie sich, das Alibi ihres Mannes zu bestätigen? Robarts ist ein kluger Anwalt, einer der scharfsinnigsten überhaupt – er wird schon herausfinden, was hinter ihrem Verhalten steckt. Nur daß sie böse ist, das weiß er von Anfang an. Und da er sie nicht mag, wird er ihre Schuld vor Gericht beweisen. In letzter Sekunde, wie immer bei Agatha Christie, erfährt Sir Robarts, und mit ihm wir Zuschauer,

daß vor lauter falschen Fährten keiner die nahe- und offenlie-
gende Wahrheit erkannt hat.

Typisch Agatha Christie also, wo bleibt Wilder?

Da ist zunächst Leonard Vole: ein junger, gutaussehender
und sympathischer Mann – und ein Versager. Er läßt sich auf
eine Beziehung mit einer älteren Frau ein; er ist eng verwandt
mit Joe Gillis in *Sunset Boulevard*. Dann Sir Wilfrid: Wie Barton Keyes in *Double Indemnity,* wie Sherlock Holmes in *The
Private Life of Sherlock Holmes* verehrt auch er die Logik als
Gottheit, zumindest aber als Fetisch. Er ist so fasziniert vom
Eigenleben seiner Gedanken, seiner Sätze und Schlüsse, daß
er gar nicht merkt, wie die pure Logik und die eher unordent-
liche Wirklichkeit sich voneinander entfernen. Gerade weil er
so scharfsinnig ist, wird er unfähig, die ganz banalen Tatsachen zur Kenntnis zu nehmen.

Schließlich Marlene Dietrich: Unter allen Frauen Wilders ist
sie die stärkste. Auch Marilyn Monroe verwirrt die Männer,
auch Audrey Hepburn beunruhigt sie – vor Marlene Dietrich
aber haben alle Angst. Sie ist ihnen überlegen, und sie ver-

Elsa Lanchester und Charles Laughton in ›Witness for the Prosecution‹.

birgt das nicht. Sie faßt das nicht als Gnade auf, es ist eher ihr Fluch. Ein ebenbürtiger Partner wäre allenfalls Sir Wilfrid – aber der ist alt, krank und ziemlich unattraktiv. Als die beiden zueinander finden, da hat Marlene schon einen Mord begangen, Sir Wilfrid wird sie zwar verteidigen, aber lieben wird er sie niemals.

Marlene Dietrich spielt in *Witness for the Prosecution* gewissermaßen eine Fortsetzung ihrer Rolle in *A Foreign Affair.* Dort war sie die Nachtklubtänzerin im besetzten Berlin, hier erfahren wir aus einer Rückblende, daß Leonard Vole sie einst aus einem Nachtklub im Hamburg der Nachkriegszeit nach England geholt und gleich geheiratet hat. Noch immer aber haftet ihr, die längst eine bürgerliche Ehefrau geworden ist, ein Hauch von Chaos, von Schwarzmarkt und Unberechenbarkeit an. Allein Marlene Dietrich und Wilders Inszenierung verhindern, daß *Witness for the Prosecution* nur ein simpler *whodunit* bleibt.

Wilder war niemals ein Frauenregisseur in der Art, wie etwa Cukor oder Mizoguchi Frauenregisseure waren. Mag sein, daß er die Frauen überhaupt nicht versteht. Aber er versteht so gut wie sonst kaum einer, wie Frauen auf Männer wirken, was eine Frau vom Schlage Marlene Dietrichs mit Männerseelen anrichten kann und daß in Marlenes Gegenwart die Logik ganz von selbst versagen muß.

Some Like It Hot (1959)

Auf den ersten Blick nur eine ungeheuer vergnügliche, temporeich inszenierte Komödie – und schon deshalb ein unsterbliches Meisterwerk. Auf den zweiten Blick ein Film, der so beunruhigend ist wie ein Alptraum und so schockierend wie sonst nur Horrororgien.

Der Plot: Im Chicago der späten Zwanziger kämpfen zwei Jazz-Musiker (Tony Curtis und Jack Lemmon) ums Überleben. Es gibt kaum Jobs, und die Bezahlung ist schlecht. Als ob sie nicht schon genug Probleme hätten, werden die beiden auch noch Zeugen des St.-Valentins-Tag-Massakers. Sie können entkommen, aber jetzt ist die Bande von Gamaschen-Colombo (George Raft) hinter ihnen her. Zum Glück sucht gerade die Mädchenkapelle »Sweet Sue's Society Syncopaters« eine Bassistin und eine Saxophon-Spielerin – und die beiden verkleiden sich kurzerhand als Mädchen, steigen in der Band ein und fahren mit Sweet Sue nach Florida, weit weg von Chicago und seinen Gangstern. In Florida verliebt sich Joe, das Saxophon, in die Sängerin Sugar Kane (Marilyn Monroe), und Jerry, der Baß, findet einen stürmischen Verehrer in Osgood Fielding III (Joe E. Brown). Um Sugar zu imponieren, legt sich Joe eine weitere Rolle zu: Nach Dienstschluß verkleidet er sich in einen reichen, aber impotenten Ölproduzenten – und bittet Sugar, ihn zu heilen. Jerry hingegen geht völlig auf in der Rolle als Mädchen, er bekommt sogar einen Heiratsantrag von Osgood – und er lehnt ihn nicht ab. Am Schluß kommt auch Gamaschen-Colombo zur Jahrestagung seines Syndikats nach Florida. Die Gangster kommen Joe und Jerry auf die Spur, und nur weil Osgood so verliebt ist in Jerry alias Geraldine, können die Musiker entkommen.

Die Reise nach Florida ist auch eine Reise an die Grenzen des eigenen Ich – und darüber hinaus. Es beginnt schon im Schlafwagenabteil des Zuges, der nach Florida fährt: im Bett mit einem Dutzend hübscher Mädchen, das mag schon immer Jerrys Traum gewesen sein. Aber dann hocken die Mädchen tatsächlich um ihn herum, jede im luftigen Nachthemd, Jerry als Frau verkleidet – und plötzlich schlägt der Wunschtraum in einen Alptraum um: Das Ziel seiner Wünsche ist zum Greifen nahe, und doch kann und darf er es nicht fassen. Die Leiden des Tantalus waren ein Kinderspiel dagegen.

Später gewöhnt sich Jerry an seine Verkleidung – so sehr, daß er tatsächlich überglücklich ist, als der verliebte Osgood ihm einen Heiratsantrag macht. Mit den Männerkleidern hat Jerry auch seine Identität aufgegeben, sie war wohl nicht mehr als eine Verkleidung, und also hat er es nicht anders verdient.

Joe schafft es zwar, sich seiner Männlichkeit bewußt zu bleiben, immerhin kann er sich ja noch in ein Mädchen verlieben, aber daß er sich verkleiden muß, um sich interessant zu machen, das beweist schon, daß auch ihm ein großes Stück Identität verlorengegangen ist. Und daß er sich als impotenter Milliardär verkleidet, das zeigt nur, daß auch er nicht unbeschädigt geblieben ist.

Das Finale ist zum Brüllen komisch – und doch todtraurig. Zwar gelingt es Jerry und Joe, vor den Gangstern zu fliehen, zwar hat Joe seine Geliebte dabei und Jerry seinen Geliebten – aber sonst ist ihnen nichts geblieben, nicht einmal ihre Verkleidung. Und ihre Verkleidung, das war alles, was ihnen noch an persönlicher Habe geblieben war. Sie fahren einer ungewissen Zukunft entgegen, und ihr größter, weil einziger Trost heißt: »Nobody's perfect.«

The Apartment (1960)

Aus dem Leben der Angestellten: Ein Mann will nach oben, und er nimmt den Aufzug dafür. Der Mann heißt C. C. Baxter (Jack Lemmon), und er weiß, daß es nicht die eigene Kraft

Aus dem Leben der Angestellten. Wer aufsteigen will, nimmt am besten den Aufzug. Jack Lemmon in ›The Apartment‹.

Jack Lemmon und sein Büro. ›The Apartment‹.

ist, die den Fahrstuhl nach oben bewegt. Er liebt die Fahr-
stuhlführerin Fran Kubelik (Shirley MacLaine), aber auch sie
wird nur benutzt. An den Hebeln sitzen ganz andere Leute.
Eine Komödie also, die wieder einmal über dem Abgrund
schwebt.
C. C. Baxter ist ein kleiner Angestellter mit einem großen
Problem. Er bewohnt ein hübsches, gemütliches Appartement in einer ruhigen Gegend. Irgendwann einmal hat er es,
aus Freundschaft möglicherweise, einem Kollegen für ein
Schäferstündchen zur Verfügung gestellt. Das hat sich in der
Firma herumgesprochen, und jetzt geben sich Baxters Vorge-
setzte die Tür in die Hand – sie machen Baxter zum Kuppler
wider Willen und zu einem kranken Mann außerdem. Denn

Zwei Verlierer: Shirley MacLaine als Fran Kubelik, Jack Lemmon als C. C. Baxter in ›The Apartment‹.

während seine Chefs in seinem Appartement die Ehe brechen, muß Baxter sich in unwirtlichen Bars oder auf kalten Parkbänken herumdrücken. Sein Lohn: Er bekommt einen Ehrenplatz in dem Aufzug, der nach oben fährt.

Alles geht gut, bis Baxter sich in Fran Kubelik verliebt. Er weiß nicht, daß die Dame zu den Stammgästen seines Appartements gehört; hier trifft sie sich mit Baxters Vorgesetztem Sheldrake. Baxter verehrt Fran Kubelik – Sheldrake verachtet sie. Ausgerechnet am Weihnachtsabend erfährt Fran Kubelik, was Sheldrake wirklich von ihr hält und will; sie geht mit ihm in Baxters Wohnung, sie bleibt, als Sheldrake geht – und nimmt Schlaftabletten. Baxter findet sie, rettet sie, und das ist auch seine Rettung: Es dauert noch eine Weile, bis die beiden zueinander finden – bis zum Silvesterabend. Baxter wird nicht länger den Zuhälter spielen, und Fran wird endlich einen Mann haben, der sie nicht verachtet.

Das Leben der Angestellten, wie Wilder es zeigt: acht Stunden Lüge jeden Tag. Die Vergnügungen der Angestellten: Betrug und Selbstbetrug. Ihre einzige Aufstiegschance: Duckmäusertum. Ihre einzige Erlösung: dem Chef den Krempel hinzuwerfen, laut die Wahrheit herauszubrüllen, den Aufzug nie wieder zu betreten.

Wilders größte Leistung als Regisseur und Drehbuchschreiber: wie er für Jack Lemmon und Shirley MacLaine die Rollen entwirft. Lemmon spielt einen Zuhälter, einen Duckmäuser, einen Lügner – und bewahrt doch genügend Selbstachtung, um uns sympathisch zu bleiben. Shirley MacLaine spielt die dumme Gans, die auf ihren Vorgesetzten hereinfällt, bloß weil der ein paar sentimentale Sprüche auswendig weiß und weil er raffiniert lügen kann. Dennoch wirkt sie nicht dämlich – und schon gar nicht berechnend. Ihre Verliebtheit ist ein ebenso fataler wie tragischer Irrtum. Als sie am Schluß diesen Irrtum erkennt, als sie, einer Laune folgend, zu Baxter rennt, seine Liebe annimmt – ist das nicht gerade ein Triumph des Wahrscheinlichkeits-Prinzips. Aber es ist ein unerhört tröstlicher und ermutigender Schluß.

One, Two, Three (1961)

Mit diesem Film brach Wilder gleich mehrere Geschwindigkeitsrekorde: Schneller als James Cagney konnte niemand sprechen; schneller als Horst Buchholz konnte sich keiner vom Kommunisten in einen Kapitalisten verwandeln; und schneller wurde noch nie ein Film von der Wirklichkeit überholt.

Schauplatz ist das geteilte Berlin. Zum vierten Mal also, nach

Während der Dreharbeiten zu ›One, Two, Three‹. Billy Wilder und Lieselotte Pulver.

Five Graves to Cairo, A Foreign Affair und *Witness for the Prosecution,* ein Film, der mit Deutschland und den Deutschen zu tun hat. Zum letzten Mal.

C. R. MacNamara ist Repräsentant für Coca-Cola in Berlin. Er lebt ständig im Cola-Rausch, hat ständig neue Ideen, neue

Projekte – und ist doch eigentlich eine Flasche. Seine Frau beschimpft ihn, seine Kinder nehmen ihn nicht ernst, und seine Projekte scheitern meistens. Und jetzt wird er auch noch vom Pech verfolgt: Sein Chef hat seine übermütige Tochter auf Europareise geschickt; während ihres Aufenthaltes in Berlin soll MacNamara sie betreuen und beschützen. Doch die Tochter büchst aus, verliebt sich in einen Bolschewiken, heiratet ihn sogar, und in wenigen Stunden wollen die Eltern zu Besuch nach Berlin kommen.

MacNamara ist ein guter Amerikaner und bleibt deshalb Herr der Lage. Er führt erst den Bolschewiken hinters Licht, dann die russischen und die ostdeutschen Behörden, schließlich auch den Chef – und ständig sich selber. Es geht MacNamara so wie dem Frosch in der Milch, der so lange strampelt, bis Butter daraus wird.

One, Two, Three mag nicht gerade von subtilem Humor sein – um so wirksamer sind seine derben Scherze. Selten wurde einem Komödienhelden so übel mitgespielt wie James Cagney als C. R. MacNamara. Da glaubt einer, der Aktive zu sein, und hechelt doch nur den laufenden Ereignissen hinterher. Ähnlich mag sich wohl Wilder gefühlt haben. Er hatte mit *The Apartment* gewonnen, was es zu gewinnen gab, und mußte nun dem eigenen Erfolg hinterherlaufen.

Irma La Douce (1963)

Seit *The Emperor Waltz,* Wilders erster Farbfilm – ein Märchen, so rührend und unwahrscheinlich, wie nur Märchen es sein können.

Schauplatz ist der »Bauch von Paris« – und vor allem die Gegend, die ein Stückchen darunter liegt.

Ein neuer Polizist geht Streife im Kiez, ein Mann von der allernaivsten Sorte. Er heißt Nestor (Jack Lemmon), hat von Prostituierten keine Ahnung und tritt prompt in alle Fettnäpfchen, die auf seinem Weg liegen. Er veranstaltet eine Razzia, verhaftet sämtliche Huren einschließlich ihrer Kunden (unter denen sich auch sein Chef befindet), nimmt, ohne es zu merken, Bestechungsgelder – und wird noch am gleichen Tag

Im Bauch von Paris – oder ein Stückchen darunter: Shirley MacLaine als Irma La Douce.

unehrenhaft aus dem Dienst entlassen. So schnell ist noch kein Wilderscher Held zu Boden gegangen. Am selben Abend aber findet er sein Glück: Er schlägt, eher zufällig, den brutalen Zuhälter des Mädchens Irma (Shirley MacLaine) k. o. – und wird so, nach den Regeln des Milieus, zu dessen Nachfolger: An einem Tag vom Moralapostel zum Loddel – das ist eine Metamorphose von wahrhaft Wilderscher Dimension. Aber Nestor ist nicht glücklich als Zuhälter; er will Irma für sich allein. Also geht er jeden Tag auf dem Fleisch- und Gemüsemarkt arbeiten und bringt dann, als reicher Kunde getarnt, das ganze Geld seiner Mätresse. So bringt er sich selber in Schwierigkeiten, denn Irma glaubt, ihr Loddel sei nur deshalb immer so müde, weil er sie mit einer anderen betrüge. Irma verliebt sich in ihren reichen Kunden und damit wie-

Razzia in der Rue Casanova. Jack Lemmon in ›Irma La Douce‹.

derum in Nestor. Das treibt diesen trotz allem zu rasender Eifersucht, und er beschließt, sein Alter ego zu ermorden.
Wegen dieses Mordes wird er verhaftet, verurteilt und ins Gefängnis gesteckt. Damit er freikommt, bedarf es weiterer
haarsträubender Unwahrscheinlichkeiten.

Nichts ist wahrscheinlich in *Irma La Douce* – aber alles ist
wahr: Ein Mann begibt sich für das Mädchen, das er liebt,
von einer absurden Situation in die nächste, noch absurdere.
Ein Mann quält sich, arbeitet sich ab, rutscht von einer Verkleidung in die nächste, von einer Lüge in eine andere, noch
groteskere. Er ist verrückt, und die Welt um ihn herum ist
noch verrückter als er – auch das gehört zur Logik der Figur
und des Films. Denn Nestor Patou liebt und wird geliebt, und
die Liebe sprengt eben alle Grenzen der Wahrscheinlichkeit.

Kiss Me, Stupid (1964)

Ein oft unterschätzter und umstrittener Film, als zynisch und
unmoralisch gescholten, und doch eher ein tröstliches Kino-
stück.

Im Grunde geht es Orville J. Spooner (Ray Walston) nicht
viel anders als Nestor Patou: Er hat Glück gehabt, unwahrscheinlich großes Glück; er hat die schönste Frau weit und
breit, er liebt sie, und sie liebt ihn. Aber wie Nestor Patou, so
leidet auch Orville J. Spooner an abgrundtiefer Eifersucht.
Gerade weil er nicht an die Treue seiner Frau glaubt, wird
auch Spooner zum Zuhälter. In seiner Freizeit nämlich komponiert Spooner, der als Klavierlehrer arbeitet, populäre
Schlager, ziemlich gute sogar. Aber er weiß nicht, wem er sie
verkaufen soll – bis eines Tages Dean Martin (der sich selber
spielt) in seinem Kaff strandet. Der Star ist trunksüchtig, ein
Schürzenjäger und wild entschlossen, Orvilles Frau zu verführen. Da Orville nicht glaubt, daß seine Frau dem Sänger
widerstehen kann, schickt er sie fort und engagiert an ihrer
Stelle die Hure Polly (Kim Novak). Die aber verliebt sich
nicht in Dean Martin, sondern in den Versager Orville. So
kommt es, daß die Hure die Nacht mit Spooner verbringt,
daß Dean Martin doch in den Armen der Ehefrau landet –

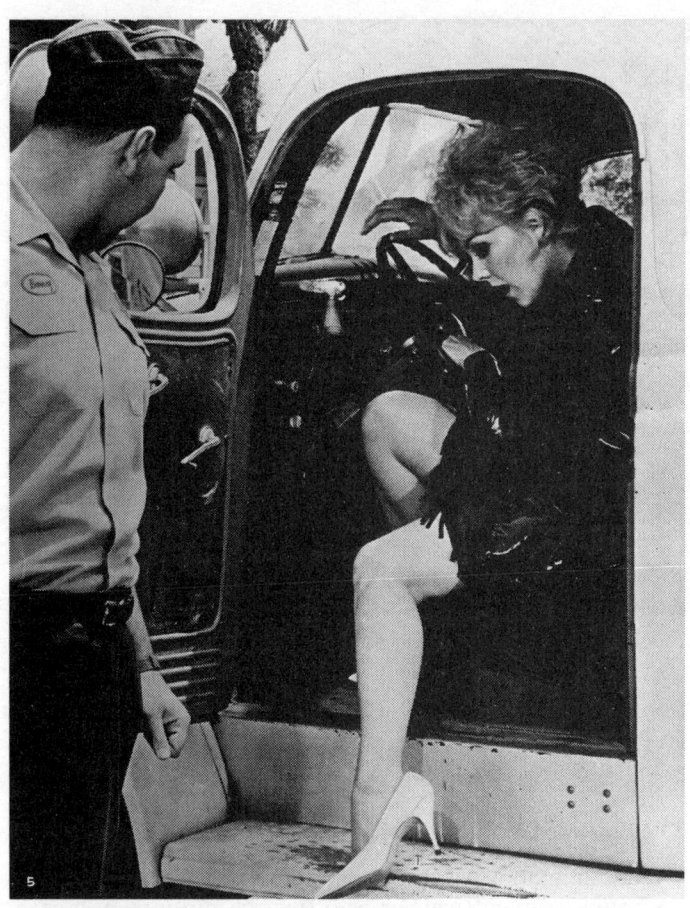

Ihr Name ist Programm: Polly the Pistol. Kim Novak mit Cliff Osmond in ›Kiss Me, Stupid!‹.

und daß die beiden einander doch treu bleiben und das Beste füreinander tun.

Wilders Film wurde als obszön und pornographisch beschimpft, als geschmacklos sowieso – dabei ist *Kiss Me, Stupid* nur gnadenlos realistisch. Ehemann und Ehefrau haben die besten Absichten – gerade deshalb wird er zum Zuhälter

Ray Walston, Dean Martin und Kim Novak in ›Kiss Me, Stupid!‹.

und sie zur Hure. Nicht sie versündigen sich an der Moral – es ist die herrschende, die doppelte Moral, die sie zu Sündern macht.

The Fortune Cookie (1966)

Wieder einmal: Maskeraden, Metamorphosen und ein bitteres *happy ending*. Zwei Versager tun sich zusammen, hoffen, daß sie Gewinner werden – und am Schluß stehen sie schlechter da als je zuvor.
Harry Hinkle (Jack Lemmon) ist Kameramann beim Fernsehen. Er filmt gerade ein Baseballspiel, da wird er von dem Starbaseballer Boom-Boom Jackson (Ron Rich) umgerannt, zu Boden geworfen, schwer verletzt und bleibt ohnmächtig liegen. Die Ohnmacht wird ihm bleiben, auch wenn er wieder aufwacht, denn jetzt sieht sein Schwager Willie (Walter Mat-

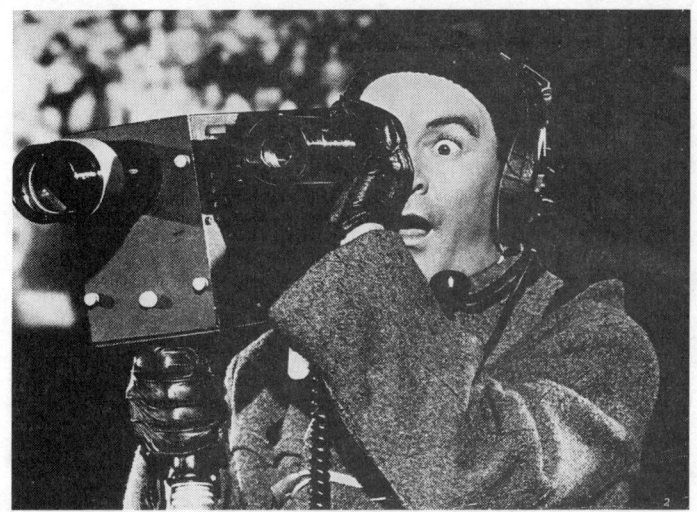

So blind kann nur ein Kameramann sein, daß er das Nächstliegende nicht erkennt. Jack Lemmon in ›The Fortune Cookie‹.

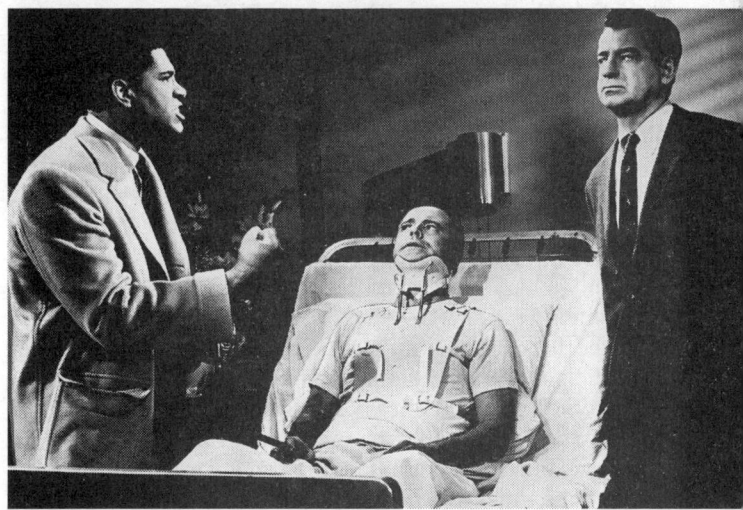

Der Beginn einer wunderbaren Freundschaft: Ron Rich, Jack Lemmon und Walter Matthau in ›The Fortune Cookie‹.

thau) seine Chance gekommen: Er überredet Harry, seine Verletzungen zu übertreiben, den Invaliden zu spielen und eine Million Dollar als Schmerzensgeld zu fordern.

Die beiden ziehen den Betrug durch, alles scheint gutzugehen, die Versicherung ist zum Zahlen bereit, da verdirbt Harry alles. Denn Boom-Boom, der Unglücksspieler, ist am Ende, auf dem Weg, sich selbst aufzugeben und an seinen Schuldgefühlen zu verzweifeln – und das kann Harry Hinkle nicht mit ansehen. Er entlarvt sich selbst als Betrüger, verliert die Versicherungssumme und hat dabei nichts zu gewinnen. Nur einen Freund, Boom-Boom, und seine Selbstachtung.

Das Ende spricht für sich selbst, ist frei von jedem Zynismus – fast schon ein Alterswerk. So unbekümmert, so frei von Häme hat der junge Wilder seine Helden nie von der Leinwand entlassen.

The Private Life of Sherlock Holmes (1970)

Was auf Leinwänden und Fernsehschirmen von Wilders Film übrigblieb, das ist nur ein Fragment. Der Film war als privater Bericht über Billy Wilders Denken und Filme gedacht, doch die Verleihfirma bestand auf einer ordentlichen Geschichte. Man kann also nur ahnen, was Wilder uns hier mitteilen wollte. Das Privatleben des Sherlock Holmes ist ziemlich trist: der Mann denkt zu viel und lebt zu wenig. Er sucht Trost im Kokain, wenn er nicht gerade einen Fall zu lösen hat. Eine zwiespältige Figur: Sherlock Holmes ist arrogant, hat unangenehme Manieren, ist von seiner Logik felsenfest überzeugt und behandelt seinen Freund Doktor Watson kaum besser als einen Hund.

Aber Sherlock Holmes ist auch eine tragische Gestalt. Er ist vermutlich zu klug für die normale Welt; er hat sich deshalb sein eigenes intellektuelles Reich geschaffen, wo die Logik regiert, wo Denken alles bedeutet und Fühlen nichts – ein Reich, das ihm längst zum Gefängnis geworden ist. Der einzig mögliche Fluchtweg ist der Kokainrausch.

Als dieser Mann sich verliebt, da kann er sich nur in eine Frau verlieben, die ihm ebenbürtig ist, und gerade weil diese Frau

Es sieht aus wie Nessi – aber es ist ein U-Boot. ›The Private Life of Sherlock Holmes‹.

ihm gewachsen ist, deshalb betrügt und belügt sie ihn auch. Die Dame ist eine deutsche Spionin, die den nichtsahnenden Holmes für ihre Zwecke benutzt. Daß sie ihn trotzdem liebt, das erfährt Holmes erst, als es zu spät für beide ist.

Todtraurig ist der Schluß: Holmes und Watson sitzen beim Frühstück, als ein Brief eintrifft, in dem die Rede von der Hinrichtung der Spionin ist. Da zeigt Holmes zwar keine Gefühlsregung, aber seit Monaten zum ersten Mal verlangt er wieder nach Kokain.

Mit *The Private Life of Sherlock Holmes* erzählte Wilder so ehrlich wie noch nie auch von sich selbst, von seiner Schärfe, seiner Härte und seinem Zynismus. Er mußte den Film kürzen, den gekürzten Film wollte kaum jemand sehen, und die, die ihn sahen, verstanden ihn nicht. Womöglich war der Film als Wilders Vermächtnis gedacht. Da ihn aber kaum jemand sah, geschweige denn verstand – deshalb mußte Wilder weiterkämpfen, weiterfilmen.

Avanti (1972)

Ein Erziehungsroman in knapp zwei Stunden, eine Travestie – und eine der ungewöhnlichsten Liebesgeschichten. Außerdem: eine Geschichte von unaufdringlicher Altersweisheit, so sympathisch unmodern, daß die Rezensenten der siebziger Jahre vor diesem Film standen wie Ochsen vor dem Mount Everest.

Wilder will nicht mehr überzeugen oder überreden, er ist nicht mehr so böse wie in seinen frühen Jahren; er hat einfach eine simple Geschichte gefunden, die sich ihr Ende selber sucht. Das gibt ihm die Freiheit, abzuschweifen, sich in Momente und Augenblicke zu verlieren, sich großzügig zu verhalten gegenüber Schauplätzen und Personen.

Von den Vätern lernen die Söhne: Wendell Armbruster (Jack Lemmon) ist ein amerikanischer Geschäftsmann: konservativ, anständig, strebsam und bigott. Er hat erfahren, daß sein Vater in Ischia verstorben ist, und er kommt nach Italien, um die Leiche abzuholen. Dabei findet er das Leben wieder.

Sein Vater, so muß Wendell Armbruster hören, hat ein Doppelleben geführt. Jedes Jahr im Sommer traf er sich auf Ischia mit seiner heimlichen Geliebten. Sie waren jahrelang glücklich miteinander, und die Familie in Amerika wußte nichts davon.

Auch Wendell will die Schande vertuschen. Daß sein Vater ein Ehebrecher war, das paßt nicht in sein Weltbild; denn er selbst ist stockbieder. Aber dann lernt Wendell das Mädchen Pamela kennen, die Tochter der Geliebten seines Vaters, er mag sie zunächst nicht, weil sie alles verkörpert, was er entbehrt. Es gibt keinen bestimmten Grund, es ist eher die Atmosphäre Italiens, die Wendell Armbruster dazu bewegt, seine bigotten Grundsätze zu vergessen und sich in das Mädchen Pamela zu verlieben.

Weil es sich schöner und präziser kaum ausdrücken läßt, hier ein Zitat von Wilders Exegeten und Interpreten, Neil Sinyard und Adrian Turner: »Am Ende von *Avanti* spürt man wohl zum ersten Mal in einem Wilder-Film die völlige Identifikation von Held und Regisseur. Was sie beide erreicht haben, ist die (…) Versöhnung ihrer Identität als Amerikaner und Europäer. Für Wendell wie für Wilder ist Amerika die Gegenwart, seine Arbeit, sein Zuhause, seine Frau. Europa ist die Vergangenheit, seine Geliebte – sein Herz.«

The Front Page (1974)

Ein Remake: Dem Film zugrunde liegt ein Bühnenstück von Ben Hecht und Charles MacArthur, das schon zweimal, 1931 von Lewis Mileston und 1940 von Howard Hawks, verfilmt worden ist.

Wilder macht daraus einen Kostümfilm. Er verlegt die Handlung in die Entstehungszeit des Stücks, ins Chicago der späten zwanziger Jahre, womit er die Aktualität der Story nur unterstreicht.

Es geht in *The Front Page* um Journalismus und Justiz; es geht also vor allem um Geld und Macht. Ein zum Tode Verurteilter ist entflohen und hat sich ausgerechnet im Pressezimmer des

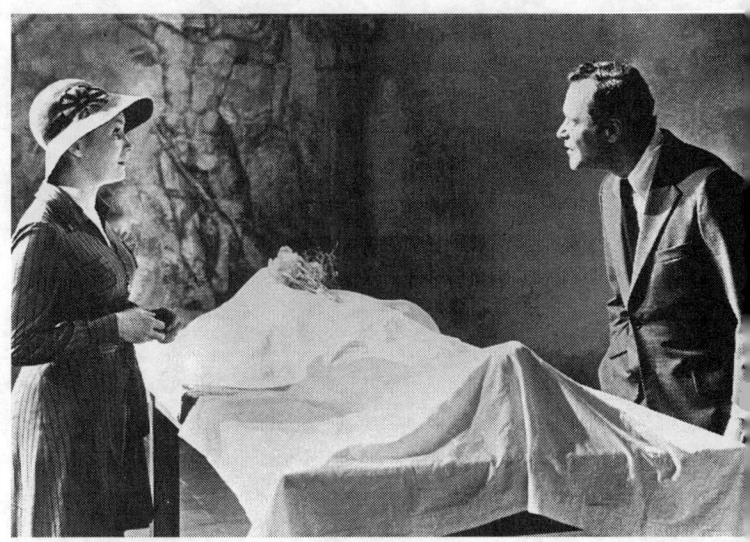

Sie leidet an Fettsucht, er an Nekrophilie: Juliett Mills und Jack Lemmon in ›Avanti!‹.

Gerichtsgebäudes versteckt. Der Starreporter Hildy Johnson spürt ihn auf, will ihm helfen – aber nur unter der Bedingung, daß der Verbarrikadierte ihm ein Exklusivinterview gibt. Nebenbei stellt sich heraus, daß der Mann unschuldig ist und trotzdem hängen soll; Sheriff und Bürgermeister brauchen für Prestige und Wiederwahl eine hübsche Hinrichtung. Die freie Presse ist auch nicht besser als die korrupte Justiz: Eine Nachricht ist auch nur eine Ware, und das Exklusivinterview mit dem entflohenen Todeskandidaten ist geradezu ein Sonderangebot.

Waren Milestones' und Hawks' Verfilmungen böse, aber doch gute Komödien, so kann man Wilders Film kaum noch diesem

Der Teufelsreporter: Jack Lemmon als Hildy Johnson in › The Front Page‹.

Jack Lemmon und Austin Pendleton in ›The Front Page‹.

Genre zurechnen. Seine Version von *Front Page* spielt zwar in den Zwanzigern, trägt aber doch alle bitteren Erfahrungen der folgenden Jahrzehnte in sich: Watergate, Vietnam und Studentenrevolte werden zwar nicht angesprochen, prägen aber doch die Atmosphäre des Films: Nichts wird sich ändern – und wenn doch, dann bestimmt nicht zum Guten.

Fedora (1978)

Hier schließt sich der Kreis: *Fedora* ist das Remake aller Filme, die Wilder bislang gemacht hat, ist eine Fortsetzung von *Sunset Boulevard,* ein Kommentar zum Leben und Sterben der Marilyn Monroe, eine Abrechnung mit der Filmindustrie – und eine Huldigung ans Kino.
Es gibt mehr Spiegel in diesem Film als handelnde Personen. Irgendwo dazwischen ist die Story verlorengegangen und *history* ist erschienen. Fedora erzählt keine Geschichte mehr:

267

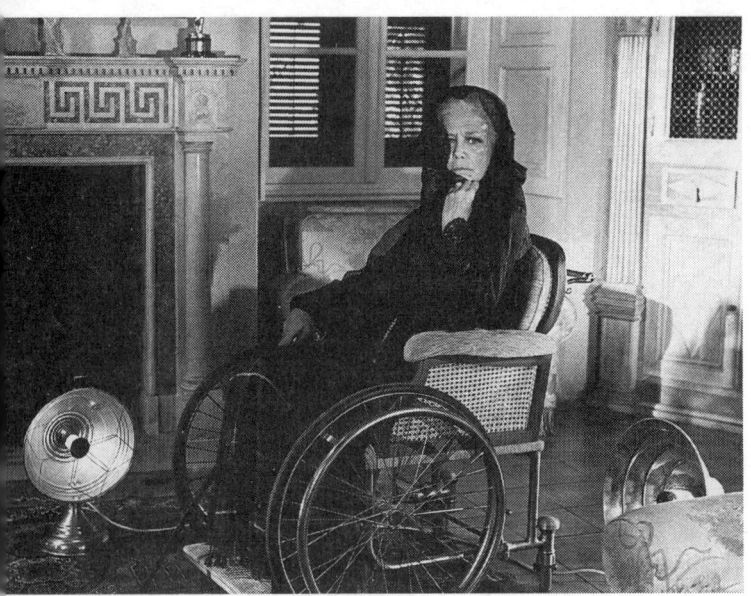

Hildegard Knef als ›Fedora‹.

Das Sujet des Films geht völlig auf in seiner Machart, der Film bedeutet nichts mehr; er erzählt von nichts als von sich selbst. Und was er ist, das ist seine Geschichte.

William Holden spielt Billy Wilder, Hildegard Knef spielt einen alternden und zerstörten Star, Marthe Keller spielt eine Frau, die einen Star simuliert, Michael York spielt sich selbst. Der Film besteht aus Rückblenden, die wiederum von Rückblenden unterbrochen werden. Alles ist erfunden, ausgedacht, Fiktion – daraus speist sich die Wahrheit des Films.

Fedora erzählt von einem Mann, der nach einer Frau, einem Filmstar, sucht und der dabei nur auf Lügen und Erfindungen stößt. Als er endlich die Wirklichkeit erfährt, ist die so grausam, daß er sie nicht glauben kann. Noch ein Kommentar Wilders zu seinem vermeintlich grausamen und zynischen Werk: Was hätten Kritik und Publikum erst gesagt, wenn er in seinen Filmen die nackte Realität gezeigt hätte?

Buddy, Buddy (1981)

Nach den Vermächtnissen noch ein letzter Film: Jack Lemmon und Walter Matthau und was aus ihnen geworden ist. Matthau als bezahlter Killer, Lemmon als potentieller Selbstmörder. Die beiden sind ganz schön heruntergekommen. In bester Form aber präsentiert sich ihr Regisseur; so als wollte er gerade erst seine Karriere starten, als wollte er sich als junger, frischer Regisseur in Hollywood etablieren, so schnell, so witzig und einfallsreich erzählt Wilder die Geschichte von den zwei Männern, die sich in die Quere kommen, widerwillig einander helfen, schließlich Freundschaft schließen.

Man soll dem Augenschein nicht trauen: Der Pfarrer ist ein professioneller Killer. Walter Matthau in › Buddy Buddy‹.

Brüder in Waffen: Jack Lemmon als der größte Versager aller Zeiten und Walter Matthau als bezahlter Mörder in ›Buddy Buddy‹.

Es ist, als wollte Billy Wilder mit einem gewaltigen Kraftakt alles abschütteln, was ihn in seinen letzten Filmen bewegt und bedrückt hat – und doch gelingt das nicht ganz: vor und hinter dem Gelächter in *Buddy, Buddy* scheint Verzweiflung auf, Billy Wilders Helden sind alt geworden, müde und verkommen.

Sie gehen noch einmal der Welt auf die Nerven, töten ganz nebenbei einen Mann und ziehen sich dann zurück auf eine tropische Insel: in den wohlverdienten Ruhestand. Schon dadurch werden sie zu lächerlichen Gestalten, denn Billie Wilder will und kann sich diesen Ruhestand nicht gönnen. Auf jener einsamen Insel würde er vermutlich vor Langeweile sterben.

Filmographie

Der Teufelsreporter (Im Nebel der Großstadt)
Produktion: Universal, Deutschland, 1929
Regie: Ernst Laemmle
Buch: Billie Wilder
Kamera: Charles Stumar
Bauten: Gustav A. Knauer, Willy Schiller
Darsteller: Eddie Polo (der Stenograph der Zeitung »Rapid«), Gritta Ley (Bessie), Maria Forescu (Madame Lourdier), Fred Grosser (der Redaktionsjunge Maxe), Robert Garrison (Jonas)
Länge: 65 Minuten

Menschen am Sonntag
Produktion: Moritz Seeler für Filmstudio, Deutschland, 1930
Regie: Robert Siodmak, Edgar G. Ulmer
Buch: Billie Wilder nach einer Reportage von Kurt Siodmak
Kamera: Eugen Schüfftan
Kameraassistenz: Fred Zinnemann
Darsteller: Erwin Splettstößer (Erwin, ein Taxichauffeur), Wolfgang von Waltershausen (Wolfgang, ein Weinvertreter), Brigitte Borchert (Brigitte, eine Schallplattenverkäuferin), Christl Ehlers (Christl, ein Mannequin), Annie Schreyer (Annie, die Daheimgebliebene), Valeska Gert, Kurt Geron, Ernst Verebes (prominente Photo-Statisten)
Länge: 74 Minuten

Der Mann, der seinen Mörder sucht
Produktion: UFA, Deutschland, 1931
Regie: Robert Siodmak
Buch: Ludwig Hirschfeld, Kurt Siodmak, Billie Wilder frei nach dem Bühnenstück »Jim, der Mann mit der Narbe« von Ernst Neubach
Kamera: Konstantin Tschet, Otto Baecker
Musik: Friedrich Hollaender
Bauten: Robert Herlth, Walter Röhrig
Darsteller: Heinz Rühmann (Hans Herfort), Lien Deyers (Kitty),

Raimund Janitschek (Otto Kuttlapp), Hans Leibelt (Adamowski), Hermann Speelmans (Jim), Friedrich Hollaender (Vorsitzender der »Weißen Weste«), Gerhard Bienert (Schupo), Hermann Blaß, Franz Fiedler, Eberhard Mack, Fritz Odemar, Erik Schütz, Rolant Varno, Wolfgang von Waltershausen
Länge: 74 Minuten

Ihre Hoheit befiehlt

Produktion: UFA, Deutschland, 1931
Regie: Hanns Schwarz
Buch: Robert Liebmann, Paul Frank, Billie Wilder
Kamera: Günther Rittau, Konstantin Tschet, Hermann Fritzsching
Musik: Werner Richard Heymann
Bauten: Erich Kettelhut
Darsteller: Willy Fritsch (Leutnant von Conradi), Käthe von Nagy (Prinzessin Marie-Christine), Reinhold Schünzel (Staatsminister), Paul Hörbiger (Pipac, Hofdetektiv), Paul Heidemann (Fürst von Leuchtenstein), Michael von Newlinski (Rittmeister), Eugen Tiller (Major), Kenneth Rive (König), Karl Platen (Kammerdiener), Erich Kestin (Bursche bei Conradi), Erik Schütz (Stimmungssänger), Comedian Harmonists [Robert Biberti, Erwin Bootz, Erich Collin, Roman Cycowski, Harry Frommermann, Ari Leschnikoff] (Köche), Attila Hörbiger, Ferdinand Martini, Edgar Pauly, Fritz Spira, Wolfgang von Schwind
Länge: 96 Minuten

Der falsche Ehemann

Produktion: UFA, Deutschland, 1931
Regie: Johannes Guter
Buch: Paul Frank, Billie Wilder
Kamera: Carl Hoffmann
Schnitt: Constantin Mick
Ton: Dr. Erich Leistner
Musik: Norbert Glanzberg
Bauten (Entwürfe): Robert Herlth, Walter Röhrig
Bauten (Ausführung): Werner Schlichting
Darsteller: Johannes Riemann (Peter Hannemann; Paul, sein Zwillingsbruder), Maria Paudler (Ruth, Peters Frau), Gustav Waldau

(H. H. Hardegg aus Buenos Aires), Jessie Vihrog (Ines, seine Tochter), Tibor von Halmay (Maxim Tartakoff), Martha Ziegler (Fräulein Schulze, Sekretärin), Fritz Strehlen (Maharadscha), Klaus Pohl
Länge: 85 Minuten

Emil und die Detektive
Produktion: UFA, Deutschland, 1931
Regie: Gerhard Lamprecht
Buch: Billie Wilder nach dem gleichnamigen Roman von Erich Kästner
Kamera: Werner Brandes
Musik: Allan Gray
Bauten: Werner Schlichting
Darsteller: Fritz Rasp (Grundeis), Käte Haack (Frau Tischbein), Rolf Wenkhaus (Emil Tischbein, ihr Sohn), Rudolf Biebrach (Wachtmeister Jeschke), Olga Engl (Großmutter), Inge Landgut (»Pony Hütchen«), Hans Joachim Schaufuß (»Gustav mit der Hupe«), Hubert Schmitz (»Professor«), Hans Richter (»Fliegender Hirsch«), Hans Albrecht Löhr (»Dienstag«), Ernst-Eberhard Reling (Gerold), Waldemar Kupzyk (Mittenzwei), Martin Baumann, Gerhard Dammann, Rudolf Lettinger, Margarete Sachse, Georg Heinrich Schnell
Länge: 75 Minuten

Es war einmal ein Walzer
Produktion: Aafa, Deutschland, 1932
Regie: Viktor Janson
Buch: Billie Wilder
Kamera: Heinrich Gärtner
Musik: Franz Lehár
Bauten: Jack Rotmil
Darsteller: Marta Eggerth (Steffi Pirzinger), Rolf von Goth (Rudi Möbius), Ernst Verebes (Gustl Linzer), Paul Hörbiger (Franz Pirzinger), Lizzi Natzler (Lucie Weidling), Albert Paulig (Assessor Pfennig), Ida Wüst (Frau Generalkonsul Weidling), Fritz Greiner (Fiakerkutscher), Ernst Pröckl (Kellner), Paul Wrede (Silhouettenschneider), Lina Woiwode (Frau Zacherl), Hermann Blaß (Notar

Sauerwein), Marcel Wittrisch, Ernst Wurmser, Trude Rosen, Kitty
Meinhardt, Elvira Hille, das Aafa-Ballett
Länge: 79 Minuten

Ein blonder Traum
Produktion: Erich Pommer für UFA, Deutschland, 1932
Regie: Paul Martin
Buch: Walter Reisch, Billie Wilder
Kamera: Günther Rittau, Otto Baecker, Konstantin Tschet
Musik: Werner Richard Heymann
Bauten: Erich Kettelhut
Darsteller: Lilian Harvey (Jou-Jou), Willy Fritsch (Willy I), Willi
Forst (Willy II), Paul Hörbiger (»Vogelscheuche«), Trude Hester-
berg (»Illustrierte Ilse«), C. Hooper Trask (Charles J. Merryman),
Hans Deppe (sein Sekretär), Wolfgang Heinz (Portier), Barbara
Pirk, Ina van Elben, Ernst Behmer, Hugo Döblin
Länge: 101 Minuten

Scampolo, ein Kind der Straße
Produktion: Lothar Stark GmbH, Deutschland, 1932
Regie: Hans Steinhoff
Buch: Billie Wilder, Max Kolpe nach dem Bühnenstück »Scam-
polo« von Dario Niccodemi
Kamera: Curt Courant, Hans Androschin
Musik: Franz Wachsmann
Bauten: Hans Sohnle, Otto Erdmann, Emil Stepanek
Darsteller: Dolly Haas (Scampolo), Karl Ludwig Diehl (Maximi-
lian), Oskar Sima (Bankier Philipps), Paul Hörbiger (Gabriel),
Hedwig Bleibtreu (Frau Schmidt)
Länge: 87 Minuten

Das Blaue vom Himmel
Produktion: Aafa-Film GmbH, Deutschland, 1932
Regie: Viktor Janson
Buch: Billie Wilder, Max Kolpe
Kamera: Heinrich Gärtner
Musik und musikalische Leitung: Paul Abraham
Bauten: Jack Rotmil

Darsteller: Marta Eggerth (Anni Müller), Hermann Thimig (Hans Meier), Ernst Verebes (der »flotte Hugo«), Fritz Kampers (Tobias), Margarete Schlegel (»Zigaretten-Cilly«), Jakob Tiedtke (»U-Papa«), Margarete Kupfer (Frau Breitsprecher), Hans Richter (Tommy), Walter Steinbeck (O. F. Piper, Generaldirektor), Mathilde Sussin, Erich Kestin, Ernst Behmer, Otto Sauter-Sarto, Erwin van Roy
Länge: 82 Minuten

Madame wünscht keine Kinder

Produktion: Lothar Stark GmbH, Deutschland/Österreich, 1933
Regie: Hans Steinhoff
Buch: Billie Wilder, Max Kolpe nach dem Roman »Madame ne veut pas d'enfants« von Clément Vautel
Kamera: Willy Goldberger, Hans Androschin
Musik: Bronislaw Kaper, Walter Jurmann
Bauten: Hans Sohnle, Otto Erdmann, Emil Stepanek
Darsteller: Georg Alexander (Dr. Felix Rainer, Kinderarzt), Liane Haid (Madelaine, seine Zukünftige), Erika Glässner (Frau Wengert, ihre »vielsagende« Mama), Lucie Mannheim (Luise, seine Verflossene), Otto Wallburg (Herr Balsam, kein diskreter Herr), Hans Moser (ein aufgeweckter Schlafwagenschaffner), Willi Stettner (Adolf, eine Begleiterscheinung)
Länge: 86 Minuten

Was Frauen träumen

Produktion: Super-Film GmbH, Deutschland, 1933
Regie: Géza von Bolváry
Buch: Franz Schulz, Billie Wilder
Kamera: Willy Goldberger
Musik und musikalische Leitung: Robert Stolz
Bauten: Emil Hasler
Darsteller: Nora Gregor (Rina Korff), Gustav Fröhlich (Walter König), Kurt Horwitz (Levassor alias John Constantinescu), Otto Wallburg (Kleinsilber), Peter Lorre (Otto Füssli), Carl Auen, Erik Ode, Lya Christy, Kurt Lilien, Eric Helgar, Walter Steinbeck, Hilde Maroff
Länge: 81 Minuten

Adorable
Produktion: Fox, USA, 1933
Regie: William Dieterle
Buch: George Marion Jr., Jane Storm nach einer Story von Paul Frank, Billie Wilder
Kamera: John F. Seitz
Musik: Werner R. Heymann
Darsteller: Janet Gaynor (Mädchen), Henri Garat (junger Mann), C. Aubrey Smith (Premierminister), Herbert Mundin (Detektiv), Blanche Frederici (Gräfin), Hans von Twardowski
Länge: 88 Minuten

Mauvaise Graine
Produktion: Compagnie Nouvelle Commerciale, Frankreich, 1934
Regie: Billie Wilder, Alexander Esway
Buch: Billie Wilder, Hanns G. Lustig, Max Kolpe nach einer Idee von Billie Wilder
Dialoge: Claude-André Puget
Kamera: Paul Cotteret, Maurice Delattre
Musik: Franz Wachsmann, Allan Gray
Bauten: Robert Gys
Darsteller: Pierre Mingand (Henry Pasquier), Danielle Darrieux (Jeannette), Gaby Héritier (Gaby), Raymond Galle (»Jean la Cravate«), Jean Wall (»Zebra«), Michel Duran (»Chef«), Paul Velsa (Mann mit Erdnüssen), Paul Escoffier (Dr. Pasquier), Maupi (Mann mit Panamahut), Georges Malkine (Sekretär), Georges Cahuzac (Herr)
Länge: 89 Minuten

Music in the Air
Produktion: Fox, USA, 1934
Regie: Joe May
Buch: Robert Liebmann, Howard I. Young, Billy Wilder nach dem gleichnamigen Musical von Jerome Kern, Oscar Hammerstein II
Kamera: Ernest Palmer
Musik: Jerome Kern
Liedertexte/Libretto: Oscar Hammerstein II
Musikalische Bearbeitung: Franz Waxman

Musikalische Leitung: Louis De Francesco
Choreographie: Jack Donohue
Bauten: William Darling
Kostüme: René Hubert
Darsteller: Gloria Swanson (Frieda), John Boles (Bruno Mahler), Douglass Montgomery (Karl Roder) [Gesangsstimme: Dave O'Brien], June Lang (Sieglinde Lessing) [Gesangsstimme: Betty Hiestand], Al Shean (Dr. Walter Lessing), Reginald Owen (Weber), Joseph Cawthorn (Uppmann), Hobart Bosworth (Cornelius), Sara Haden (Martha), Roger Imhof (Bürgermeister), Jed Prouty (Kirschner), Christian Rub (Zipfelhuber), Fuzzy Knight (Nick), Marjorie Main (Anna), George Chandler (Bühnenassistent), Ferdinand Munier (Gastwirt), Grace Hayle (seine Frau), Otto Fries (Metzger), Torben Meyer (Drogist), Otis Harlan (Bäkker), Herbert Heywood (Feuerwehrhauptmann), Lee Kohlmar (Priester), Adolph Dorr (bärtiger Bauer), Perry Ivins (Rundfunktechniker), Ann Howard (Elsa), Betty Jane Graham (Marguerita), Stanley J. (»Tiny«) Sandford (Mitglied des Gemeinderats)
Länge: 85 Minuten

Lottery Lover
Produktion: Fox, USA, 1935
Regie: William Thiele
Buch: Franz Schulz, Billy Wilder nach einer Story von Siegfried M. Herzig, Maurice Hanline
Kamera: Bert Glennon
Musik: Jay Gorney
Musikalische Leitung: Arthur Lange
Bauten: William Darling
Kostüme: René Hubert
Darsteller: Lew Ayres (Frank Harrington), »Pat« Paterson (Patty), Peggy Fears (Gaby Aimée), Sterling Holloway (Harold Stump), Walter King (Prinz Midanoff), Alan Dinehart (»Tank«), Reginald Denny (Captain Payne), Eddie Nugent (Gibbs), Nick Foran (Allen Taylor), Rafaela Ottiano (Gabys Dienstmädchen)
Länge: 82 Minuten

Champagne Waltz
Produktion: Paramount, USA, 1937
Regie: A. Edward Sutherland
Buch: Don Hartman, Frank Butler nach einer Story von Billy Wilder, H. S. Kraft
Kamera: William Mellor
Musik: Victor Young
Darsteller: Gladys Swarthout (Elsa Strauß), Fred MacMurray (Buzzy Bellew), Jack Oakie (Happy Gallagher), Veloz (Larry), Yolanda (Anna), Herman Bing (Max Snellinek), Fritz Leiber (Franz Strauß), Vivienne Osborne (Gräfin), Frank Forest (Karl Lieberlich), Benny Baker (Flip), Ernest Cossart (Kellner), James Burke (Mr. Scribner), Maude Eburne (Mrs. Scribner), Maurice Cass (Hugo), Guy Bates Post (Lumvedder), Michael Visaroff (Ivanovitch), Ferdinand Munier (Bürgermeister), Sam Savitsky (Polizeichef), Emil Hoch (Küchenchef), Henry Roquemore, Russ Powell (Männer mit Schnurrbärten), Ralph Fitzsimmons (Jiggs), Lillian Castle (Maggie), Stanley Price (Johann Strauß), Rudolph Anders (Franz Joseph), Nick Lukats (junger Mann), Irene Bennett (junges Mädchen), Henry Manna (Heinrich), Alex Pollard (Kellner), Tony Merlo (Oberkellner), Raymond Brown (Portier), Harold Nelson (Fahrer), Martha Bamattre, Alex Woloshin (Bauern), Nora Cecil, Arthur Stuart Hull, Ralph Brooks, Harry Stafford, Bernard Suss, Thomas A. Curran
Länge: 85 Minuten

Bluebeard's Eighth Wife (Blaubarts achte Frau)
Produktion: Paramount, USA, 1938
Regie: Ernst Lubitsch
Buch: Charles Brackett, Billy Wilder nach dem Bühnenstück »La huitième femme de Barbe-Bleu« von Alfred Savoir in der englischen Adaptation von Charlton Andrews
Kamera: Leo Tover
Musik: Frederick Hollander, Werner R. Heymann
Musikalische Leitung: Boris Morros
Bauten: Hans Dreier, Robert Usher
Kostüme: Travis Banton
Darsteller: Claudette Colbert (Nicole de Loiselle), Gary Cooper

(Michael Brandon), Edward Everett Horton (Marquis de Loiselle), David Niven (Albert de Regnier), Elizabeth Patterson (Tante Hedwige), Herman Bing (Monsieur Pepinard), Warren Hymer (Kid Mulligan), Franklin Pangborn, Armand Cortes (Hotelgeschäftsführer), Rolfe Sedan (Abteilungsleiter), Lawrence Grant (Professor Urganzeff), Lionel Pape (Monsieur Potin), Tyler Brooke (Verkäufer), Tom Ricketts (Onkel André), Barlowe Borland (Onkel Fernandel), Charles Halton (Monsieur de la Coste, Präsident), Olaf Hytten (sein Diener), Michael Visaroff (Vizepräsident), Jacques Vanaire (Direktor), Pauline Garon (Kundin), Ray de Ravenne (Verkaufsgehilfe), Sheila Darcy (Dienstmädchen), Blanche Franke (Kassiererin), Joseph Romantini (Oberkellner), Alphonse Martell (Hotelangestellter), Harold Minjir (Photograph), Gino Corrado (Kellner, der den Marquis bedient), Ellen Drew (Sekretärin), Leon Ames (Ex-Chauffeur), Jimmie Dime (Boxer), Alex Woloshin, George Davis (Gepäckträger), Henry Roquemore (dicker Mann), Albert d'Arno (Zeitungsverkäufer), Hooper Atchley (aufgeregter Reisender), John Picorri (Schaffner), Joseph Crehan (amerikanischer Tourist), Paul Bryar (Rundfunksprecher), Grace Goodall (Schwester), Marie Burton, Dorothy Dayton, Paula de Cardo, Norah Gale, Harriette Haddon, Barbara Jackson, Lola Jenson, Gwen Kenyon, Joyce Mathews, Carol Parker, Suzanne Ridgway, Ruth Rogers, Dorothy White, Gloria Williams
Länge: 80 Minuten

Midnight

Produktion: Paramount, USA, 1939
Regie: Mitchell Leisen
Buch: Charles Brackett, Billy Wilder nach einer Story von Edwin Justus Mayer, Franz Schulz
Kamera: Charles B. Lang Jr.
Musik: Frederick Hollander
Bauten: Hans Dreier, Robert Usher
Darsteller: Claudette Colbert (Eve Peabody), Don Ameche (Tibor Czerny), John Barrymore (Georges Flammarion), Francis Lederer (Jacques Picot), Mary Astor (Hélène Flammarion), Elaine Barrie (Simone), Hedda Hopper (Stephanie), Rex O'Malley (Marcel),

Monty Woolley (Richter), Armand Kaliz (Lebon), Lionel Pape (Edouart), Ferdinand Munier (Majordomus), Gennaro Curci (Majordomus), Carlos de Valdez (Butler), Leander de Cordova, William Eddritt, Michael Visaroff, Joseph Romantini (Diener), Leonard Sues (Page), Eddie Conrad (Prinz Potopienko), Arno Frey (Hotelangestellter), Elspeth Dudgeon (Witwe), Helen St. Rayner (Sängerin), Joseph De Stefani, Eugen Borden, Paul Bryar (Gepäckträger), Robert Graves (Portier), Billy Daniels (Roger), Bryant Washburn (Gast), Max Luckey (Rechtsanwalt), Alexander Leftwich (Gerichtsdiener), Donald Reed (Ferdinand), Louis Mercier (Léon), Nestor Paiva (Begleiter), Harry Semels (Polizist), Harry J. Vejar (Garagenwart), Judith King, Joyce Mathews
Länge: 94 Minuten

What a Life
Produktion: Paramount, USA, 1939
Regie: Jay Theodore Reed
Buch: Charles Brackett, Billy Wilder nach dem gleichnamigen Bühnenstück von Clifford Goldsmith
Kamera: Victor Milner
Bauten: Hans Dreier, Earl Hedrick
Darsteller: Jackie Cooper (Henry Aldrich), Betty Field (Barbara Pearson), John Howard (Mr. Nelson), Janice Logan (Miss Shea), Vaughan Glaser (Mr. Bradley), Lionel Stander (Ferguson), Hedda Hopper (Mrs. Aldrich), James Corner (George Bigelow), Dorothy Stickney (Miss Wheeler), Kathleen Lockhart (Miss Pike), Lucien Littlefield (Mr. Patterson), Sidney Miller (Pinkie Peters), Andrew Tombes (Professor Abernathy), George Guhl (Pförtner), Arthur Aylesworth (MacGowan), Wilda Bennett (Miss Doolittle), Bennie Bartlett (Butch Williams), Kay Stewart (Marjorie, Tambourmajorette), Leonard Sues (Harold), Eddie Brian (Don Bray), Janet Waldo (Gwen), Betty MacLaughlin (Jessie), Douglas Fahy (Tony Milligan), Roberta Smith (Gertie), Nora Cecil (Miss Eggleston), Elisha Cook Jr. (Schüler)
Länge: 75 Minuten

Ninotchka (Ninotschka)
Produktion: MGM, USA, 1939

Regie: Ernst Lubitsch
Buch: Charles Brackett, Billy Wilder, Walter Reisch nach eine Story von Melchior Lengyel
Kamera: William Daniels
Musik: Werner R. Heymann
Bauten: Cedric Gibbons, Randall Duell
Kostüme: Gilbert Adrian
Darsteller: Greta Garbo (Ninotchka [Nina Ivanovna Yakushova]), Melvyn Douglas (Graf Léon d'Algout), Ina Claire (Großfürstin Swana), Bela Lugosi (Kommissar Razinin), Sig Rumann (Michael Simonovitch Iranoff), Felix Bressart (Buljanoff), Alexander Granach (Kopalski), Gregory Gaye (Graf Alexis Rakonin), Rolfe Sedan (Hoteldirektor), Edwin Maxwell (Mercier), Richard Carle (Gaston), Wolfgang Zilzer (Taxifahrer), Dorothy Adams (Jacqueline, Swanas Zofe), Jenifer Gray, Peggy Moran, Kay Stewart (Zigarettenmädchen), Alexander Schonberg (Deutscher auf Bahnsteig), Lucille Pinson (Deutsche auf Bahnsteig), George Davis (Gepäckträger), Marek Windheim (Empfangschef), Frank Reicher, Edwin Stanley (Rechtsanwälte), Charles Judels (Père Mathieu, Restaurantbesitzer), Constantine Romanoff (Mann im Restaurant), Armand Kaliz (Louis, Oberkellner), Lawrence Grant (General Savitsky), Mary Forbes (Lady Lavenham), Florence Shirley (Marianne), Elizabeth Williams (entrüstete Frau), Monya Andre, Symona Boniface, Emily Cabanne, Bess Flowers, Sandra Morgan, Elinor Vandivere (Klatschtanten), William Irving (Barkeeper), George Tobias (Russe im Visa-Büro), Tamara Shayne (Anna), Harry Semels (Gurganov), Jody Gilbert (Schaffnerin), Paul Weigel (Vladimir)
Länge: 108 Minuten

Arise, My Love
Produktion: Paramount, USA 1940
Regie: Mitchell Leisen
Buch: Charles Brackett, Billy Wilder nach einer Story von Benjamin Glazer, John S. Toldy
Kamera: Charles B. Lang Jr.
Musik: Victor Young
Bauten: Hans Dreier, Robert Usher

Darsteller: Claudette Colbert (Augusta Nash), Ray Milland (Tom Martin), Dennis O'Keefe (Shep), Walter Abel (Philips), Dick Purcell (Pink), George Zucco (Gefängnisdirektor), Frank Puglia (Pater Jacinto), Esther Dale (Susie), Paul Leyssac (Bresson), Ann Codee (Madame Bresson), Stanley Logan (Col. Tubbs-Brown), Lionel Pape (Lord Kettlebrook), Aubrey Mather (Achille), Cliff Nazarro (Botzelberg), Michael Mark (sein Assistent), Jesus Topete (Wache), Nestor Paiva (Angestellter in Uniform), Fred Malatesta (Mechaniker), Juan Duval (Fahrer), Paul Bryar (Empfangschef), George Davis (Gepäckträger), Alan Davis (Kameramann), Jean Del Val (Schaffner), Sarah Edwards, Fern Emmett (alte Jungfern), Olaf Hytten, Louis Mercier, Guy Repp, Jacques Vanaire (Angestellte), Major Fred Farell (Taxifahrer), George Bunny (Fiakerkutscher), Mrs. Wilfrid North, Paul Everton (Ehepaar), Marcel de la Brosse, Maurice Maurice, François Richier (französische Zeitungsverkäufer), Douglas Kennedy (Student), Charles de Ravenne (Page), Charles Bastin (Liftboy), Mme. Louise Colombet (Blumenverkäuferin), Armand Kaliz (Dirigent), Gregory Golubeff (erster Geiger), Jon Easton (Kellner im »Café Magenta«), Eugene Borden, Jean De Briac (Kellner im »Maxim«), Bess Flowers, Major Sam Harris (Gäste im »Maxim«), Irene Colman, Nadia Petrova, Blanca Vischer (Mädchen im »Maxim«), Poppy Wilde (ungarisches Mädchen), Reginald Sheffield (Steward), David Thursby (irischer Fischer), Tempe Pigott (Frau im irischen Pub), Ellis Irving (RAF-Pilot), Robert O. Davis (deutscher Offizier), Frank Bruno (italienischer Korrespondent in Unifrom), Alphonse Martell, Rafael Storm (französische Korrespondenten in Uniform), Leyland Hodgson (englischer Korrespondent in Uniform), Anthony Nace (amerikanischer Korrespondent in Uniform), Sherry Hall, Jack Luden (amerikanische Korrespondenten), Anthony Merlo (italienischer Korrespondent), Douglas Grant (deutscher Leutnant), Hans Furberg, Knud Kreuger (deutsche Posten), Sigfrid Tor (Deutscher).
Länge: 113 Minuten

Hold Back the Dawn (Das goldene Tor)
Produktion: Paramount, USA, 1941
Regie: Mitchell Leisen

Buch: Charles Brackett, Billy Wilder nach dem gleichnamigen Roman von Ketti Frings
Kamera: Leo Tover
Musik: Victor Young
Bauten: Hans Dreier, Robert Usher
Kostüme: Edith Head
Darsteller: Charles Boyer (Georges Iscovescu), Olivia de Havilland (Emmy Brown), Paulette Goddard (Anita Dixon), Victor Francen (Professor van den Luecken), Walter Abel (Inspektor Hammock), Curt Bois (Anatole Bonbois), Rosemary De Camp (Berta Kurz), Eric Feldary (Josef Kurz), Nestor Paiva (Flores), Eva Puig (Lupita), Micheline Cheirel (Christine van den Luecken), Madeleine LeBeau (Anni van den Luecken), Billy Lee (Tony), Mikhail Rasumny, Jesus Topete, Tony Roux (Automechaniker), Charles Arnt (Mr. MacAdams), Arthur Loft (Mr. Elvestad), Mitchell Leisen (Mr. Saxon), Brian Donlevy, Veronica Lake, Richard Webb (Schauspieler bei Dreharbeiten), William Faralla (Regieassistent), Sonny Boy Williams (Sam), Edward Fielding (amerikanischer Konsul), Don Douglas (Joe), Francisco Maran (mexikanischer Arzt), Carlos Villarias (mexikanischer Richter), Gertrude Astor, Chester Clute (Gäste in der Climax Bar), June Pickrell (Mrs. Brown), Buddy Messinger (Liftboy), George Anderson (Emmys Arzt), Pauline Wagner (Krankenschwester), Harry Shannon (amerikanischer Einwanderungsbeamter), Henry Roquemore (Autofahrer), Ella Neal (Braut), Ray Mala (mexikanischer Bräutigam), Antonio Filauri (mexikanischer Priester), Placido Sigueiros (alter Peon), Soledad Jiminez (seine Frau), Daniel Rea (Fahrer des Ochsenkarrens), Russ Clark, Alden Chase (Polizisten im Streifenwagen), Katharina Booth, Jean Philips (junge Angestellte), June Wilkins (Vivienne Worthington), Harold F. Landon (Studioführer), Norman Ainsley (Kellner mit Tablett), Leon Belasco (Mr. Spitzer), John Hamilton (Mac), Kitty Kelly (Amerikanerin beim Stierkampf), Martin Faust (Tankwart), James Flavin, Gordon DeMain (Grenzbeamte), Frank E. Dae, Mrs. Wilfrid North, Mitchell Ingraham
Länge: 115 Minuten

Ball of Fire (Die merkwürdige Zähmung der Gangsterbraut Sugarpuss)
Produktion: RKO, USA, 1941
Regie: Howard Hawks
Buch: Charles Brackett, Billy Wilder nach der Story »From A to Z« von Billy Wilder, Thomas Monroe
Kamera: Gregg Toland
Musik: Alfred Newman
Bauten: Perry Ferguson, McClure Capps
Kostüme für Barbara Stanwyck: Edith Head
Darsteller: Gary Cooper (Professor Bertram Potts), Barbara Stanwyck (Linda »Sugarpuss« O'Shea) [Gesangsstimme: Martha Tilton], Oscar Homolka (Professor Gurkakoff), Henry Travers (Professor Jerome), S. Z. Sakall (Professor Magenbruch), Tully Marshall (Professor Robinson), Leonid Kinskey (Professor Quintana), Richard Haydn (Professor Oddly), Aubrey Mather (Professor Peagram), Allen Jenkins, Walter Shumway, George Barton (Müllmänner), Dana Andrews (Joe Lilac), Dan Duryea (Duke Pastrami), Ralph Peters (Asthma Anderson), Kathleen Howard (Miss Bragg), Mary Field (Miss Totten), Charles Lane (Larsen), Charles Arnt (McNeary), Elisha Cook Jr. (Kellner), Alan Rhein (»Horseface«), Eddie Foster (»Pinstripe«), Will Lee (»Bennie the Creep«), Aldrich Bowker (Friedensrichter), Addison Richards (Staatsanwalt), Pat West (Penner), Jack Perry (Schläger), Tommy Ryan (Zeitungsjunge), Gerald Pierce (Bote), Francis Sayles (Taxifahrer), Chet De Vito (Brückengeldkassierer), Otto Hoffmann (Mann am Bühneneingang), Geraldine Fissette (Hula-Tänzerin), June Horne, Ethelreda Leopold (Kindermädchen im Park), Kenneth Howell (Student), Helen Steamon, Catherine Henderson (Studentinnen), Edward Clark (Motelbesitzer), Tim Ryan (Polizist auf Motorrad), Eddy Chandler, Ken Christy, Lee Phelps, Dick Rush, Oscar »Chalky« Williams (Polizisten), Pat Flaherty, George Sherwood (Hilfssheriffs), Doria Caron, Merrilee Lannon, Loraine Miller, Mildred Morris, Ed Mundy, Gene Krupa and His Orchestra
Länge: 111 Minuten

The Major and the Minor
Produktion: Paramount, USA, 1942

Regie: Billy Wilder
Buch: Charles Brackett, Billy Wilder, angeregt durch das Bühnenstück »Connie Goes Home« von Edward Childs Carpenter und die diesem zugrundeliegende Kurzgeschichte »Sunny Goes Home« von Fannie Kilbourne
Kamera: Leo Tover
Musik: Robert Emmett Dolan
Bauten: Hans Dreier, Roland Anderson
Kostüme: Edith Head
Darsteller: Ginger Rogers (Susan Applegate), Ray Milland (Major Philip Kirby), Rita Johnson (Pamela Hill), Robert Benchley (Mr. Osborne), Diana Lynn (Lucy Hill), Edward Fielding (Colonel Hill), Frankie Thomas (Kadett Osborne), Raymond Roe (Kadett Wigton), Charles Smith (Kadett Corner), Larry Nunn (Kadett Babcock), Billy Dawson (Kadett Miller), Lela Rogers (Mrs. Applegate), Aldrich Bowker (Reverend Doyle), Boyd Irwin (Major Griscom), Byron Shores (Captain Durand), Richard Fiske (Will Duffy), Norma Varden (Mrs. Osborne), Gretl Dupont (Mrs. Shackleford), Stanley Desmond (Shumaker), Billy Ray (Kadett Summerville), Marie Blake (Bertha), Dell Henderson (Portier), Ken Lundy (Liftboy), Will Wright, William Newell (Fahrkartenverkäufer), Tom McGuire (Zeitungsverkäufer), Mary Field (Mutter am Bahnhof), Carlotta Jelm (kleines Mädchen im Bahnhof), Milton Kibbee (Bahnangestellter), Stanley Andrews, Emory Parnell (Schaffner), Edward Peil Sr. (Stationsvorsteher), George Anderson (Mann mit »Esquire«), Guy Wilkerson (Farmer), Archie Twitchell (Sergeant), John Borgden, Dick Chandlee, Bill Clauson, Ralph Gilliam, Kenneth Grant, Bradley Hail, Jack Lindquist, Buster Nichols, Bill O'Kelly, Donald Wilmot (Kadetten), Bess Flowers, Major Sam Harris (Gäste beim Ball), Ethel Clayton, Tom Dugan, Alice Keating, Gloria Williams
Länge: 100 Minuten

Five Graves to Cairo
Produktion: Paramount, USA, 1943
Regie: Billy Wilder
Buch: Charles Brackett, Billy Wilder nach dem Bühnenstück »Hotel Imperial« von Lajos Biró

Kamera: John F. Seitz
Musik: Miklós Rózsa
Bauten: Hans Dreier, Ernst Fegté
Kostüme: Edith Head
Darsteller: Franchot Tone (Corporal John J. Bramble), Anne Baxter (»Mouche«), Erich von Stroheim (Feldmarschall Erwin Rommel), Akim Tamiroff (Farid), Fortunio Bonanova (General Sebastiano), Peter Van Eyck (Leutnant Schwegler), Konstantin Shayne (Major von Buelow), Fred Nurney (Major Lamprecht), Miles Mander (Colonel Fitzhume), Ian Keith (Captain St. Bride), Leslie Denison (englischer Captain), Bud Geary (englischer Panzerführer), Frederick Giermann (deutscher Unteroffizier), Bill Mussetter (Schweglers Ordonnanz), Otto Reichow, John Royce (deutsche Funktechniker), Clyde Jackman, Sam Waagenaar (Rommels Ordonnanz), Peter F. U. Pohlney (deutscher Soldat), Philip E. Ahlm, Roger Creed, John Erickson, Hans Moebus (Soldaten)
Länge: 96 Minuten

Double Indemnity (Frau ohne Gewissen)
Produktion: Paramount, USA, 1944
Regie: Billy Wilder
Buch: Billy Wilder, Raymond Chandler nach dem gleichnamigen Roman von James M. Cain
Kamera: John F. Seitz
Musik: Miklós Rózsa
Bauten: Hans Dreier, Hal Pereira
Kostüme: Edith Head
Darsteller: Fred MacMurray (Walter Neff), Barbara Stanwyck (Phyllis Dietrichson), Edward G. Robinson (Barton Keyes), Porter Hall (Mr. Jackson), Jean Heather (Lola Dietrichson), Tom Powers (Mr. Dietrichson), Byron Barr (Nino Zachette), Richard Gaines (Edward S. Norton), Fortunio Bonanova (Sam Gorlopis), John Philliber (Joe Pete), Bess Flowers (Nortons Sekretärin), Miriam Franklin (Keyes' Sekretärin), Judith Gibson (Telefonistin), Douglas Spencer (Louis L. Schwartz), Betty Farrington (Nellie, das Dienstmädchen), Sam McDaniel (Charlie, der Garagenwart), Dick Rush, Edmund Cobb, Kernan Cripps (Schaffner), Oscar Smith, Frank Billy Mitchell, Floyd Shackelford, James Adamson,

Harold Garrison (Gepäckträger), Clarence Muse, George Magrill, Constance Purdy, Major Sam Harris
Länge: 107 Minuten

The Lost Weekend (Das verlorene Wochenende)
Produktion: Paramount, USA, 1945
Regie: Billy Wilder
Buch: Charles Brackett, Billy Wilder nach dem gleichnamigen Roman von Charles R. Jackson
Kamera: John F. Seitz
Musik: Miklós Rózsa
Musikalische Leitung: Victor Young
Bauten: Hans Dreier, Earl Hedrick
Kostüme: Edith Head
Darsteller: Ray Milland (Don Birnam), Jane Wyman (Helen St. James), Philip Terry (Wick Birnam), Howard Da Silva (Nat), Doris Dowling (Gloria), Frank Faylen (»Bim« Nolan), Mary Young (Mrs. Deveridge), Anita Bolster (Mrs. Foley), Lilian Fontaine (Mrs. St. James), Frank Orth (Garderobenmann), Lewis L. Russell (Mr. St. James), Gisela Werbiseck (Mrs. Wertheim), Willa Pearl Curtis (ihre Aushilfe), David Clyde (Dave, der Hausmeister), Helen Dickson (Mrs. Frink), Stanley Price (Obstverkäufer), Eddie Laughton (Mr. Brophy), Walter Baldwin (Mann aus Albany), John Garris (Opernsänger), Theodora Lynch (Opernsängerin), Harry Barris (Klavierspieler), Jayne Hazard (M. M.), Craig Reynolds (George, ihr Begleiter), Crane Whitley (Kellner), Fred »Snowflake« Toones (Toilettenmann), Max Wagner (Mike, der Rausschmeißer), Lester Sharpe, Bertram Warburgh (Juden), Pat Moriarty, William O'Leary (Iren), Bunny Sunshine (kleines Mädchen), Douglas Spencer (Alkoholiker, der Käfer sieht), Ernest Whitman (schwarzer Alkoholiker), Ted Hecht (Alkoholiker mit verbundenem Ohr), Frank Mills (Alkoholiker »seit der Prohibition«), Emmett Vogan (Arzt), William Meader, Jerry James, Gene Ashley (Pfleger), Lee Shumway (Wache), William Newell (Spirituosenhändler), Milton Wallace (Pfandleiher), Audrey Young (Garderobenfräulein)
Länge: 101 Minuten

The Emperor Waltz (Ich küsse Ihre Hand, Madame)
Produktion: Paramount, USA, 1948
Regie: Billy Wilder
Buch: Charles Brackett, Billy Wilder
Kamera: George Barnes
Musik: Victor Young, Troy Sanders
Choreographie: Billy Daniels
Bauten: Hans Dreier, Franz Bachelin
Kostüme: Edith Head
Darsteller: Bing Crosby (Virgil H. Smith), Joan Fontaine (Gräfin Johanna von Stolzenberg-Stolzenberg), Roland Culver (Baron Holenia), Lucile Watson (Prinzessin Bitotska), Richard Haydn (Kaiser Franz Joseph), Harold Vermilyea (Kaiserlicher Kammerherr), Sig Rumann (Dr. Zwieback), Julia Dean (Erzherzogin Stephanie), Bert Prival (Chauffeur), Alma Macrorie (Gastwirtin), Roberta Jonay (Zimmermädchen), John Goldsworthy (Oberhofmeister), Franco Corsaro (Marquis Alonso), Paul de Corday (Prinz Istvan), Frank Elliott (Von Usedom), James Vincent (Geistlicher), Cyril Delevanti (Diplomat), Frank Mayo (Politiker), Hans Moebus, Albert Petit, Albert Pollet, Count Stefenelli (ältere Adelige), Eleanor Tennant (Tennisspielerin), Harry Allen (Jagdaufseher), Bob Stephenson, James Logan (Treiber), Vesey O'Davoren (Butler), Norbert Schiller (Andreas, Dr. Zwiebacks Assistent), Len Hendry (Palastwache), Jerry James, William Meader (Wachen), Jack Gargan (Zeremonienmeister), Gene Ashley, Jac Fisher, Leo Lynn, John »Skins« Miller (Tiroler), Doris Dowling, Jean Marshall, Renee Randall, Kathy Young (Tirolerinnen)
Länge: 106 Minuten

A Foreign Affair
Produktion: Paramount, USA, 1948
Regie: Billy Wilder
Buch: Charles Brackett, Billy Wilder, Richard L. Breen nach einer Story von David Shaw
Kamera: Charles B. Lang Jr.
Musik und musikalische Leitung: Frederick Hollander
Lieder für Marlene Dietrich: »Black Market«, »Illusions«, »Ruins of Berlin« *(Musik und Text:* Frederick Hollander)

Bauten: Hans Dreier, Walter Tyler
Kostüme: Edith Head
Darsteller: Jean Arthur (Phoebe Frost), Marlene Dietrich (Erika von Schluetow), John Lund (Captain John Pringle), Millard Mitchell (Col. Rufus J. Plummer), Peter von Zerneck (Hans Otto Birgel), Stanley Prager (Mike), Bill Murphy (Joe), Raymond Bond (Pennecot), Boyd Davis (Giffin), Robert Malcolm (Kramer), Charles Meredith (Yandell), Michael Raffetto (Salvatore), Damian O'Flynn (Lieutenant Colonel), Frank Fenton (Major Mathews), James Larmore (Lieutenant Hornby), Harland Tucker (General MacAndrew), William Neff (Lt. Lee Thompson), George Carleton (General Finney), Gordon Jones, Fred Steele (Militärpolizisten), Harry Lauter (Corporal), Rex Lease (M. P. Lieutenant), Len Hendry (Staff Sergeant), Phyllis Kennedy (weiblicher Sergeant), Norman Leavitt (Wache vor Archiv), Otto Waldis (Inspektor), Otto Reichow (deutscher Polizist), Henry Kulky (russischer Unteroffizier), Frank Yaconelli (Akkordeonspieler), Richard Ryen (Maier), Ted Cottle (sein Sohn), Bobby Watson (Adolf Hitler in Wochenschau), Edward Van Sloan, Lisa Golm, Ilka Gruning, Paul Panzer (Deutsche), Friedrich Hollaender (Klavierspieler)
Länge: 116 Minuten

Sunset Boulevard (Boulevard der Dämmerung)
Produktion: Paramount, USA, 1950
Regie: Billy Wilder
Buch: Charles Brackett, Billy Wilder, D. M. Marshman Jr.
Kamera: John F. Seitz
Musik: Franz Waxman
Bauten: Hans Dreier, John Meehan
Kostüme: Edith Head
Darsteller: William Holden (Joe Gillis), Gloria Swanson (Norma Desmond), Erich von Stroheim (Max von Mayerling), Nancy Olson (Betty Schaefer), Fred Clark (Sheldrake), Lloyd Gough (Morino), Jack Webb (Artie Green), Franklyn Farnum (Leichenbestatter), Larry Blake, Charles Dayton (Beauftragte der Finanzierungsgesellschaft), Buster Keaton, Anna Q. Nilsson, H. B. Warner (»Wachsfigurenkabinett«), Cecil B. DeMille, Hedda Hopper, Ray Evans, Jay Livingston (in persona), Ruth Clifford (Sheldrakes Se-

kretärin), Archie Twitchell, Kenneth Gibson (Verkäufer), Pete Drynan (Schneider), Roy Thompson (Schuhputzer), Jay Morley (dicker Mann), Eddie Dew (Leichenbeschauer), Gerry Ganzer (Connie), Yvette Vedder (telefonierendes Mädchen), Al Ferguson (Gast bei Sylvesterparty), Dan Borzage (Akkordeonspieler), E. Mason Hopper (Arzt/Höfling), Robert Emmett O'Connor (alter Studiopolizist), John Cortay (junger Studiopolizist), Bert Moorhouse (Gordon Cole), John »Skins« Miller (Beleuchter), Ken Christy (Leiter der Mordkommission), Len Hendry, Howard Joslin, Howard Negley (Polizisten), Sanford E. Greenwald (Wochenschaukameramann), Henry Wilcoxon (Arthur), Julia Faye (Hisham), Gertrude Astor, William Farnum, Eva Novak, Frank O'Connor, Virginia Randolph (Höflinge), Joel Allen, Ralph Montgomery (Requisiteure), Gertrude Messinger (Friseuse), Arthur A. Lane, Archie R. Dalzell (Kameramänner), Stan Johnson, William Sheehan (Regieassistenten), James Hawley, Edward Wahrman (Kameraassistenten), Anne Bauchens, Berenice Mosk, Edward Salven (in persona), Creighton Hale, Tommy Ivo, Ottola Nesmith, Sidney Skolsky, Emmett Smith
Länge: 101 Minuten

Ace in the Hole (Reporter des Satans)
Produktion: Paramount, USA, 1951
Regie: Billy Wilder
Buch: Billy Wilder, Lesser Samuels, Walter Newman
Kamera: Charles B. Lang Jr.
Musik: Hugo Friedhofer
Bauten: Hal Pereira, Earl Hedrick
Kostüme: Edith Head
Darsteller: Kirk Douglas (Charles Tatum), Jan Sterling (Lorraine Minosa), Bob Arthur (Herbie Cook), Porter Hall (Jacob Q. Boot), Frank Cady (Mr. Federber), Richard Benedict (Leo Minosa), Ray Teal (Sheriff Gus Kretzer), Lewis Martin (McCardle), John Berkes (Papa Minosa), Frances Dominguez (Mama Minosa), Gene Evans (Hilfssheriff), Frank Jaquet (Smollett), Harry Harvey (Dr. Hilton), Bob Bumpas (Rundfunksprecher), Geraldine Hall (Mrs. Federber), Richard Gaines (Nagel), Tim Carey (Arbeiter), Edith Evanson (Miss Deverich), Ralph Moody (Kusac, Bergarbeiter),

Claire DuBrey (alte Jungfer), William Fawcett (Mann mit traurigem Gesicht), Larry Hogan (Fernsehsprecher), William N. Peters, Chico Day (Photographen), Lester Dorr (Priester), John Bud Sweeny, Stanley McKay, Bert Stevens, Frank Parker (Reporter), Oscar Belinda (Ausrufer), Ken Christy (Jessop), Bert Moorhouse (Morgan), Frank Keith (Feuerwehrmann), Basil Chester (Indianer), Charles Griffin (Journalist)
Länge: 111 Minuten

Stalag 17 (Stalag 17)
Produktion: Paramount, USA, 1953
Regie: Billy Wilder
Buch: Billy Wilder, Edwin Blum nach dem gleichnamigen Bühnenstück von Donald Bevan, Edmund Trzcinski
Kamera: Ernest Laszlo
Musikalische Einrichtung: Franz Waxman
Bauten: Hal Pereira, Franz Bachelin
Darsteller: William Holden (J. J. Sefton), Don Taylor (Lieutenant James Dunbar), Otto Preminger (Oberst von Scherbach), Robert Strauss (»Animal«), Harvey Lembeck (Harry), Richard Erdman (»Hoffy«), Peter Graves (Price), Neville Brand (»Duke«), Sig Rumann (Johann Sebastian Schulz), Michael Moore (Manfredi), Peter Baldwin (Johnson), Robinson Stone (Joey), Robert Shawley (»Blondie«), William Pierson (Marko), Gil Stratton Jr. (»Cookie«), Jay Lawrence (Bagradian), Erwin Kalser (Vertreter der Genfer Konvention), Edmund Trzcinski (»Triz«), Jerry Singer (Gefangener mit einem Bein), Alex J. Wells, Bob Templeton, Paul T. Salata (bärtige Gefangene), Ross Bagdasarian, Rodric Beckham, Richard Porter Beedle, Mike Bush, Donald Cameron, Ralph Jarvis Caston, Tommy Cook, James Dabney Jr., Jerry Gerber, Russell Grower, Peter Leeds, Wesley Ling, William McLean, John Mitchum, Robin Morse, William Mulcany, Harry Reardon, James R. Scott, William Sheehan, Warren Sortomme, Herbert Street, John P. Veitch (Gefangene), Janice Carroll, Yvette Eaton, Alla Gursky, Olga Lebedeff, Mara Sondakoff (Russinnen), Joe Ploski (deutscher Soldat beim Ballspiel), Ross Gould (deutsche Ordonnanz), Max Willenz (deutscher Offizier), Harald Maresch
Länge: 120 Minuten

Sabrina (Sabrina)
Produktion: Paramount, USA, 1954
Regie: Billy Wilder
Buch: Billy Wilder, Samuel Taylor, Ernest Lehman nach dem Büh-
nenstück »Sabrina Fair« von Samuel Taylor
Kamera: Charles B. Lang Jr.
Musik und Adaptation der Lieder: Frederick Hollander
Bauten: Hal Pereira, Walter Tyler
Kostümüberwachung: Edith Head
Darsteller: Humphrey Bogart (Linus Larrabee), Audrey Hepburn
(Sabrina Fairchild), William Holden (David Larrabee), John Wil-
liams (Thomas Fairchild), Walter Hampden (Oliver Larrabee),
Martha Hyer (Elizabeth Tyson), Joan Vohs (Gretchen Van Horn),
Marcel Dalio (Baron), Marcel Hillaire (Professor), Nella Walker
(Maude Larrabee), Francis X. Bushman (Mr. Tyson), Ellen Corby
(Miss McCardle), Marjorie Bennett (Margaret, die Köchin),
Emory Parnell (Charles, der Butler), Kay Riehl (Mrs. Tyson),
Nancy Kulp (Jenny, das Hausmädchen), Kay Kuter (Diener), Paul
Harvey (Arzt), Emmett Vogan, Colin Campbell (Mitglieder des
Aufsichtsrats), Harvey Dunn (Mann mit Tablett), Charles Harvey
(Mann, der Sekt verschüttet), Marion Ross (seine Freundin), Otto
Forrest (Fahrstuhlführer), David Ahdar (Schiffssteward), Grey
Stafford, William Neff, Major Sam Harris (Partygäste)
Länge: 113 Minuten

The Seven Year Itch (Das verflixte 7. Jahr)
Produktion: Twentieth-Century-Fox, USA 1955
Regie: Billy Wilder
Buch: Billy Wilder, George Axelrod nach dem gleichnamigen Büh-
nenstück von George Axelrod
Kamera: Milton Krasner
Musik: Alfred Newman (unter Verwendung des Klavierkonzerts
Nr. 2 von Sergej Rachmaninow)
Bauten: Lyle Wheeler, George W. Davis
Kostüme: Charles LeMaire
Darsteller: Marilyn Monroe (das Mädchen), Tom Ewell (Richard
Sherman), Evelyn Keyes (Helen Sherman), Sonny Tufts (Tom
McKenzie), Robert Strauss (Kruhulik), Oscar Homolka (Dr. Bru-

baker), Marguerite Chapman (Miss Morris), Victor Moore (Klempner), Donald MacBride (Mr. Brady), Carolyn Jones (Miss Finch), Doro Merande (Kellnerin), Butch Bernard (Ricky), Dorothy Ford (Indianerin), Mary Young (Frau im Bahnhof), Ralph Sanford (Fahrkartenkontrolleur)
Länge: 105 Minuten

The Spirit of St. Louis (Lindbergh: Mein Flug über den Ozean)
Produktion: Warner Bros., USA, 1957
Regie: Billy Wilder
Buch: Billy Wilder, Wendell Mayes nach dem gleichnamigen Buch von Charles A. Lindbergh
Adaptation: Charles Lederer
Kamera: Robert Burks, J. Peverell Marley
Musik und musikalische Leitung: Franz Waxman
Bauten: Art Loel
Darsteller: James Stewart (Charles A. Lindbergh), Murray Hamilton (Bud Gurney), Patricia Smith (Mädchen mit Handspiegel), Bartlett Robinson (B. F. Mahoney), Marc Connelly (Father Hussman), Arthur Space (Donald Hall), Charles Watts (O. W. Schultz), Robert Cornthwaite (Knight), Sheila Bond (Tänzerin), Harlan Warde (Boedecker), Dabbs Greer (Goldsborough), Paul Birch (Blythe), David Orrick (Harold Bixby), Robert Burton (Major Lambert), James L. Robertson Jr. (William Robertson), Maurice Manson (E. Lansing Ray), James O'Rear (Earl Thompson), David McMahon (Lane), Griff Barnett (Farmer), John Lee (Jess, der Koch), Herb Lytton (Casey Jones), Roy Gordon (Produzent), Nelson Leigh (Regisseur), Jack Daly (Louie), Carleton Young (Captain), Eugene Borden (französischer Polizist), Erville Alderson (Burt), Olin Howlin (Vertreter), Aaron Spelling (Mr. Pearless), Ann Morrison (Mrs. Pearless), Virginia Christine (Sekretärin), Syd Saylor, Lee Roberts (Photographen), Ray Walker (Ausrufer), Robert B. Williams (Chefredakteur, San Diego), Richard Deacon (Levine), Percival Vivian (Professor), Paul Brinegar (Oakie), Chief Yowlachie (Indianer), George Selk (Mechaniker), William Neff, William White (Kadetten), Hal Needham (Stuntman)
Länge: 135 Minuten

Love in the Afternoon (Ariane – Liebe am Nachmittag)
Produktion: United Artists, USA, 1957
Regie: Billy Wilder
Buch: Billy Wilder, I. A. L. Diamond nach dem Roman »Ariane«
von Claude Anet
Kamera: William Mellor
Lieder: »Fascination« *(Musik:* F. D. Marchetti; *Text:* Maurice de
Feraudy), »C'est si bon« *(Musik:* Henri Betti; *Text:* André Hor-
nez), »L'âme des poètes« *(Musik und Text:* Charles Trenet), »Love
in the Afternoon«, »Ariane«, »Hot Paprika« *(Musik:* Matty Mal-
neck)
Musikalische Bearbeitung: Franz Waxman
Bauten: Alexandre Trauner
Darsteller: Gary Cooper (Frank Flannagan), Audrey Hepburn
(Ariane Chavasse), Maurice Chevalier (Claude Chavasse), John
McGiver (Monsieur X), Van Doude (Michel), Lise Bourdin (Ma-
dame X), Olga Valéry (Dame mit Hund), Gyula Kokas, Michel
Kokas, George Cocos, Victor Gazzoli (die vier Zigeuner), Audrey
Wilder (Brünette), Leila Croft, Valerie Croft (schwedische Zwil-
linge), André Priez, Gaidon (Gepäckträger), Gregory Gromoff
(Portier), Minerva Pious (Dienstmädchen), Janine Dard, Claude
Ariel (Existentialisten), François Moustache (Metzger), Gloria
France (Kundin beim Metzger), Jean Sylvain (Bäcker), Annie Rou-
dier, Jeanne Charblay, Odette Charblay (Kundinnen beim Bäkker), Betty Schneider/Georges Perrault, Vera Boccadoro/Marc Au-
rian, Monique Saintey/Gilbert Constant, Anne Laurent/Jacques
Préboist, Simone Vanlancker/Jacques Ary (Liebespaare), Richard
Flagy (Ehemann), Jeanne Papir (Ehefrau), Marcelle Broc, Marcelle Praince (reiche Frauen), Guy Delorme (Gigolo), Olivia Chevalier, Solon Smith (Kinder), Eve Marley, Jean Rieubon (Paar auf
Tandem), Christian Lude, Charles Lemontier, Emile Mylos (Gene-
räle), Alexandre Trauner (Künstler), Bernard Musson (Leichenbestatter), Michèle Selignac (Witwe), Charles Bouillaud (Hoteldiener), Filo (Flannagans Chauffeur)
Länge: 130 Minuten

Witness for the Prosecution (Zeugin der Anklage)
Produktion: United Artists, USA, 1958

Regie: Billy Wilder
Buch: Billy Wilder, Harry Kurnitz nach dem gleichnamigen Bühnenstück von Agatha Christie
Kamera: Russell Harlan
Musik: Matty Malneck
Lied: »I May Never Go Home Anymore« *(Musik:* Ralph Arthur Roberts *Text:* Jack Brooks)
Bauten: Alexandre Trauner
Kostüme: Joseph King, *für Marlene Dietrich:* Edith Head
Darsteller: Charles Laughton (Sir Wilfrid Robarts), Tyrone Power (Leonard Vole), Marlene Dietrich (Christine Vole), Elsa Lanchester (Miss Plimsoll), Una O'Connor (Janet McKenzie), John Williams (Brogan-Moore), Henry Daniell (Mayhew), Torin Thatcher (Mr. Meyers), Philip Tonge (Inspektor Hearne), Ian Wolfe (Carter), Francis Compton (Richter), Norma Varden (Mrs. French), Ruta Lee (Diana), Molly Roden (Miss McHugh), Ottola Nesmith (Miss Johnson), Marjorie Eaton (Miss O'Brien), J. Pat O'Malley (Schneider), Norbert Schiller (Beleuchter), Jack Chefe (Gerichtsschreiber), Bess Flowers, Dan Borzage (Zuschauer)

Some Like It Hot (Manche mögen's heiß)
Produktion: United Artists, USA, 1959
Regie: Billy Wilder
Buch: Billy Wilder, I. A. L. Diamond, angeregt durch eine Story von Robert Thoeren, Michael Logan
Kamera: Charles B. Lang
Musik: Adolph Deutsch
Lieder: »Running Wild« *(Musik:* A. H. Gibbs, *Text:* Leo Wood), »I Wanna Be Loved by You« *(Musik:* Herbert Stothart, *Text:* Bert Kalmar) »I'm thru' with Love« *(Musik:* Matty Malneck; *Text:* Gus Kahn)
Bauten: Ted Haworth
Darsteller: Marilyn Monroe (»Sugar Kane«), Tony Curtis (Joe), Jack Lemmon (Jerry), George Raft (»Spats« Colombo), Pat O'Brien (Mulligan), Joe E. Brown (Osgood Fielding III), Nehemiah Persoff (»Little Bonaparte«), Joan Shawlee (»Sweet Sue«), Billy Gray (Sig Poliakoff), George E. Stone (»Toothpick Charlie«), Dave Barry (Beinstock), Mike Mazurki, Harry Wilson (Colombos

Leibwache), Beverly Wills (Dolores), Barbara Drew (Nellie), Edward G. Robinson Jr. (Johnny Paradise), Tom Kennedy (Rausschmeißer), John Indrisano (Kellner)
Länge: 121 Minuten

The Apartment (Das Appartement)
Produktion: United Artists, USA, 1960
Regie: Billy Wilder
Buch: Billy Wilder, I. A. L. Diamond
Kamera: Joseph LaShelle
Musik: Adolph Deutsch
Bauten: Alexandre Trauner
Darsteller: Jack Lemmon (C. C. »Bud« Baxter), Shirley MacLaine (Fran Kubelik), Fred MacMurray (Jeff D. Sheldrake), Ray Walston (Joe Dobisch), Jack Kruschen (Dr. Dreyfuss), David Lewis (Mr. Kirkeby), Hope Holiday (Margie MacDougall), Joan Shawlee (Sylvia), Naomi Stevens (Mildred Dreyfuss), Johnny Seven (Karl Matuschka), Joyce Jameson (Blondine), Willard Waterman (Mr. Vanderhof), David White (Mel Eichelberger), Edie Adams (Miss Olsen), Frances Weintraub Lax (Mrs. Lieberman), Benny Burt (Barkeeper), Hal Smith (Nikolaus), Dorothy Abbott (Angestellte)
Länge: 125 Minuten

One, Two, Three (Eins, zwei, drei)
Produktion: United Artists, USA, 1961
Regie: Billy Wilder
Buch: Billy Wilder, I. A. L. Diamond nach dem Bühnenstück »Egy, kettö, három« von Ferenc Molnár
Kamera: Daniel L. Fapp
Musikalische Bearbeitung/Musikalische Leitung: André Previn
Gesamtausstattung: Alexandre Trauner
Darsteller: James Cagney (C. R. MacNamara), Horst Buchholz (Otto Ludwig Piffl), Pamela Tiffin (Scarlett Hazeltine), Arlene Francis (Phyllis MacNamara), Lilo [Liselotte] Pulver (Ingeborg), Howard St. John (Wendell P. Hazeltine), Hanns Lothar (Schlemmer), Leon Askin (Peripetchikoff), Ralf Wolter (Borodenko), Karl Lieffen (Fritz), Hubert von Meyerinck (Graf von Droste-Schattenburg) [Synchronstimme: Sig Rumann], Lois Bolton (Mrs. Hazeltine), Peter Capell (Mishkin), Til Kiwe (Journalist), Henning

Schlüter (Dr. Bauer), Karl Ludwig Lindt (Zeidlitz), Friedrich Hollaender (Dirigent und Sänger im Hotel Potemkin), Rose Renée Roth (Bertha), John Allen (Tommy MacNamara), Christine Allen (Cindy MacNamara), Ivan Arnold (M. P. Corporal), Red Buttons (M. P. Sergeant), Otto Friebel (Vernehmungsbeamter), Helmut Schmid, Werner Buttler, Klaus Becker, Siegfried Dornbusch (Vopos), Paul Bos (Krause), Max Buchsbaum (Schneider)
Länge: 108 Minuten

Irma la Douce (Das Mädchen Irma la Douce)
Produktion: United Artists, USA, 1963
Regie: Billy Wilder
Buch: Billy Wilder, I. A. L. Diamond nach dem gleichnamigen Bühnenstück von Alexandre Breffort
Kamera: Joseph LaShelle
Musik: André Previn nach der Bühnenmusik von Marguerite Monnot
Bauten: Alexandre Trauner
Darsteller: Jack Lemmon (Nestor Patou), Shirley MacLaine (»Irma la Douce«), Lou Jacobi (»Moustache«), Bruce Yarnell (Hippolyte), Herschel Bernardi (Inspektor Lefèvre), Hope Holiday (»Lolita«), Joan Shawlee (»Amazonen-Annie«), Grace Lee Whitney (»Kiki, die Kosakin«), Paul Dubov (André), Howard McNear (Concièrge im Hotel Casanova), Cliff Osmond (Polizeisergeant), Diki Lerner (»JoJo«), Herb Jones (»Casablanca-Charlie«), Ruth Earl, Jane Earl (»Zebra-Zwillinge«), Tura Satana (»Suzette Wong«), Lou Krugman (erster Kunde), John Alvin (zweiter Kunde), James Brown (Kunde aus Texas), Bill Bixby (tätowierter Seemann), Harriette Young (»Mimi, die Maumau«), Sheryl Deauville, Julie Payne, Susan Woods (»poules«), Billy Beck (Polizist Dupont), Jack Sahakian (Jack), James Caan (amerikanischer Soldat mit Transistorradio), Edgar Barrier (»General Lafayette, i. R.«), Don Diamond (»Handelsvertreter«), Richard Peel (Engländer mit Zwiebelsuppe), Harry Wilson (Arbeiter), Major Sam Harris (Mann im Bistro), Joe Palma, Ralph Smiley (Gefängniswärter), Paul Stader, Jean Pierre Zola (Polizisten), Martin Brandt (Priester), Shorty (Coquette, Irmas Hund)
Länge: 142 Minuten

Kiss me, Stupid (Küß mich, Dummkopf)
Produktion: United Artists, USA, 1964
Regie: Billy Wilder
Buch: Billy Wilder, I. A. L. Diamond nach dem Bühnenstück »L'ora della fantasia« von Anna Bonacci
Kamera: Joseph LaShelle
Musik: André Previn
Lieder: »Sophia«, »I'm a Poached Egg«, »All the Livelong Day« *(Musik:* George Gershwin; *Text:* Ira Gershwin)
Darsteller: Dean Martin (»Dino«), Kim Novak (»Polly the Pistol«), Ray Walston (Orville J. Spooner), Felicia Farr (Zelda Spooner), Cliff Osmond (Barney Millsap), Barbara Pepper (»Big Bertha«), James Ward (Milchmann), Doro Merande (Mrs. Pettibone), Howard McNear (Mr. Pettibone), Bobo Lewis (Serviererin), Tommy Nolan (Johnnie Mulligan), Alice Pearce (Mrs. Mulligan), John Fiedler (Reverend Carruthers), Arlen Stuart (Rosalie Schultz), Cliff Norton (Mack Gray), Mel Blanc (Dr. Sheldrake), Eileen O'Neill, Susan Wedell (Showgirls), Bern Hoffman (Barkeeper), Henry Gibson (Smith), Alan Dexter (Wesson), Henry Beckman (Fernfahrer), Gene Darfler (Polizist), Billy Beck (Kellner), Laurie Fontaine, Mary Jane Saunders, Kathy Garber, Sam (der Papagei)
Länge: 124 Minuten

The Fortune Cookie (Der Glückspilz)
Produktion: United Artists, USA, 1966
Regie: Billy Wilder
Buch: Billy Wilder, I. A. L. Diamond
Kamera: Joseph LaShelle
Musik: André Previn
Bauten: Robert Luthardt
Darsteller: Jack Lemmon (Harry Hinkle), Walter Matthau (Willie Gingrich), Ron Rich (Luther »Boom Boom« Jackson), Cliff Osmond (Purkey), Judi West (Sandy Hinkle), Lurene Tuttle (Mutter Hinkle), Harry Holcombe (O'Brien), Les Tremayne (Thompson), Lauren Gilbert (Kincaid), Marge Redmond (Charlotte Gingrich), Noam Pitlik (Max), Harry Davis (Dr. Krugman), Ann Shoemaker (Schwester Veronica), Maryesther Denver (Krankenschwester), Ned Glass (Doc Schindler), Sig Rumann (Professor Winterhalter),

Archie Moore (Mr. Jackson), Howard McNear (Mr. Cindi), Bill Christopher (Arzt), Bartlett Robinson, Robert P. Lieb, Martin Blaine, Ben Wright (Spezialisten), Dodie Heath (Nonne), Herbie Faye (Zeugwart), Billy Beck (sein Gehilfe), Judy Pace (Elvira), Helen Kleeb (Empfangsdame), Lisa Jill (Ginger), John Todd Roberts (Jeffrey), Keith Jackson (Sportreporter), Herb Ellis (Fernsehregisseur), Don Reed (Nachrichtensprecher), Louise Vienna (Mädchen im Werbespot), Bob Doqui (Mann an der Bar), Jon Silo (Schneider)
Länge: 125 Minuten

The Private Life of Sherlock Holmes (Das Privatleben des Sherlock Holmes)
Produktion: United Artists, USA/GB, 1970
Regie: Billy Wilder
Buch: Billy Wilder, I. A. L. Diamond nach Romanfiguren von Sir Arthur Conan Doyle
Kamera: Christopher Challis
Konzert für Violine und Orchester op. 24/Musik und musikalische Leitung: Miklós Rózsa
Gesamtausstattung: Alexandre Trauner
Darsteller: Robert Stephens (Sherlock Holmes) [Double für Violin-Szenen: Erich Gruenberg], Colin Blakely (Dr. John H. Watson), Irene Handl (Mrs. Hudson), Stanley Holloway (erster Totengräber), Catherine Lacey (alte Frau), Christopher Lee (Mycroft Holmes), Geneviève Page (Gabrielle Valadon alias Ilse von Hofmannsthal), Clive Revill (Rogozhin), Tamara Toumanova (Petrova), Mollie Maureen (Queen Victoria), Peter Madden (Von Tirpitz), Michael Balfour (Droschkenkutscher), James Copeland (Schloßführer), Alex McCrindle (Gepäckmann), John Garrie, Godfrey James (Fuhrmänner), Frank Thornton (Gepäckträger), Robert Cawdron (Hoteldirektor), Michael Elwyn (Cassidy), Kenneth Benda (Geistlicher), Graham Armitage (Wiggins), Eric Francis (zweiter Totengräber), Ina de la Haye (Petrovas Zofe), Ismet Hassan, Charlie Young Atom, Teddy Kiss Atom, Willie Shearer (Unterseeboot-Besatzung), Daphne Riggs (Hofdame), John Gatrell (königlicher Beamter), Martin Carroll, John Scott (Wissenschaftler), Philip Anthony (Lieutenant Commander), Philip Ross (McKellar), Annette

Kerr (Sekretärin), Kynaston Reeves (alter Mann), Anne Blake (Dame), Penny Brahms, Marilyn Head, Sheena Hunter, Wendy Lingham, Anna Matisse (Mädchen), Judy Spooner, Tina Spooner (Zwillinge), Paul Hansard, David Kossoff, Paul Stassino, Miklós Rózsa & The Royal Philharmonic Orchestra, The London Balalaika Ensemble
Länge: 125 Minuten

Avanti! (Avanti, Avanti)
Produktion: United Artists, USA, 1972
Regie: Billy Wilder
Buch: Billy Wilder, I. A. L. Diamond nach dem gleichnamigen Bühnenstück von Samuel Taylor
Kamera: Luigi Kuveiller
Bauten: Ferdinando Scarfiotti
Darsteller: Jack Lemmon (Wendell Armbruster), Juliet Mills (Pamela Piggott), Clive Revill (Carlo Carlucci), Edward Andrews (J. J. Blodgett), Gianfranco Barra (Bruno), Franco Angrisano (Arnoldo Trotta), Pippo Franco (Mattarazzo), Franco Acampora (Armando Trotta), Giselda Castrini (Anna), Raffaele Mottola (Grenzbeamter), Lino Coletta (Cipriani), Harry Ray (Dr. Fleischmann), Guidarino Guidi (Oberkellner), Giacomo Rizzo (Barkeeper), Antonio Faa' di Bruno (Concièrge), Yanti Sommer, Janet Agren (Krankenschwestern), Maria Rosa Sclauzero, Melù Valente (Stewardessen), Aldo Rendine (Rossi), Ty Hardin (Hubschrauberpilot), Sergio Bruno (in persona)
Länge: 144 Minuten

The Front Page (Extra Blatt)
Produktion: Universal, USA, 1974
Regie: Billy Wilder
Buch: Billy Wilder, I. A. L. Diamond nach dem gleichnamigen Bühnenstück von Ben Hecht, Charles MacArthur
Kamera: Jordan S. Cronenweth
Bauten: Henry Bumstead, Henry Larrecq
Kostüme: Burton Miller
Darsteller: Jack Lemmon (Hildy Johnson), Walter Matthau (Walter Burns), Carol Burnett (Mollie Malloy), Susan Sarandon (Peggy

Grant), Vincent Gardenia (Sheriff Peter B. Hartman), David Wayne (Bensinger), Allen Garfield (Kruger), Austin Pendleton (Earl Williams), Charles Durning (Murphy), Herbert Edelman (Schwartz), Martin Gabel (Dr. Eggelhofer), Harold Gould (Bürgermeister), Cliff Osmond (Jacobi), Dick O'Neill (McHugh), Jon Korkes (Rudy Keppler), Lou Frizzel (Endicott), Paul Benedict (Plunkett), Doro Merande (Jennie), Noam Pitlik (Wilson), Joshua Shelley (Taxifahrer), Allen Jenkins (Telegraphist), John Furlong (Duffy), Biff Elliot (Polizeikurier), Barbara Davis (Myrtle), Leonard Bremen (Butch)
Länge: 105 Minuten

Fedora (Fedora)
Produktion: Bavaria, BRD, 1978
Regie: Billy Wilder
Buch: Billy Wilder, I. A. L. Diamond nach der gleichnamigen Kurzgeschichte in dem Buch »Crowned Heads« von Thomas Tyron
Kamera: Gerry Fisher
Musik: Miklós Rózsa
Gesamtausstattung: Alexandre Trauner
Kostüme: Charlotte Flemming
Darsteller: William Holden (Barry Detweiler), Marthe Keller (»Fedora« alias Antonia Sobryanski) [Synchronstimme: Inga Bunsch], Hildegard Knef (Gräfin Sobryanski) [Synchronstimme: Inga Bunsch], José Ferrer (Dr. Vando), Frances Sternhagen (Miss Balfour), Mario Adorf (Hoteldirektor), Stephen Collins (Barry Detweiler als 25jähriger), Henry Fonda (Henry Fonda, Vorsitzender der Academie of Motion Picture Arts and Sciences), Michael York (Michael York), Hans Jaray (Graf Sobryanski), Gottfried John (Kritos), Arlene Francis (Fernsehsprecherin), Jacques Maury (Zeremonienmeister), Christine Mueller (Antonia als Kind), Ellen Schwiers (Krankenschwester), Ferdy Mayne (Regisseur des Films »Leda and the Swan«), Peter Capell (Regisseur des Films »The Last Waltz«), Bob Cunningham (Regieassistent), Christoph Kuenzler (Verkäufer), Mary Kelly (Gladys), Elma Karlowa (Hausmädchen), Panos Papadopoulos (Barkeeper), Rex McGee (Photograph)
Länge: 113 Minuten

Buddy, Buddy

Produktion: MGM, USA, 1981
Regie: Billy Wilder
Buch: Billy Wilder und I. A. L. Diamond nach Francis Vebers
»L'Emerdeur«
Kamera: Harry Stradling Jr.
Musik: Lalo Schifrin
Ausstattung: Dal A. Lamino
Darsteller: Jack Lemmon (Victor Glooney), Walter Matthau (Trabucco), Paula Prentiss (Celia Glooney), Klaus Kinski (Dr. Zuckerbrot), Dana Elcar (Captain Hubris), Miles Chapin, Michael Ensign, Joan Shwalee, Fil Formicula, C. J. Hunt, Bette Raya, Ronnie Sperling u. a.
Länge: 96 Minuten

Literatur

Bücher zum Leben, zur Zeit und zu den Meinungen Billy Wilders und anderer im Buch erwähnter Personen

Anger, Kenneth: Hollywood Babylon. München 1975
Blumenberg, Hans C.: Die Kamera in Augenhöhe. Köln 1979
Chandler, Raymond: Die simple Kunst des Mordes. Zürich 1975
Chandler, Raymond: Englischer Sommer. Zürich 1980
Clark, Al: Raymond Chandler in Hollywood. New York, London 1982
Cziffra, Géza von: Es war eine rauschende Ballnacht. München, Berlin 1985
Durgnat, Raymond: The Crazy Mirror. New York 1969
Frewin, Leslie: Marlene Dietrich. München 1984
Goldau, Antje; Prinz, Hans Helmut; Sinyard, Neil; Zinnemann. München 1986
Göttler, Fritz; Reimer, Claus und andere: Leo McCarey. München 1984
Grafe, Frieda: Beschriebener Film. Salzhausen-Luhmühlen 1985
Grafe, Frieda; Patalas, Enno: Im Off. München 1974
Grafe, Frieda; Patalas, Enno: Fritz Lang. München 1976
Kracauer, Siegfried: Von Caligari zu Hitler. Frankfurt 1984
MacShane, Frank: Raymond Chandler. Zürich 1984
Poague, Lewis: The Hollywood Professionals, Volume 7: Wilder & McCarey. San Diego 1980
Prinzler, Hans Helmut; Patalas, Enno (Hrsg.): Lubitsch. München 1986

Schnauber, Cornelius: Fritz Lang in Hollywood. Wien 1986
Sinyard, Neil, Turner, Adrian: Billy Wilders Filme. Berlin 1980
Siodmak, Robert: Zwischen Berlin und Hollywood. München 1980
Werner, Paul: Film noir. Frankfurt 1980
Zolotow, Maurice: Billy Wilder in Hollywood, New York 1977

Originalzeugnisse

Cain, James M.: Den Haien zum Fraß. Bergisch-Gladbach 1974 (Deutsche Übersetzung von »Double Indemnity«, der Romanvorlage für Wilders gleichnamigen Film.

Wilder, Billy; Diamond, I. A. L.: Some Like It Hot. Wien 1986 (Deutsche Übersetzung der Dialogliste)

Wilder, Billy; Diamond, I. A. L.: The Apartment. Wien 1987 (Deutsche Übersetzung der Dialogliste)

Wilder, Billie: Herr Ober, bitte einen Tänzer. B. Z. am Mittag, 50. Jg. Nr. 17 (19.1.1927) Nr. 18 (20.1.1927), Nr. 20 (22.1.1927) und Nr. 22 (24.1.1927)

Interviews

»Ich nehm' das alles nicht so ernst ...« Gespräch mit Heinz-Gerd Rasner und Reinhard Wulf. In: Sinyard/Turner, a.a.O.

»Wie geht's, mein kleiner Zwetschgenröster?« Gespräch mit Hellmuth Karasek. In: Der Spiegel Nr. 21 (19.5.1986)

Wilder Times. Gespräch mit Chris Columbus. In: American Film Nr. 3 (März 1986)

Artikel, Aufsätze, Rezensionen

Buchka, Peter: »Draußenbleiben« (über Avanti). In: SZ Nr. 41 (18.2.1974)

Freyermuth, Gundolf S.: Billy the Hit. In: Der Stern vom 19.6.1986

Karasek, Hellmuth: Der k.u.k. King von Hollywood. In: Der Spiegel vom 19.5.1986

Pflaum, H. G.: Ein paar Witze (über Buddy, Buddy). In: SZ Nr. 77 (2.4.1982)

Starkmann, Alfred: Sherlock Holmes ist mein Hamlet. In: Die Welt Nr. 171 (26.7.1969)

Schultze, Hartmut: Komische Cola (über One, Two, Three). In: Der Spiegel vom 1.1.1985

Filmkritik Nr. 232: Schreiben in Hollywood. München 1976; mit Beiträgen von Harun Farocki, Johannes Beringer, Hartmut Bitomsky

Personenregister